# 大学体育实用教程

张孔军 ◎ 主编

吉林大学出版社
·长春·

**图书在版编目（CIP）数据**

大学体育实用教程 / 张孔军主编. -- 长春 : 吉林大学出版社, 2021.8

ISBN 978-7-5692-8732-5

Ⅰ. ①大… Ⅱ. ①张… Ⅲ. ①体育—高等学校—教材 Ⅳ. ①G807.4

中国版本图书馆CIP数据核字(2021)第173797号

书　　名　大学体育实用教程
　　　　　DAXUE TIYU SHIYONG JIAOCHENG
作　　者　张孔军　主编
策划编辑　米司琪
责任编辑　米司琪
责任校对　柳　燕
装帧设计　乐　乐
出版发行　吉林大学出版社
社　　址　长春市人民大街4059号
邮政编码　130021
发行电话　0431-89580028/29/21
网　　址　http://www.jlup.com.cn
电子邮箱　jdcbs@jlu.edu.cn
印　　刷　天津和萱印刷有限公司
开　　本　787mm × 1092mm　1/16
印　　张　19.5
字　　数　350千字
版　　次　2022年3月　第1版
印　　次　2022年3月　第1次
书　　号　ISBN 978-7-5692-8732-5
定　　价　98.00元

# 编委表

**主　编：**张孔军

**副主编：**罗明刚　田小静

**参　编：（按姓氏笔画排序）**

王海霞　文秀丽　刘　洋　刘晓云　李海涛

宋一涛　宋海燕　张海洋　陈　孺　欧阳婷

赵海涛　胡彦峰　贺　群　耿　洁　钱娅艳

徐　昕　高　航　郭毅平　董　苹　窦海波

# 前言

Preface

体育课程是学校课程体系的重要组成部分，直接关系到全体学生的身体健康，而且是全面实施素质教育，促进学生全面发展的重要性内容。本教材是以本校学生现状为基础编写出来的，根据本校场地设施、课程设置、学生兴趣特点、老师与学生的需要，自主开发的适合高校的体育教材。本教材理论与实践相结合，除基本体育健康常识以外，随着近几年高校体育课程开展的新兴项目逐渐增多，例如：高尔夫、柔力球、跑射联项、定向越野等新项目的兴起，以及多项目教学内容方法的更新，在此次新编教材中均有体现。本书共由理论和实践两部分组成，其中理论部分为第一章到第五章，主要包括：体育与健康概述，体育与现代生活，体育锻炼与大学生心理健康，社会适应，大学生体能锻炼，终身体育；实践部分为第六章，主要包括：足球、篮球、排球、羽毛球、网球、乒乓球、游泳、素质拓展、攀岩、空竹、跆拳道、柔道、散打、武术、太极拳、瑜伽、有氧拉丁、健美操、艺术体操、体育舞蹈、形体、健身街舞、体育传统养生、高尔夫、跑射联项、柔力球、定向运动、轮滑等项目。

此次编写《大学体育实用教程》一书主要有以下几个特点。

（1）在体育与健康方面，融入了国内外最新的健康锻炼方法理念。

（2）本教材除了理论基础外，将结合本校大学生身体发展现状及规律进行编写。

（3）结合我校场地设施与实际课程开展情况，新增高尔夫、跑射联项、柔力球、定向运动等学生更感兴趣的新兴体育项目相关内容。

（4）通过具体体育项目的发展介绍、竞赛规则、课上教学方法与课下锻炼方法相结合，力求突破以运动技术为主线、理论与实践相分离的传统编写模式，从教师如何教与学生如何练的角度出发，难度适宜。

（5）受众面广，本教材不仅有利于我校体育教师及学生的教学使用，还可为其他各高校教师及大学生提供学习参考。

本书由北京科技大学张孔军、罗明刚、田小静、王海霞、文秀丽、刘洋、刘晓云、李海涛、宋一涛、宋海燕、张海洋、陈孺、欧阳婷、赵海涛、胡彦峰、贺群、耿洁、钱娅艳、徐昕、高航、郭毅平、董苹、窦海波担任编委。其中，张孔军负责第六章第二节（高级），共计0.9万字；罗明刚负责编写第六章第十三节、第十五节，共计2.8万字；田小静负责编写第一章、第六章第七节，共计2.5万字；王海霞负责编写第六章第十二节，共计1.2万字；文秀丽负责编写第六章第十七节、第二十节、第二十二节，共计2.1万字；刘洋负责编写第六章第十一节、第二十四节，共计2.7万字；刘晓云负责编写第六章第二节（初级、中级）、第二十三节、第二十六节，共计2.6万字；李海涛负责编写第六章第二十五节，共计0.8万字；宋一涛负责编写第六章第三节（初级、中级），共计0.7万字；宋海燕负责编写第六章第六节，共计1.3万字；张海洋负责编写第四章、第五章、第六章第五节，共计3.8万字；陈孺负责编写第六章第二十八节，共计0.9万字；欧阳婷负责编写第六章第十八节，共计0.9万字；赵海涛负责编写第六章第一节，共计1万字；胡彦峰负责编写第六章第四节，共计1.2万字；贺群负责编写第二章、第三章，共计1.9万字；耿洁负责编写第六章第十六节、第二十七节，共计1.5万字；钱娅艳负责编写第六章第三节（高级），共计0.7万字；徐昕负责编写第六章第十节，共计1万字；高航负责编写第六章第八节、第十四节，共计1.7万字；郭毅平负责编写第六章第二十一节，共计0.9万字；董苹负责编写第六章第十九节，共计0.8万字；窦海波负责编写第六章第九节，共计1.1万字。田小静负责全书统稿工作。

本书在撰写的过程中参阅了大量体育课程与教学的相关文献，同时为保证论述的清晰与全面，本书引用了许多专家与学者的相关研究成果与观点，插入了部分运动技术动作图片，在此向有关专家学者，及其参与编写拍摄的老师和同学表示诚挚的谢意。由于写作水平有限，书中难免存在缺点和错误，恳请广大读者批评指正。

# 目录
Contents

# 第一章　体育与健康概述

## 第一节　健康是人类的永恒主题

### 一、健康的概念

健康是人类最大的财富，它的重要性人人皆知。英国教育家洛克认为，没有健康，便没有什么幸福可言。德国哲学家叔本华说得更为深刻：一个健康的乞丐比有病的国王更幸福。1988年，世界卫生组织总干事马勒博士强调了这样的思想：健康不代表一切，但失去了健康，便失去了一切。

何谓健康？长期以来，人们一直认为不生病、不打针吃药、身体不虚弱，就是健康。随着社会的进步、科学技术的飞速发展和边缘学科的兴起，人们对健康的要求日益提高，对健康的认识也更加深刻和全面。世界卫生组织（WHO）在《世界卫生组织宪章》中提出："健康不仅仅是没有疾病或不虚弱，而是身体的、精神的健康和社会适应良好的总称。"显然，在这里，健康的概念已大大超过了无病的范围，人们对健康的认识已有了极大的进步和突破。1989年，WHO又将生殖健康纳入健康的范畴之中。

在现代健康理念中，心理健康和社会性健康的提出是对"健康"概念的丰富和完善。它突破了千百年来人们对健康认识的局限性，使人的自然属性和社会属性得到了统一。它既重视健康对人的价值，又强调人对健康的作用，并且将两者有机地统一起来。自16世纪以来，自然科学有了很大进步，由于各种学科的形成，人们得以用生物学的观点解释生命现象。在判断健康和疾病时，人们开始采用医疗诊断的方法。医疗诊断主要是测量人体的生物变量，以阳性体征和实验室数据为诊断依据，由此形成了生物—医学模式。20世纪以来，越来越多的研究表明，人的健康不但受到生物因素的影响，而且还越来越多地受到社会、心理和社会适应因素的制约。据此，我们可以解释生活中的许多现象，如：有的人体壮如牛，却胆小如鼠；有的人膀大腰圆，却心胸狭窄；有的人昨天体检还很健康，今日却因心理障碍而跳楼自杀。生物—心理—社会医学模式的提出，概括了影响人类健康的各种因素，突出了社会心理因素对疾病的影响，使人们对健康和疾病的认识更加全面和深入。随着科学技术的发展和人类认识能力的提高，健康的概念还将不断变化、更新和发展。

## 二、现代健康观

现代健康观包括身体健康、心理健康、社会适应良好、道德健康和生殖健康。只有各个方面都健全，才算一个较为健康的人。

### （一）身体健康

一般认为，身体健康就是发育良好，体魄强健，没有疾病和不虚弱。世界卫生组织确定了健康的10个标准，可供参考。

（1）有充沛的精力，能从容不迫地担负日常生活和繁重的工作而不感到过分紧张。

（2）处事乐观，态度积极，勇于承担责任，事无巨细，不挑剔。

（3）应变能力强，能较快地适应外界环境的各种变化。

（4）善于休息，睡眠良好。

（5）能抵抗普通感冒和传染病。

（6）体重适当，身体匀称，站立时头、肩、臀位置协调。

（7）头发有光泽，头屑少。

（8）眼睛明亮，反应敏锐，眼睑不易发炎。

（9）牙齿清洁，无龋齿，无疼痛，牙龈无出血且颜色正常。

（10）肌肉丰富，皮肤富于弹性。

世界卫生组织又把身体健康的概念细化为“五快”和“三良”的通俗解释。

“五快”分别是：

（1）吃得快。吃饭时，食欲好，能很快地把一餐饭吃完而不挑食物，这证明内脏功能正常。

（2）便得快。能快速地排泄大小便，且感觉轻松自如，这说明消化功能良好。

（3）睡得快。上床后能很快入睡，而且睡得很深，起床后头脑清醒，精神饱满，这说明中枢神经系统兴奋与抑制协调功能良好。

（4）说得快。说话流利，语言表达清晰，这表明头脑清楚，思维敏捷，肺功能正常。

（5）走得快。行动快速，动作灵活敏捷，充满活力，这表明精力充沛、旺盛。

“三良”分别是：

（1）良好的人格。性格温和，意志坚定，感情丰富，心胸坦荡。

（2）良好的处事能力。自我控制能力强，客观现实地对待问题，能够适应复杂多变的社会环境，对事物的变迁保持良好的情绪，能够保持对社会环境和人体内环境的平衡。

（3）良好的人际关系。能够与人为善，乐于助人，与周围的人关系融洽，不斤斤计较。

### （二）心理健康

人们对健康的理解有一个从传统到现代的转变过程。一般而言，我们对生理上不适，比如感冒发烧、头痛咳嗽、胸闷腹泻和牙齿疼痛等都能明显地感觉到，并会立刻去看医生。但是，我们对精神上或心理上的不适，比如精神紧张、焦虑、抑郁、孤独、悲观、精神空虚等，却往往不会认为是不健康的表现。

传统医学和现代医学研究表明，人作为一个整体，其心理健康和身体健康是密不可分的。从某种意义上说，心理因素对健康的影响甚至超过了生理因素。

许多身体上的疾病是由心理因素引起的。中医认为，人的七情（情绪）波动过度和持续过久，就会使阴阳失衡，气血不和，经络堵塞，肺腑功能失调，从而引起疾病。现代医学也认为，心理情绪异常变化，如过分激动等，会使大脑皮层过度兴奋，从而导致神经系统、内分泌系统紊乱，致使人的循环系统、呼吸系统、免疫系统的机能失去平衡而出现疾病。这也说明了心理健康与生理健康具有一定的联系。

我们认为，心理健康是指心理发育正常，心理状态保持平衡，心理适应良好，心理潜能能够得到发挥。

### （三）社会适应良好

社会适应是指个体独立处理日常生活与承担社会责任达到他的年龄和所处社会文化条件所期望的程度，是个体对所处的自然环境和社会环境的一种平衡状态。进化论的创始人达尔文指出，大自然的法则就是优胜劣汰，适者生存。我国古人也曾说过，识时务者为俊杰。环境是人类赖以生存的场所，人们必须尽最大的努力去适应环境，如此才能生存和发展。

每个人的一生中，会不断面临新的情况和环境，每一个发展阶段都对我们提出了新的要求，比如在心理和经济上要独立。社会适应是一个毕生的过程。

### （四）道德健康

道德健康是指处在一定社会环境中的人在为人处世、与人交往时，要遵循一定的社会规范和行为准则。它着重于对健康的维护和促进。个人道德健康不仅包括对自身的健康负责，而且包括自觉地维护和促进整个社会人群的健康。例如，不在公共场所吸烟、吐痰；在听音乐会、看电影、听演讲时，不大声喧哗，自觉地关掉手机；为灾区人民募捐，为抢救他人的生命义务献血等。保障社会的存在和发展，在不损害社会和他人利益的前提下，满足个人的需要。

如果个人缺乏良好的思想品德、人格低下，或者经常处在紧张、恐惧、内疚之中，那么这些不良心态和行为就会给这个人造成沉重的心理负担，并影响其健康心态的形成和发展。助人为乐和与人为善的高尚品格，则可以产生良性的生理和心理效应，大大促进我们的健康。

### （五）生殖健康

世界卫生组织对生殖健康下的定义为：人类在整个生命过程中，与生殖有关的一切活动，应该在生理、心理和社会适应各方面都处于良好的健康状态。生殖健康包括建立正确的性观念，如避免婚前性行为，避免未婚先孕、人工流产，预防性病和艾滋病，了解避孕、节育等性保健知识。

科学研究表明：在现代社会，由于生态环境的不断恶化以及生活方式不当的影响，男性生殖器官发育异常、生殖细胞变异等现象日趋严重。由此产生的种种问题已直接影响到家庭的和睦与社会的稳定。为此，各国政府已开始关注一向被忽视的男性生殖健康问题。

## 第二节　影响人类健康的因素

影响人类健康的因素是多方面的，主要有环境因素、生物因素、生活方式因素与卫生保健服务因素。

### 一、环境因素

环境是人类生存和繁衍的基本前提和保证。环境包括自然环境和社会环境。科学研究表明，生活在自然条件好、风景优美、空气清新、远离工业污染环境中的人，身体健康，其寿命远超过人类的平均寿命。例如，生活在苏联高加索的人，其中有许多活到100岁以上还能进行爬山、劳动等活动；相反，生活在条件恶劣、污染严重的环境中的人，不但身体健康有问题而且由于工业污染，还可能染上许多怪病。例如，20世纪60年代，日本的经济高速发展，但因忽视了环境保护，工业废水流入河流湖泊，人们吃了水中的鱼，进而导致汞、铅、铬中毒，许多人过早死亡。

在社会环境中，政治制度的变革、社会经济的发展、文化教育事业的进步与人类的健康紧密相连。因此，人类要在地球上生存和发展，就必须善待我们共同的家园，保护好环境。

## 二、生物因素

在生物因素中，对人类健康影响最大的是遗传因素和心理因素。现代医学发现：遗传病不仅种类繁多，大约有两三千种之多，而且发病率高达20%。因此，应重视遗传对健康的影响。心理因素与人的健康关系更为密切，消极的心理因素能引起许多疾病，积极的心态是促进健康的必要条件。临床医学和科学研究表明，不良的情绪，如悲伤、恐惧、焦虑、愤怒等，都会影响人体各系统的机能，导致失眠、血压升高、胃痉挛、心率过速、食欲减退、月经失调等疾病。而健康的心理，则使人在遭受挫折与失意时，仍能保持良好的情绪。

## 三、生活方式因素

生活方式是指人们因长期受一定的文化、民族、经济、社会、风俗、家庭影响而形成的一系列生活习惯和生活意识。人类在漫长的发展过程中，虽然很早就认识到生活方式与健康有关，但由于危害人类生命的各种疾病一直是人类死亡的主要原因，因而忽视了生活方式因素对人类健康的影响。进入现代社会后，由于科学技术的飞速发展、社会经济水平不断提高，许多传染病和以前的疑难杂症已被人类所攻克，人们才渐渐发现生活方式影响健康的比重越来越大。例如，1976年美国死亡人数中有50%的人是因其不良的生活方式导致的。可见，养成良好的生活习惯对于健康是十分重要的。

## 四、卫生保健因素

卫生保健也是影响健康的极为重要的因素。世界卫生组织将卫生保健分为三级，初级、二级和三级，实现初级卫生保健是现在世界各国的共同目标。

初级卫生保健的基本内容是：

（1）健康教育。

（2）提供符合营养要求的食品。

（3）提供安全用水和基本环境卫生设施。

（4）妇幼保健和计划生育。

（5）开展预防接种。

（6）采取适用的治疗方法。

（7）提高基本药物的质量。

初级卫生保健的实现为人类健康提供了根本性的保障。

## 第三节　现代健康观念的发展趋势

从现代社会发展的总趋势来看，人类正面临着由生活消费方式所引起的健康问题。人类为了自身的幸福和长寿，更加关注自身的健康。身心健康已成为人们生活中首要追求的目标。社会调查表明，人们在选择生活目标时，总是将健康列在首位。体育锻炼将成为人类生活中的重要内容。

### 一、“健康第一”的观念

随着科学技术的迅速发展和边缘学科的出现，人类对健康的认识日益深入，对健康的要求不断提高。人们更加注重身体锻炼和卫生保健，人们越来越认识到体育锻炼对身体健康的重要性。无论是青少年还是中老年人，更多地进行步行、跑步、游泳、舞蹈、健身操等有氧运动。中国的太极拳被认为是改善人体微循环、增强心血管功能、保持身心平衡的最佳体育锻炼方式。

现在，女士们在进行瘦身和健美锻炼时，已不再像20世纪那样单纯地追求苗条了，而是更加注重保持健康状态。体育健身器材和保健品等已逐步进入千万家。

营养过剩已使人们有所警惕，科学饮食、营养平衡成为人们自觉的行动，健康食品和绿色食品备受青睐。吸烟、酗酒等不良的嗜好有所减少。

### 二、注重物质生活和精神生活平衡的观念

现阶段，人们努力寻求一种物质和精神和谐的生活方式。在快节奏、多变化、竞争激烈的现代社会，人们在追求物质生活的同时，保持心理的平衡和健康，已成为现代人提高生活质量的重要课题。

### 三、“终身体育”的观念

终身体育是指一个人终身从事体育锻炼和接受体育指导。终身体育是依据人体发展变化的规律，身体锻炼对人的作用以及现代社会发展对人的要求，伴随着终身教育的发展而发展起来的。人体的活动规律表明，要保持健康的状态就必须坚持体育锻炼，并持之以恒，否则就不能产生持续的锻炼效果。随着人们生活水平和文化素质的提高，体育锻炼成了人们日常生活的重要组成部分。闲暇时间的增多使人们的生活方式发生了很大的变化，人们利用闲暇时间参加体育锻炼，开展各种有益于健康的活动，防止各种现代“文明病”的发生，已成为现代人生活中不可缺少的内容。终身体育必将成为现代人的一种追求。

## 第四节　体育的概念与功能

### 一、体育的概念

“体育”的概念目前有多种解释，以英语为例，有 physical culture，直译为身体文化；有sports，直译为体育或体育运动；有 physical education and sports，直译为体育运动；有 physical education，直译为以身体活动为手段的教育（身体教育），简称体育。

在古希腊，游戏、角力、体操等曾被列为教育内容。17、18世纪，在西方教育中加入了打猎、游泳、爬山、赛跑、跳跃等，只是尚无统一的名称。18世纪末，德国的古茨穆茨曾把这些分类活动综合，统称为“体操”。19世纪，一方面德国体操形成了新的体操体系，并广泛传于欧、美各国；另一方面，相继出现了多种新的运动项目，在学校逐渐开展并超出了原来体操范围的运动项目，建立了“体育是以身体活动为手段的教育”（即体育）这一新的概念。于是，在相当长的一段时间里，“体操”和“体育”两词并用混存，直到20世纪初才逐渐在世界范围内统称为“体育”。

在中国，到20世纪初，军队训练中引进了国外的新式兵操。后来在教育制度中纳入了兵操的某些内容，当时把体育称为兵操或体操，作为学校的一门课程，称体操科。其间，陆续传入田径、球类等运动，于是“体育”（ physical education）一词被启用，这一段时间，体操与体育两词并存混用。1923年，当时政府新学制课程标准起草委员会颁布的《中小学课程纲要》中正式将“体操科”改为“体育课”，自此，“体育”一词便逐渐代替了原来意义的体操。

近几十年来，体育的实践有了大的发展，出现了身体教育、竞技运动和身体锻炼三个相互区别而又互相联系的内容，并逐渐形成一个与教育、文化相并列的新的体系。20世纪50年代，各国学者感到“体育”（即身体教育，physical education）一词所反映的教育范畴，已不能概括新发展起来的这个学术领域的全部内容，而需创立一个新名词。1953年，有40多个国家参加了在美国举行的第一次国际体育会议，曾讨论过此问题。1963年成立了统一体育术语国际研究会，讨论了体育概念这个问题。诸多国家代表做出了解释。比如苏联代表提出“身体文化与运动”，一般译为体育与运动，简称体育运动。

《美国百科全书》用 physical education and sports，即体育与运动来定义“体育”。

国际名词协会出版的《体育名词术语》中 physical culture直译为身体文化，并将其解释为广义文化的一部分，它综合各种身体练习（活动）来提高人的生物学潜能和精神潜力的范畴、规律、制度和物质条件。

在中国体育有狭义和广义两种说法。狭义是指身体的教育，广义是身体教育、竞技运动和身体锻炼三者的总称。目前，我国对体育概念的解释是：体育是一种特殊的社会现象，它是以发展身体、增强体质促进健康为基本特征的教育过程和社会文化活动，包括身体教育、竞技运动、身体锻炼三个方面的内容。

## 二、体育的功能与作用

“体育是社会发展与人类文明进步的一个标志，体育事业发展水平是一个国家综合国力和社会文明程度的重要体现。在现代化建设的进程中，体育伴随着经济、社会的发展而发展。”体育能在人类社会连绵不断地存在和发展，得到了不同民族和国家人们的喜爱和广泛认同，而且发展的活力越来越大，影响和作用也越来越大。这充分说明体育对人类社会有着重要的功能和作用。而且经济越发达，社会越进步，人们强身健体的意识就越强烈，体育的地位就越重要，作用就越显著。为了深入地分析和认识体育对人和人类社会的功能和作用，可以把体育的功能分成体育的独特功能和体育的派生功能两大类。

### （一）体育的独特功能和作用

体育的独特功能和作用是指体育所独有的本质功能和基本作用，是区别于其他社会现象和事物对人和人类社会所产生的功能和作用的根本点，并且具有独特性和其他事物不可替代性的基本特征。体育的独特功能和作用主要表现在以下几个方面。

#### 1.增强体质，强国强种

这是体育的本质功能，也是体育能在人类社会中长盛不衰且持续不断存在的原因。通过体育手段来实现增强人的体质的目的，促进人自由、全面、健康地发展。这正是体育的独特之处，也是体育区别于其他社会活动和事物对人和社会作用的根本，并且具有不可替代的属性。人的身体素质是思想道德素质和科学文化素质的物质基础，也是一个民族和国家强盛的基础。通过体育达到增强体质、强国强种的目的，已经成为人类社会一种普遍的做法。这也是当今世界各国普遍重视体育运动的根本原因。

#### 2.培养人们勇敢顽强、克服困难、超越自我的意志品质

人们在进行体育运动时，特别是在运动训练过程中，要克服许多由体育运动产生的特有的身体困难，体验到很多在正常条件下不可能获得的身体感受。这也是人们在从事其他活动过程中很难体会到的身体感受。它对一个人的内在意志品质具有特殊的培养和陶冶作用。强筋骨、强意志、调感情是体育的特殊功效，可以起到“文明其精神，野蛮其体魄”的作用。体育的这些功能对青少年的意志品质的培养尤为重要。

#### 3.培养人们竞争、团结、协作的社会意识

体育有利于人的“社会化”。竞赛是体育运动的一个最显著的特征。体育竞赛能有效地培养人们的竞争意识和团结协作精神。没有强烈的取胜欲望和良好

的团结协作精神，在体育竞赛中不可能取得胜利。人类现实社会是一个充满着激烈竞争的场所，需要团结和协作精神。体育竞赛，特别是在集体项目的竞赛过程中，要想取得胜利，既要有力争胜利的顽强竞争意识，又要懂得与同伴和队友的团结协作，才可能达到目的。而体育的这种“模拟社会”的功能，是体育运动所独有的。

#### 4.丰富个人和社会的文化生活，提高人们的生活质量

人们通过参加和欣赏体育运动，不仅能增强体质，还能够愉悦身心，丰富文化生活。世界上还没有其他哪种活动能像体育竞赛那样有规律地举行，特别是以奥运会为代表的国际体育竞赛，已经成为现代人们关注的焦点和欣赏的热点。各种不同形式和类型的体育竞赛，以它们独有的形式和方式为人类社会生产出丰富多彩的文化精神食粮，提高人类的生存和生活质量。它改变和改善着当今人们的生存和生活方式。

#### 5.为社会提供或构建公平、公开、公正的价值体系和价值标准

公平是人类社会所共同追求的一种理想社会状态。竞赛是体育最鲜明的特点，通过竞赛，优胜劣败，决出名次，可以激发人们的荣誉感，鼓舞人们的上进心。这是其他任何形式的社会活动所不能代替的。在一定意义上说，没有竞赛，就没有体育运动。体育竞赛就是在公平的规则下，在公开场合中，通过最大限度地发挥个人和集体的体力和智力，优胜者得到奖励的活动。体育运动向人们和社会所展示的以公平、公开、公正为核心的价值体系和价值标准，得到了不同民族和国家的普遍尊重和推崇。“阳光下的公平竞争”正是现代人类社会所需要重新构建的价值体系和价值标准。

### （二）体育的派生功能和作用

体育对人和社会的派生功能与体育的独特功能不同，主要区别在于这些功能和作用不是体育所独有的，在其他社会现象和活动中也能产生类似的功能和作用。主要有以下一些内容。

### 1.体育的交流功能和作用

体育运动能增强人与人之间的交流和交往，是促进人们的友谊和增强团结的重要手段。通过体育活动，能够增强人们的情感交流，增加人与人之间的相互了解，改善人际关系，共同创造和谐文明的社会环境。国际间的体育交往，还能够促进国家与国家之间、不同民族之间的相互了解和相互信任，有利于人类社会的和平与发展。

### 2.体育的经济功能和作用

体育是人类的社会活动，特别是当体育成为一种很多社会成员参加的经常性活动后，总是在一定的物质消费的基础上进行的，它必然要消耗一定的人力、物力和财力。因此，与体育活动相关的服装、器材、装备和体育场地设施等就会随之产生，体育服务等社会行业就必然会出现。特别是在现代社会，体育项目中的很多内容已经发展成为人类社会的第三产业，在社会经济生活中发挥着重要的作用。许多国家和政府还出台了体育产业发展纲要等政府性文件。这些都充分说明了体育的经济功能和作用。

### 3.体育的教育功能和作用

体育是学校教育的一个重要组成部分，是教育的一个重要手段和方面。几乎所有国家都把体育作为教育的内容之一。体育在培养人们健康、合理的生活方式，集体主义精神，爱国主义精神，刻苦耐劳、顽强拼搏精神等方面有着重要作用。

### 4.体育的娱乐功能和作用

体育运动能得到广大社会成员的喜爱，一个重要的原因是体育与文化、艺术等活动一样具有较强的娱乐功能。人们在体育运动的过程中能体验到乐趣和快感，因而它也成为人们娱乐的一种形式。

此外，体育还具有政治功能、对外交往功能、科学研究功能等多种派生功能。体育的派生功能和体育的独特功能一样，在人类发展和社会进步中起着重要的作用，同时也促进了体育运动本身在人类社会中的不断发展。

体育的功能和作用随着社会发展和体育本身的发展也会不断变化和发展。正确认识和深入研究体育的功能和作用，有助于了解体育在人类社会中的作用并充分发挥体育的不同功能，使体育更好地为人类社会进步和发展服务。

参考文献：

[1] 吴梦，邱丽华，田小静. 体育与健康[M]. 成都：电子科技大学出版社，2017：3-21.

# 第二章 体育与现代生活

## 第一节 现代社会文明对人类的挑战

### 一、灰色健康状态

在现代社会迅速发展的背景下，人们的物质生活有所提高，但同时也要付出一定的健康代价，如快节奏的生活方式、作息不规律、心理压力大等问题，人们长时间受此问题影响，可能会导致心理疾病或者慢性疾病。现代社会中，很多人会出现情绪低落、易疲劳、失眠、头痛、注意力不集中等现象，但到医院检查却没有任何症状，医学上将这种情况下的边缘状态叫作灰色健康，统称亚健康状态。

### 二、环境污染综合征

空气环境污染是指空气环境中一些物质的含量达到有害的程度而导致生态破坏及影响人们身体健康安全的大气状态。空气环境污染对人类的正常活动和生活带来严重危害。人体暴露在污染的空气环境中吸入污染物质而导致疾病，随着空气环境中污染物质的浓度升高到一定程度时，就会直接影响地球的水体资源及食物，人体吸入污染空气中的重金属物质、颗粒物质以及含硫化合物等，会导致大量的慢性疾病，对人体的生命健康带来严重的危害。

而随着现代人们对户外体育运动的热爱，人们有时会在空气环境污染下进行户外体育锻炼，在加速的呼吸下必然会吸入更多的污染物质，导致污染物质随呼吸作用进入人体，并随血液送往全身，导致呼吸系统疾病以及其他慢性疾病等产生。

## 三、营养过剩

营养过剩是指机体摄入能量远超过机体消耗的能量，造成的能量储备现象。过多的能量往往是以脂肪的形式储存在我们的皮下组织、内脏器官的周围以及腹部网膜上。男性的体脂肪率超过25%，女性体脂肪率超过30%则称之为肥胖。

随着经济发展，人民生活水平逐渐提高，人们吃得好、吃得精，但运动量却减少，从而产生一些非传染性的流行病。如肥胖、高血脂、冠心病、糖尿病等。

多余的脂肪堆积起来，不仅使我们的体型不美观，还增加了身体的负担，使心肺机能减弱，并对身体尤其是下肢各关节造成极大的压力，继而出现身体退行性改变。同时，过多的脂肪还会妨碍其他营养物质，如蛋白质、钙、铁等的吸收。

## 四、运动不足机能退化

人体在运动、劳动与生活中所表现出来的力量、速度、耐力、灵敏及柔韧性等机能能力，称为人体身体素质，这是人体活动一种基本能力。能力的大小取决于肌肉的解剖生理特点、肌肉工作时供能情况、内脏器官及神经系统的调节。

坚持体育锻炼能在一定程度上改善和发展人体的身体素质，同时对其中的一种或几种素质产生主要影响。

人体的基本活动能力是指人体的各种基本技能，如走、跑、跳、跃等。这些技能是人类生活和劳动中的基本动作，也是在生活和劳动中学会、改进和发展的。坚持体育锻炼，可以使人体自我生命整体功能得到优化，特别是增强了运动系统功能和身体素质，所以，人体的基本活动能力随之也得到提高。

## 五、因高强度紧张引起的心理疾病

随着整个社会生活节奏的加快，工作、学习竞争压力的不断加大，人们经常处于高度紧张的状态。人们为了适应社会的需要，常常会付出很大的健康上的代价，以至于人们身心承受着极大的压力。这些压力始终存在的情况是导致身心疾病的原因之一。

增加体育锻炼是缓解人们紧张情绪，释放心中压力的有效手段之一。科学证明，平时经常参加体育锻炼的人，对于生活节奏的自我调节与适应，有着较强的适应能力；对于生活、工作、学习等各方面带来的心理压力，有着较好的自我调节能力。

### 六、机械式重复性工作压力并发症

近年来，在发达国家中，因重复性工作压力而引起不适甚至导致伤害的案例愈来愈多。所谓重复性工作压力与累积性伤害造成的不适，其症状范围相当广泛，主要包括身体某一部位机械或重复做某种动作而疼痛、麻木和使不上劲。专家认为，理论上身体某一部位长期过度重复地活动，尤其是伴以过度用力、振动或姿势不良，就容易造成肌肉、筋腱、神经的损伤。

## 第二节　体育锻炼与健康

### 一、体育能促进身心健康

情绪状态是衡量体育锻炼对个人心理健康影响的最主要的指标。人们生活在错综复杂的社会中，经常会产生各种忧愁、紧张、压抑等情绪，体育锻炼则可以转移个体不愉快的意识、情绪和行为，使个体从烦恼和痛苦中走出来。大学生常因名目繁多的考试、同学间的竞争以及对未来工作的担忧而产生持续的焦虑情绪，经常参与体育锻炼可使自己的焦虑有所缓解。

### 二、体育能促进智力发展、消除疲劳

经常参加体育锻炼可以提高自己的智力，不仅可以使锻炼者的注意力、记忆力、反应能力、思维和想象能力等得到提高，还可以使其情绪稳定、性格更加开朗、疲劳感下降等，这些非智力成分对人的智力功能具有促进作用。

疲劳是一种综合症状，与人的生理和心理因素有关，当一个人的情绪消极，或任务超出个人的能力时，生理上和心理上都会很快地产生疲劳。大学生持续紧张的学习压力极易造成身心疲劳和神经衰弱，保持良好的情绪状态和参加中等强度的体育锻炼可以使人们身心得到放松。

## 三、体育能培养人高尚的道德情操

对学生高尚道德情操的培养，是高校素质教育的第一步。高校学生只有有了良好的思想道德素养及高尚的道德情操，才能将所学的科学文化知识运用得当。近年来，教育部对学生的素质教育愈加重视，当代体育教师作为紧跟教育改革的重要教学力量，应积极响应国家号召，提高对学生思想道德素质培养的重视程度。力求通过体育运动的教育，提高学生的集体认识、团结协作的能力、坚强的意志和不屈不挠的体育精神。通过体育运动中特有的规则和特点，培养学生对于规则的尊重，让学生明白在其位谋其事的重要职业道德。通过激烈有趣的体育比赛，让学生明白“友谊第一，比赛第二”“众人拾柴火焰高”的道理。为学生将来进入社会工作时，能够更好地适应社会，融入团体，成为一个行业中颇有建树的精英人才打下坚实的基础。

## 四、体育能够治疗心理疾病

体育锻炼被公认为是一种心理治疗方法。美国的一项调查显示，1750名心理医生中，80%的人认为体育锻炼是治疗抑郁症的有效手段之一，60%的人认为应将体育锻炼作为一种治疗方法来消除焦虑症。在大学生中，有不少人由于学习和其他方面的挫折而引起焦虑症和抑郁症，通过体育锻炼可以减缓或消除这些心理疾病。

# 第三章 体育锻炼与大学生心理健康、社会适应

## 第一节 大学生的生理特征与体育锻炼

### 一、身体形态

决定身高的主要因素是骨骼的生长，更准确地说，取决于长骨的增长程度。长骨的两端有骨化中心，它是骨的生长点，骺软骨不断固化变成硬骨，又不断生长成新的骨骺，骨骺就不断加长，直到生长发育结束。体育锻炼中的各种动作，对刺激骨骺的骨化过程具有良好的作用，还能促进血液循环和增加对骨的血液供应，使得骨骺生长发育需要吸收的营养物质得到保证。另外，体育锻炼还能使骨质增厚，使骨小梁的排列比一般人更整齐，因此骨骺也能承受更大的压力。

### 二、神经系统

神经系统是人体机能的主要调节系统，它全面调节着体内各器官的生理功能，以适应内外环境的变化。神经系统主要由中枢神经系统和周围神经系统组成。骨骼肌在运动过程中的收缩与舒张以及不同肌群之间的协调配合，都是在神经系统的调节下实现的。体育锻炼对神经系统的影响，表现为人体在中枢神经系统的支配下，形成动作技能的条件反射。在体育锻炼时，人体要对外界刺激做出相应的反应并协调地完成各种动作，长期进行体育锻炼能促进神经系统的功能不断完善。

### 三、心血管系统

运动可导致心率明显增高。心率可作为判断运动者机能状态的客观生理指标，通过基础脉搏、运动前心率、最大心率及运动后心率恢复速率等指标可在一

定程度上反映机体的机能水平，亦可通过心率或脉搏来控制运动强度。

运动可明显提高脉搏输出量来体现。适当的运动可增加体能并在心血管疾病的防治上具有重要意义。研究表明，运动可以预防和控制高血压疾病，可以延缓动脉粥样硬化，增加冠状动脉的血流贮备，在冠心病的康复中有着重要作用。

### 四、呼吸系统

人体在进行新陈代谢过程中所需的能量，都是通过氧化体内的营养物质而获得的。运动时机体代谢加强，呼吸系统也会将发生一系列变化，以适应机体代谢的需求并保证技术动作顺利完成。

运动时机体表现为呼吸加深加快，肺通气量增加。其目的是氧气的摄入和二氧化碳的排出，尤以氧气的摄入更为重要。肺通气功能与肺容量紧密相关，坚持适量的体育运动锻炼，提高自身呼吸功能。

## 第二节　大学生的心理特征与体育锻炼

### 一、自我意识

自我意识也称自我，是个体主观上对自己的身体、思想和情感等做出的反应，它是由许多的自我认识组成的。是个体对自己的各种身心状态的认识、体验和愿望。它具有目的性和能动性等特点，它对人格的形成、发展起着调节、监控和矫正的作用。

### 二、情感

经常参与体育锻炼不仅能强身健体，还能陶冶情操，培养积极情感，有助于形成良好的竞争意识和健康稳定的心理状态。特别是精神萎靡不振、心境差的人群，常会在体育锻炼的体验中受益，这是因为人们在参与体育锻炼的过程中，各种感知信息输入机体，从而唤醒和提高了人体各器官系统的功能水平，使人外在呈现为精神振奋。在平日繁忙的学习、工作和生活中，当遇到困难或挫折心绪不佳时，通过参与体育锻炼可降低肾上腺素受体的敏感性，使人精神焕发，消除烦恼。参与体育锻炼时运动排汗，人体新陈代谢加快；锻炼结束后感到周身轻松，心情舒畅，食欲增强，睡眠改善，所有这些对于缓解压力、增进身心健康、减少心理障碍和消除病态心理都大有裨益。当前大学生面对的学业压力和就业压力越来越大，保持良好的情绪和心态非常重要，体育锻炼能预防和缓解大学生的不良情绪，能够减负减压，给大学生带来愉快和心理满足感。

## 三、意志品质

意志品质指一个人的果断性、坚韧性、自制力以及勇敢顽强和主动独立等精神。意志品质既是在克服困难的过程中表现出来的，又是在克服困难的过程中培养起来的。在体育锻炼中要不断克服困难，锻炼者越能努力克服困难，也就越能培养自己良好的意志品质。从体育锻炼中形成的坚强的意志品质能够作用到日常的学习、生活和工作中去。

## 四、性格

体育锻炼也可以促进心理健康，改善消极的心理状态，减少抑郁和焦虑症状，提高自我认知能力和自尊水平，并且锻炼者可以获得更多的社会支持，改善人际关系和社会适应能力，增加自我效能感，进而影响生活满意度和幸福感。

体育锻炼可以通过自我效能感、心境、幸福感、社会支持、社会焦虑等变量间接影响心理健康。

参考文献：

[1]吴梦，邱华丽，田小静.体育与健康[M].北京：电子科技大学出版社，2017.

[2]王琳，方子龙.运动膳食与营养[M].北京：北京体育大学出版社，2016.

[3]季浏，殷恒婵，颜军.体育心理学[M].北京：高等教育出版社，2016.

[4]王瑞元，苏全生.运动生理学[M].北京：高等教育出版社，2012.

[5]孔勇.空气环境污染对外呼体育运动人群影响研究[J].环境科学与管理，2018,43(01).

[6]兰自立.学校体育与心理健康教育[M].北京：北京体育大学出版社，2005.

[7]季浏，李林，汪晓赞.身体锻炼对心理健康的影响[J].山东体育学院报，1998,(01).

# 第四章　大学生体能锻炼

## 第一节　体育锻炼应遵循的原则

体育锻炼的目的是增强体质，促进身心健康。青年学生是祖国的未来，社会的栋梁，一定要有强壮的身体，才能更好地为社会服务。青年学生正处在长身体的关键时刻，身体发育日趋完善，要达到健身的目的必须讲究科学，只有用科学的方法锻炼身体，才能获得预期的锻炼效果。如果只凭主观热情，盲目锻炼，不仅不会取得良好的锻炼效果，有时还会损害健康或发生运动伤害。体育锻炼的原则是体育锻炼客观规律的反映，也是参与者安排锻炼计划、选择锻炼内容、运动锻炼方法时必须遵循的基本准则。以下五个原则是人们在体育锻炼实践中总结出来的经验，为锻炼者达到理想效果提供科学指导。

### 一、自觉积极性原则

自觉积极性原则指体育锻炼者有明确的健身目标，充分认识体育锻炼的价值，自觉积极地从事体育锻炼活动。体育锻炼是一个自我锻炼、自我完善，并克服自身的惰性、战胜各种困难的过程。同时，还要保证一定的作息制度，把体育锻炼当作生活中不可缺少的一部分。

如何提高体育锻炼的自觉积极性?

明确“生命在于运动”的科学道理，树立正确的锻炼观念，把体育锻炼当作日常学习和生活的自觉需要，激发锻炼的主动性，从而调动锻炼的积极性。

培养兴趣，兴趣是人们认识事物和从事活动的基础。当一个人对一项体育活动产生兴趣时，就会对这项体育活动表现出极大的主动性和自觉性，做到身心融为一体。

## 二、讲求实效原则

讲求实效原则是指选择锻炼内容、方法和安排运动负荷时，根据每个人的性别、年龄、职业、健康状况，以及锻炼的爱好、要求、生活条件等实际情况来确定，按科学方法进行锻炼，以取得最佳的锻炼效果。

如何在体育锻炼中讲求实效？

根据个人实际情况，制订一套适用可行的锻炼计划或运动处方，执行时应当严格，并注意阶段性的调整。

选择锻炼内容时，要注意它的锻炼价值，不要追求动作的形式，以及在力不能及的情况下去从事高难度技术动作的训练，而应选择简便易行、锻炼价值大、效果好的项目练习，作为身体锻炼的主要内容。

## 三、持之以恒原则

持之以恒原则是指体育锻炼必须经常进行，使之成为日常生活中的重要内容。体育锻炼对机体给予刺激，每次刺激都产生一定的作用痕迹，连续不断的刺激作用则产生痕迹的积累。这种积累使机体结构和机能产生新的适应，体质就会不断增强，动作技能形成的条件反射也会不断得到强化。因此，体育锻炼贵在坚持，不能期望在短时间内取得显著效果，而应长久地坚持、积累。

如何才能使体育锻炼持之以恒？

根据个人能力，确立一个能够实现的体育目标（不宜太高），制订一个切实可行的锻炼计划（能长期坚持为宜）。

强化锻炼意识，把体育锻炼列为日常生活内容，保证有一个固定的体育锻炼时间，逐步养成习惯，使体育锻炼成为生活的重要组成部分。

## 四、循序渐进原则

循序渐进原则是指体育锻炼必须遵循个体自然发展、机体适应的基本规律，从不同的主客观实际出发，合理安排运动负荷，在渐进的基础上提高锻炼水平。在体育锻炼过程中，运动负荷的大小因人因时而异。即便是同一个人，在不同的机能状态、不同的时间，对负荷的承受能力也不尽相同。因此，进行体育锻炼时应循序渐进，随时调整运动负荷，逐步提高锻炼水平。

如何贯彻循序渐进的原则？

体育锻炼忌急于求成，必须根据锻炼者自身的实际情况确定运动负荷的大小，做到量力而行，尤其注意锻炼后疲劳感的适度。

运动负荷应由小到大，逐步提高。开始从事体育锻炼或中断体育锻炼后恢复锻炼时，强度宜小，时间宜短，密度适宜。

锻炼开始时，重视准备活动；锻炼结束后，做好放松整理活动。

### 五、全面性原则

全面性原则是指体育锻炼必须追求身心全面和谐发展，使身体形态、机能、身体素质及心理素质等方面得到全面协调的发展。人体是由各局部构成的一个整体，各局部均按"用进废退"的规律发展，体育锻炼能促进新陈代谢，使身体各系统、组织、器官和谐发展，达到身体相对完善和完美。

怎样才能做到全面锻炼？

身心的全面发展，要从适应环境、抵御疾病能力，改善机体形态、提高机体功能，陶冶情操、丰富文化生活等方面开始。

体育锻炼的内容、方法要尽可能地考虑身体的全面发展，一般以一些功效大、兴趣较浓的运动项目为主，以其他项目为辅进行全面锻炼。

注意全身的活动，不要限于局部。

以上各项原则都是相互联系的，在实际中运用，不可顾此失彼。

## 第二节　运动处方与体育锻炼计划的制订

体育锻炼可以达到防病、治病、健身的目的。不同的身体状况应采取不同的锻炼方法，否则易使人体受到伤害，尤其是身患疾病的人必须严格按照运动处方进行治疗。

## 一、运动处方

### （一）运动处方的概念

运动处方是一种医疗性质的体育活动，从医疗的目的出发，教练或者医生用处方的形式，给患者制定锻炼内容和运动负荷。通过患者自身特殊的身体练习，达到防病、治病，促进身体健康和各种功能的恢复，有效地缩短患者的康复期，使患者早日恢复生活和劳动能力。运动处方是指导人们有目的、有计划地进行科学锻炼的一种形式。

### （二）运动处方的种类

运动处方可分为治疗性运动处方和预防性运动处方。治疗性运动处方用于某些疾病或者损伤的治疗和康复，它使医疗体育更加量化，如中等肥胖，体重超标10公斤，他需每天爬山1小时，约16周的时间体重可以降到标准范围，这就是治疗性运动处方。而预防性运动处方主要用于健身防病。

### （三）运动处方的内容

（1）运动项目

根据患者的身体及患病的具体情况，选择有针对性的运动项目。例如，如果是腰椎间盘突出就要采用在单杠或者双杠悬垂的方式； 四肢力量的恢复，就要选择增加力量的运动项目；为了提高心肺功能，就要选择以有氧代谢为主的慢跑、游泳、自行车等时间长、强度小的项目。

（2）运动负荷

运动负荷指在单位时间内完成的运动量，可用最大吸氧量、心率、速度等表示。由于运动负荷对患者身体影响较大，所以它的安排适当与否直接影响运动处方的效果。

（3）运动周期

运动周期指每周运动的次数。运动间隔时间的长短都影响运动处方的效果。

## （四）运动处方的制定程序

### 1.运动处方的诊断检查

第一，收集患者的个人资料；第二，对患者进行医学检查以便全面了解患者的身体情况；第三，进行负荷实验和体力测定，为制定合理的运动处方提供依据。

①健康诊断，就是医学检查，包括身高、体重、血压、心电图、心肺功能、血液和尿的化验等指标。其目的是掌握患者的身体健康状况，评定其等级，排除运动禁忌项目，为对患者的运动负荷实验提供有效的安全系数。

②运动负荷实验，主要是测定患者有氧工作的能力，诊断冠心病并对心脏病患者进行分类。测定运动中最高心率及确定运动时的安全性。实验中的运动负荷有两种：最大负荷和次最大负荷。最大负荷实验更合乎要求，但是其危险性较大。制定运动处方需要进行运动实验，它是较为重要的检查方法之一。为了确保运动负荷实验的安全性和运动处方的有效性，平时多采用次最大负荷实验。

### 2.运动负荷的确定

①用耗氧量确定负荷。健康人用运动负荷实验中所得的最大吸氧量的百分比控制运动负荷。例如，80%的最大吸氧量的强度为较大强度； 50%~60%为中等强度：40%以下为较小强度。如果为了减肥就必须用中等强度；如果为了提高心脏功能就要用50%~80%的最大吸氧量强度，小强度无效。

②用最高心率确定强度。因疾病或者年老体弱不能测定最大吸氧量时，只能用限定心率确定强度。最高心率的测定是通过目标心率确定的。例如，一位60岁的老人，平静时的心率为70次/分钟，按目标心率=（最大心率—静息心率）×强度%+静息心率，即0.9×（160 — 70）+70=151次/分钟。由此可知，

15次/分钟是这位老人的上限目标心率值。这个老人的负荷不能超过151次/分钟，否则就会有危险。这位老人的下限目标心率值=0.7×（160 − 70）+ 70=133次/分钟。该老人的心率有效负荷的下限不能低于133次/分钟，否则就不会有好的锻炼效果。此人在运动中的心率必须控制在133~151次/分钟的范围内，才会有良好的锻炼效果。

③运动时间和运动周期。每次运动持续的时间一般要求达到有效强度后至少持运动15分钟以上才能见效，但运动时间的长短与运动强度成反比，最短时间限度为5分钟，最长为1小时。运动周期一般每周 3~4次或者隔日1次为宜。另外，还要考虑体力的好坏和运动能力的强弱，体力好的、运动能力强的人，运动次数可以多一些，否则酌减。

## 二、身体锻炼的计划与方法

### （一）重复锻炼法

重复次数的多少不同，对身体的作用不同。重复次数越多，身体对运动反应的负荷越大。如果重复次数不断地继续增加，可能使身体承受的负荷达到极限，乃至破坏机体的正常状态，造成伤害。

运用重复锻炼方法，关键是掌握好负荷的有效价值范围（最有锻炼价值负荷量下的心率），并据此调节重复次数。在重复锻炼中，对负荷如何控制、怎样去重复才能达到理想的效果，应视实际情况而定。

### （二）间歇锻炼法

人们通常认为体质增强的过程是在运动中实现的。其实，体质内部增强过程主要是在间歇中实现的，是在休息过程中获得了超量恢复。若是离开在休息中获得的超量恢复，则运动就变成对增强体质毫无意义的事，甚至起不了作用。间歇对增强体质的作用并不亚于运动本身。自古以来就有以静锻炼的经验，在现代科学的基础上，人类更清楚地认识到在间歇时间内有机体的各种变化，认识了保持同化优势的重要性，所以把间歇作为一种健身的基本方法。

同重复锻炼法一样，间歇的时间也要依据负荷的有效价值标准去调节。一般来说，当负荷反应（心率）指标低于有效价值标准时，应缩短间歇时间，而在高于价值标准时，则可延长间歇时间。通过适当的间歇，把负荷量调节到负荷有效价值范围，以追求良好的锻炼效果。实践中，一般心率在130次/分钟左右时，就应再次开始锻炼。间歇时，不要静止休息，而应边活动边休息，如慢速走步、放松手脚、伸伸腰腿或做深而慢的呼吸等。因为轻微活动可使肌肉对血管起到按摩作用，帮助血液回流和排除代谢所产生的废物。

### （三）连续锻炼法

从增强体质的良好效果出发，需要间歇就停一会儿，需要连续就接二连三地进行下去，所以不仅应讲究间歇，还要讲究连续。连续、间歇、重复都是在同一锻炼过程中实现的。连续、间歇、重复等因素各有其特有的作用，连续的作用在于负荷量持续不下降，维持在一定的水平上，使身体充分地受到运动的作用。

连续锻炼时间的长短，同样要根据负荷价值有效范围而确定。通常认为在140 次/分钟左右心率下连续锻炼20~30分钟，可使机体的各个部位都长时间地获得充分的血液和氧的供应，因而能有效地提高有氧代谢能力。实践中，用于连续锻炼的主要是那些比较容易，并已被锻炼者所熟悉的动作，可以是跑步、游泳，也可以是跳舞等。

### （四）循环锻炼法

循环锻炼法由几个不同的练习点组成。当一个点上的练习已经完成， 练习者就迅速转移到下一个点，下一个练习者依次跟上。练习者完成了各个点上的练习，就算完成了一次循环。 循环练习法对技术的要求不高，且各个项目都采用比较轻度的负荷练习，因此练起来既简单有趣，又可得到综合锻炼，达到全面发展的良好效果。

### （五）变换锻炼法

此法可以有效地调节生理负荷，提高兴奋度，强化锻炼意向，克服疲劳和厌倦情绪，以达到提高锻炼效果的目的。例如，刚参加锻炼时，可多做些诱导性练习和辅助性练习；随着锻炼水平的提高，应加大练习的难度。由于锻炼条件的变化，可使锻炼者的大脑皮层不断地产生新异的刺激，提高兴奋度，激发锻炼的兴趣，从而提高机体对负荷的承受能力，提高锻炼效果。另外，不断地对锻炼的内容、时间、动作速率等提出新的要求，可有效地调节生理负荷，使机体不断产生适应性变化，更好地达到锻炼身体的目的。

#### （六）负重锻炼法

负重锻炼法是使用杠铃、哑铃、沙袋等重物进行身体运动来锻炼身体、增强体力的方法。负重的方法既适用于普通人为增强体质锻炼身体，又适用于运动员进行身体训练，还可用于促进身体疾患的康复。

一般人增强体质进行负重锻炼，应该采用最大摄氧量和最大心排血量以下的负荷。因为过大的负荷可能给心血管和呼吸系统带来不良的影响。为了保证这种锻炼方法对身体的良好作用，在运动负荷价值范围内可以多次重复或连续。

## 第三节　体质与健康的评价

### 一、体质与健康的评价

#### （一）体质的评价

体质，即身体素质，它是人体生命活动、日常生活、劳动工作和运动能力的物质基础。我国体育科学学会体质研究会认为，体质的范畴主要包括以下几个方面。

（1）身体形态和结构的发育水平，即体格、体型、身体姿势、营养状况及身体组成成分等。

（2）生理功能水平，即机体的新陈代谢水平和各器官、系统的效能，如脉搏、血压、肺活量等反映心肺功能水平的指标。

（3）身体素质和运动能力发展水平，即速度、力量、耐力、灵敏、柔韧等身体运动素质和走、跑、跳、投、攀登、爬越等身体基本活动能力。

（4）心理素质发展水平，即人体感知能力、智力、个性、意志等。

（5）适应能力，即对外界环境的适应能力、应激能力和对疾病的抵抗能力。

上述五个方面的状况能反映出体质强弱的差异。在进行体质测定和评价体质发展水平的实际效果时，必须注意体质表现的综合性特点及测量和评价的多指标性质。

### （二）健康的评价

世界卫生组织（WHO）把健康定义为："健康不仅是没有身体缺陷和疾病，还要有健全的生理、心理状态和社会适应能力。"世界卫生组织对人体的身体健康制定了新的指标，它包括躯体和心理的健康状态。

躯体健康可用"五快"来衡量：

第一，吃得快，指进食时有良好的胃口，不挑剔食物，能快速吃完一餐饭，说明内脏功能正常；

第二，走得快，指行走自如，活动灵敏，说明精力充沛，身体状态良好；

第三，说得快，指语言表达正确，说话流利，表示头脑敏捷，心肺功能正常；

第四，睡得快，指有睡意，上床后能很快入睡，且睡得好，醒后精神饱满，头脑清醒，说明中枢神经系统兴奋，抑制功能协调，且内脏无病理信息干扰；

第五，便得快，指一旦有便意，能很快排泄完大小便，且感觉良好，说明胃肠功能良好。

心理健康可用"三良好"来衡量：

第一，良好的个性，指情绪稳定，性格温和，意志坚强，感情丰富，胸怀坦荡，豁达乐观；

第二，良好的处世能力，指观察问题客观现实，具有较好的自控能力，能适应复杂的社会环境；

第三，良好的人际关系，指助人为乐，与人为善，与他人关系良好。

人体的健康，包括人体生理、心理和社会因素方面的良好反应。随着社会的进步、科学的发展和医学水平的提高，人体健康的概念将会日益深化。

## 二、《国家学生体质健康标准》学生测试项目及方法

根据《国家学生体质健康标准》学生测试项目如下表4–1所示。

**表4–1　《国家学生体质健康标准》学生测试项目**

| 年级 | 评价指标（测试项目） | 分值 | 备注 |
|---|---|---|---|
| 大学各年级 | 身高标准体重 | 10 | 必测 |
| | 肺活量体重指数 | 20 | 必测 |
| | 1000 米跑（男）、800 米跑（女）、台阶实验 | 30 | 选测一项 |
| | 坐位体前屈、实心球、仰卧起坐（女）引体向上（男）、握力体重指数 | 20 | 选测一项 |
| | 50 米跑、立定跳远、跳绳、篮球运球、足球运球、排球垫球 | 20 | 选测一项 |

### （一）身高体重

1.测试目的：测试学生身高、体重、形态指数。评定学生的身体匀称度，评价学生生长发育及营养状况的水平。

2.测试器材：身高体重仪。

3.测试方法：受试者赤足，身着轻装立正姿势站在身高体重仪的底板上（上肢自然下垂，足跟并拢，足尖分开呈60°）。足跟、骶骨部及两肩胛区与立柱相接触，躯干自然挺直；头部正直，耳屏上缘与眼眶下缘是水平位。测试人员坐在受试者右侧，按动“开始键”，水平压板轻轻沿立柱下滑，触及受试者头部时，自动停止下滑，测试完毕。

### （二）肺活量

1.测试目的：测试学生的肺通气功能。它是指人体尽全力深吸气后，再尽全力呼出的气体总量，即一次深呼吸的气量，是呼吸动态过程中的一部分。

2.测试器材：电子肺活量计。

3.测试方法：被测者面对仪器站立，手持吹气口嘴；面对肺活量计站立深吸气（避免耸肩提气，应该像闻花式的慢吸气）；吸气后屏住气再对准口嘴吹气，防止此时从口嘴处吸气；测试中不得二次吸气、吹气，向口嘴处慢慢呼出至不能再呼为止；吹气完毕后，液晶屏上最终显示的数字即为肺活量毫升值。被测者不必紧张，并且要尽全力；以中等速度和力度吹气效果最好。

### （三）坐位体前屈

1.测试目的：测试学生身体柔韧素质的发展水平。

2.测试器材：坐位体前屈测量计。

3.测试方法：受试者坐在连接于箱体的软垫上，两腿伸直，不可弯曲，脚跟并拢，脚尖分开约10～15厘米，踩在测量计垂直平板上，两手并拢；两臂和手伸直，渐渐使上体前屈，用两手中指尖轻轻推动标尺上的游标前滑（不得有突然前伸动作），直到不能继续前伸时为止。

### （四）仰卧起坐

1.测试目的：测试学生腹肌耐力。

2.测试器材：仰卧起坐测试仪。

3.测试方法：受试者全身仰卧于垫上，两腿稍分开，屈膝呈90°左右，两手指交叉于脑后，另一同位压住其踝关节，以便固定下肢；测试人员目测受试者完成上述动作要领后，开始仰卧起坐；动作应规范至90°方为有效；受试者躯干超过90°完成一次；测试时间一分钟，计时停止，测试完毕。

### （五）引体向上

1.测试目的：测试男性上肢肌肉量的发展水平。

2.测试器材：引体向上测试仪。

3.测试方法：被受试者正手抓单杠用背阔肌的力量将身体向上拉起，下巴应超过单杠并稍做停顿，然后放松背阔肌让身体下降，直到完全下垂，然后重复再做。

### （六）立定跳远

1.测试目的：测试学生下肢肌肉力量及身体协调能力的发展水平。

2.测试器材：立定跳远测距仪或皮尺。

3.测试方法：受试者两脚自然分开站立；站在起跳线后；脚尖不得踩线。两脚原地同时起跳；不得有垫步或连跳动作。丈量起跳线后缘至最近着地点后缘的垂直距离。

### （七）50米跑

1.测试目的：测试学生的灵敏性和下肢爆发力。

2.测试仪器：50米跑测试仪或秒表。

3.测试方法：受试者站与50米跑起跑线后，采用站立式起跑姿势，听到发令声快速跑动冲过终点。

### （八）耐力跑（女生800米跑/男生1000米）

1.测试目的：衡量学生心肺机能的发展水平。

2.测试仪器：耐力跑测试仪或秒表。

3.测试方法：受试者若干人一组站立于耐力跑测试起跑线后，采用站立式起跑，听到发令声开始跑动，出发后允许抢道。

## 三、《国家学生体质健康标准》学生评分表

表4-2 《国家学生体质健康标准》单项指标评分表（男生）

| 等级 | 年级 | 大一大二 | 大三大四 | 大一大二 | 大三大四 | 大一大二 | 大三大四 | 大一大二 | 大三大四 | 大一大二 | 大三大四 | 大一大二 | 大三大四 |
|---|---|---|---|---|---|---|---|---|---|---|---|---|---|
| | 项目<br>分值 | 肺活量 | 肺活量 | 体前屈 | 体前屈 | 立定跳远 | 立定跳远 | 引体向上 | 引体向上 | 1000米 | 1000米 | 50米 | 50米 |
| 优秀 | 100 | 5040 | 5140 | 24.9 | 25.1 | 273 | 275 | 19 | 20 | 3'17" | 3'15" | 6.7 | 6.6 |
| | 95 | 4920 | 5020 | 23.1 | 23.3 | 268 | 270 | 18 | 19 | 3'22" | 3'20" | 6.8 | 6.7 |
| | 90 | 4800 | 4900 | 21.3 | 21.5 | 263 | 265 | 17 | 18 | 3'27" | 3'25" | 6.9 | 6.8 |
| 良好 | 85 | 4550 | 4650 | 19.5 | 19.9 | 256 | 258 | 16 | 17 | 3'34" | 3'32" | 7.0 | 6.9 |
| | 80 | 4300 | 4400 | 17.7 | 18.2 | 248 | 250 | 15 | 16 | 3'42" | 3'40" | 7.1 | 7.0 |
| 及格 | 78 | 4180 | 4280 | 16.3 | 16.8 | 244 | 246 | | | 3'47" | 3'45" | 7.3 | 7.2 |
| | 76 | 4060 | 4160 | 14.9 | 15.4 | 240 | 242 | 14 | 15 | 3'52" | 3'50" | 7.5 | 7.4 |
| | 74 | 3940 | 4040 | 13.5 | 14.0 | 236 | 238 | | | 3'57" | 3'55" | 7.7 | 7.6 |
| | 72 | 3820 | 3920 | 12.1 | 12.6 | 232 | 234 | 13 | 14 | 4'02" | 4'00" | 7.9 | 7.8 |
| | 70 | 3700 | 3800 | 10.7 | 11.2 | 228 | 230 | | | 4'07" | 4'05" | 8.1 | 8.0 |
| | 68 | 3580 | 3680 | 9.3 | 9.8 | 224 | 226 | 12 | 13 | 4'12" | 4'10" | 8.3 | 8.2 |
| | 66 | 3460 | 3560 | 7.9 | 8.4 | 220 | 222 | | | 4'17" | 4'15" | 8.5 | 8.4 |
| | 64 | 3340 | 3440 | 6.5 | 7.0 | 216 | 218 | 11 | 12 | 4'22" | 4'20" | 8.7 | 8.6 |
| | 62 | 3220 | 3320 | 5.1 | 5.6 | 212 | 214 | | | 4'27" | 4'25" | 8.9 | 8.8 |
| | 60 | 3100 | 3200 | 3.7 | 4.2 | 208 | 210 | 10 | 11 | 4'32" | 4'30" | 9.1 | 9.0 |
| 不及格 | 50 | 2940 | 3030 | 2.7 | 3.2 | 203 | 205 | 9 | 10 | 4'52" | 4'50" | 9.3 | 9.2 |
| | 40 | 2780 | 2860 | 1.7 | 2.2 | 198 | 200 | 8 | 9 | 5'12" | 5'10" | 9.5 | 9.4 |
| | 30 | 2620 | 2690 | 0.7 | 1.2 | 193 | 195 | 7 | 8 | 5'32" | 5'30" | 9.7 | 9.6 |
| | 20 | 2460 | 2520 | -0.3 | 0.2 | 188 | 190 | 6 | 7 | 5'52" | 5'50" | 9.9 | 9.8 |
| | 10 | 2300 | 2350 | -1.3 | -0.8 | 183 | 185 | 5 | 6 | 6'12" | 6'10" | 10.1 | 10.0 |

表4-3 《国家学生体质健康标准》单项指标评分表（女生）

| 等级 | 年级 | 大一大二 | 大三大四 | 大一大二 | 大三大四 | 大一大二 | 大三大四 | 大一大二 | 大三大四 | 大一大二 | 大三大四 | 大一大二 | 大三大四 |
|---|---|---|---|---|---|---|---|---|---|---|---|---|---|
| | 项目<br>分值 | 肺活量 | 肺活量 | 体前屈 | 体前屈 | 立定跳远 | 立定跳远 | 仰卧起坐 | 仰卧起坐 | 800米 | 800米 | 50米 | 50米 |
| 优秀 | 100 | 3400 | 3450 | 25.8 | 26.3 | 207 | 208 | 56 | 57 | 3'18" | 3'16" | 7.5 | 7.4 |
| | 95 | 3350 | 3400 | 24.0 | 24.4 | 201 | 202 | 54 | 55 | 3'24" | 3'22" | 7.6 | 7.5 |
| | 90 | 3300 | 3350 | 22.2 | 22.4 | 195 | 196 | 52 | 53 | 3'30" | 3'28" | 7.7 | 7.6 |
| 良好 | 85 | 3150 | 3200 | 20.6 | 21.0 | 188 | 189 | 49 | 50 | 3'37" | 3'35" | 8.0 | 7.9 |
| | 80 | 3000 | 3050 | 19.0 | 19.5 | 181 | 182 | 46 | 47 | 3'44" | 3'42" | 8.3 | 8.2 |
| 及格 | 78 | 2900 | 2950 | 17.7 | 18.2 | 178 | 179 | 44 | 45 | 3'49" | 3'47" | 8.5 | 8.4 |
| | 76 | 2800 | 2850 | 16.4 | 16.9 | 175 | 176 | 42 | 43 | 3'54" | 3'52" | 8.7 | 8.6 |
| | 74 | 2700 | 2750 | 15.1 | 15.6 | 172 | 173 | 40 | 41 | 3'59" | 3'57" | 8.9 | 8.8 |
| | 72 | 2600 | 2650 | 13.8 | 14.3 | 169 | 170 | 38 | 39 | 4'04" | 4'02" | 9.1 | 9.0 |
| | 70 | 2500 | 2550 | 12.5 | 13.0 | 166 | 167 | 36 | 37 | 4'09" | 4'07" | 9.3 | 9.2 |
| | 68 | 2400 | 2450 | 11.2 | 11.7 | 163 | 164 | 34 | 35 | 4'14" | 4'12" | 9.5 | 9.4 |
| | 66 | 2300 | 2350 | 9.9 | 10.4 | 160 | 161 | 32 | 33 | 4'19" | 4'17" | 9.7 | 9.6 |
| | 64 | 2200 | 2250 | 8.6 | 9.1 | 157 | 158 | 30 | 31 | 4'24" | 4'22" | 9.9 | 9.8 |
| | 62 | 2100 | 2150 | 7.3 | 7.8 | 154 | 155 | 28 | 29 | 4'29" | 4'27" | 10.1 | 10.0 |
| | 60 | 2000 | 2050 | 6.0 | 6.5 | 151 | 152 | 26 | 27 | 4'34" | 4'32" | 10.3 | 10.2 |
| 不及格 | 50 | 1960 | 2010 | 5.2 | 5.7 | 146 | 147 | 24 | 25 | 4'44" | 4'42" | 10.5 | 10.4 |
| | 40 | 1920 | 1970 | 4.4 | 4.9 | 141 | 142 | 22 | 23 | 4'54" | 4'52" | 10.7 | 10.6 |
| | 30 | 1880 | 1930 | 3.6 | 4.1 | 136 | 137 | 20 | 21 | 5'04" | 5'02" | 10.9 | 10.8 |
| | 20 | 1840 | 1890 | 2.8 | 3.3 | 131 | 132 | 18 | 19 | 5'14" | 5'12" | 11.1 | 11.0 |
| | 10 | 1800 | 1850 | 2.0 | 2.5 | 126 | 127 | 16 | 17 | 5'24" | 5'22" | 11.3 | 11.2 |

# 第五章　终身体育

## 第一节　终身体育概述

### 一、终身体育的概念

#### （一）终身体育的概念

终身体育是指一个人终身进行身体锻炼和接受体育教育。终身体育的含义包括两个方面的内容：一是指人从生命开始至生命结束中学习与参加体育锻炼，使终身有明确的目的性，使体育成为一生生活中始终不可缺少的重要内容；二是在终身体育思想的指导下，以体育的体系化、整体化为目标，为人们在不同时期、不同生活领域中提供参加体育活动机会的实践过程。

#### （二）理论基础

终身体育作为一种完整的、现代体育思想，其基础来自两个方面。首先，人体自身发展，需要体育锻炼伴随终身。人体自身的发展，是有规律可循的。人的一生一般要经历三个发展时期，即生长发育期、成熟期和衰退期。由于体育锻炼具有增进健康、增强体质的作用，对人的各个不同时期的身体健康，都具有积极影响。所以，体育锻炼要根据各个不同时期人体发展的特点，提出相应的要求。生长发育时期的要求，是促进身体的正常生长发育；成熟期的要求，是保持旺盛的精力与充沛的体力；衰退期的要求，是延缓衰退、延长工作年限、延年益寿。不同的发展阶段锻炼的要求不同，锻炼的内容与方法也相应有所不同。也就是说，人的一生都应当伴随着体育锻炼，不同的时期有不同的目标和要求，不同的内容与方法。锻炼身体不可能“一次完成”，更不能一劳永逸。

其次，终身体育是现代社会发展的需要。现代生产方式和生活方式的变化，对人们的健康状况带来了不利的影响。由于体力活动减少，工作、生活的节奏加快，精神过度紧张，生活改善，摄取的热量过多等一系列的变化，造成了高血压、心脏病、肥胖症、神经官能症等现代文明病的产生，严重威胁着人们的健康和生命。人们为了改善自己的健康状况，健康意识普遍增强，使体育锻炼成为人们提高生活质量、防治文明病和现代生活不可缺少的内容之一。

## 二、终身体育的形成

终身体育产生于20世纪60年代，与“终身教育”（life-long education）的概念同时应运而生。

由于人们的生活水平和文化程度不断提高，越发认识到体育在人们生活中的作用，加之闲暇时间的增多，给人们提供了足够的体育活动时间，再由于人类平均寿命的延长，经济收入增加，物质生活的改善，使人们将体育作为保证机能质量的基础，以及转向追求精神满足的需要，使得体育成为不可缺少的手段之一，成为现代和未来人们积极性生活的重要内容之一。

1960年在加拿大的蒙特利尔召开的“国际成人教育会议”上提出了有关“终身教育”的问题。1965年在巴黎召开的国际成人教育促进委员会会议上，继续教育专家朗格朗使“终身教育”成为成人教育的重要议题。终身教育的基本性质包括两个方面：一是保障公共教育的教育机会，使人们的一生都能获得良好的成长与发展；二是重新设计和综合历来的教育，不仅为人们终身提供教育的机会，而且要使处于各年龄段的人们，能够在最适当的时期和场所接受最适宜的教育。在这种教育的迫切要求和变化中，各门教育学科都相应地制订了计划，尤其是体育在教育中的作用，使得体育不仅是“终身教育”中不可分割的一部分，而且也是社会生活健康发展的一个重要手段。所以，“终身体育”是伴随着“终身教育”的概念产生的。“终身体育”有自己特定的研究领域和范畴，它是创造人生价值，从生到死进行体育教育的过程。

## 第二节　学校体育是终身体育的基础

学校体育是终身体育的基础。学校体育中学生处在6～22岁年龄段，是从学龄儿童进入青春发育期的关键时期，也是有目的、有计划、系统地全面锻炼身体，促进身心健康，掌握体育的知识、技术、技能，养成锻炼身体的习惯，培养体育意识的重要时期。这个时期，身体生长发育得如何，直接影响着人的一生。如果少年时期身体发育得不好，如脊柱侧弯、驼背、呼吸机能差等，到了成年以后往往无法弥补。所以，学校体育在终身体育的体系中，起着承上启下的作用，是终身体育的重要一环，是人们奠定终身体育基础的关键时期。因此，养成终身体育的习惯需要做到以下几点。

（1）打好身体基础

青少年时期，正是打好身体基础的“黄金时代”。从人体自身的发展来看，这一时期具有特别重要的意义。如果在这一时期里应当得到的锻炼而没有得到，到了成年以后，时过境迁再进行锻炼，虽然也有效果，但由于基础未打好，往往是事倍功半。我们要放眼未来，首先要从现在做起。保证现在精力旺盛地学习，同时为终身体育打好基础，也为将来从事祖国的社会主义建设事业做准备。

（2）掌握体育知识技能，学会自主学习锻炼

体育的知识、技术、技能，是科学锻炼身体的手段和方法。对增进身心健康、增强体质，不仅具有近期（在校期间）的效果，而且具有长远（走向社会以后）的影响。但是，由于不同年龄段身心发展状况的差异，锻炼身体的目标、内容和方法也相应有所不同。这就需要培养自我学习、自我锻炼、自我评价的能力，以适应和协调不断变化的情况，取得预期的锻炼效果。

（3）培养兴趣、爱好，养成锻炼习惯

兴趣和爱好是积极参加体育活动的驱动力。初中以下的学生，往往以满足心理要求为主要倾向，表现为以直接兴趣为主，即体育活动本身所引起的兴趣，如喜欢游戏和球类活动等。高中学生由于对体育锻炼的目的性更明确，间接兴趣逐步成为主要倾向，即对体育活动的结果发生兴趣。如认识到参加耐久跑能改善心血管系统的功能，虽然跑起来感到又苦又累，但仍然能坚持参加长跑。高中阶段

要在提高认识的基础上，努力培养间接兴趣和爱好，并且逐步养成锻炼身体的习惯。

（4）培养自我体育意识

“自我体育意识”是从意识、自我意识衍生出来的。对终身体育的理解，关键是体育意识的培养。意识是人的头脑对客观物质世界的反映，是感觉、思维等各种心理过程的总和。由此引申体育意识，是人的头脑对体育客观事物的反映，是对体育的感觉、思维等多种心理过程。这里提出的是“自我体育意识”，就是自己对待体育在思想、情感、行为、个性以及有关体育的社会交往和合作等各方面的认知、感觉、评价和调控等心理过程。“自我体育意识”是终身体育的核心，只有树立自我体育意识，才能实现终身体育的目标并积极自觉地参加体育锻炼。

树立正确的自我体育意识，首先要在已经培养起来的对体育兴趣和爱好的基础上，提高对体育的理性认识。高中生不能只是片面地追求对体育的直接兴趣，而应当对体育的目的、意义、作用、功能等有全面的理解，进而积极自觉地、主动地参加体育锻炼。变被动为主动，使自己成为体育学习和各种体育活动的主体。

其次，要了解自我，认识自己身心发展的具体状况和身体素质。运动能力、运动技能的水平，特别是要了解自己与同龄人相比较的特殊性，善于分析、判断自己在群体中所处的层次和水平，以便从自身的实际出发，取长补短，有针对性地进行学习和锻炼。

最后，自我体育意识是在反复实践中形成的。在反复不间断的实践中，加深对体育的情感体验，不断提高体育的水平，使体育锻炼成为自觉主动的行为。

## 第三节　大学生终身体育的特点

### 一、自我体育意识较强，具备自我体育锻炼的能力

高校体育更要培养大学生具备能独立进行体育锻炼的能力， 使他们在校学习期间以及毕业进入社会以后， 也能够更好地进行自我身体锻炼， 并充当家庭和社会的指导者， 养成终身体育意识和坚持体育锻炼的良好习惯。因此， 就必须在大学体育教学中加强对学生自主锻炼能力的培养， 强调大学生在校期间，

对体育的自学、自练、自调、自控和自创能力培养，让学生明确体育锻炼的意义，把所学到的体育知识、技术和方法，综合运用到体育锻炼实践中去，并根据自身身体条件和健康水平，合理安排运动负荷、强度及时间，不断修正、评价、调节和实施锻炼计划。大学生自主锻炼身体的能力，是指学生能运用所学的科学锻炼的理论和方法，结合环境和自身条件加以创新，独立地进行体育锻炼的能力。自主锻炼能力的表现形式为：自学、自练、自调、自控与自创能力。所谓自学就是学生运用所学得的体育知识，结合自己自身和练习环境制订适合自己的锻炼计划，坚持身体锻炼活动，并养成良好的锻炼习惯。自练是表现在学生运用所学得的理论知识与方法，在自我锻炼的实践活动中得以综合利用和坚持经常性练习，并形成自己生活中不可缺少的一部分。自调是指学生在身体锻炼过程中，能够根据自己的实际情况、身体反应、恢复情况、对运动负荷的适应情况等，掌握和合理安排运动负荷、运动强度及锻炼时间与恢复措施，这是自我锻炼及检验自我锻炼能力水平的核心问题。自我调控能力是指执行锻炼计划的自我控制能力，即在身体锻炼效果自我评价基础上不断修正并实施锻炼计划的能力。大学生根据自我锻炼效果和评价结果，对自己的锻炼计划不断修正，以便对自己的锻炼行为进行科学的监督与控制。自创能力分为狭义的自创能力和广义的自创能力。狭义的自创能力就是创新，也就是学生通过对自己已经积累的体育知识经验，进行科学加工和创造，以产生新知识、新思想、新概念、新成果和新品种的能力，它是以学生的感知、记忆、思考、想象等能力为基础，体现了学生智力品质的综合性，表现出对体育的探索性和求新性；广义的自创能力也包括利用现有的体育知识去重现前人探索过程的能力。学生自创能力，多数是要学会广义上的创新。

传统的体育教学是习惯于让学生通过身体练习来掌握体育基本知识、技术和技能，不注重学生锻炼态度、兴趣和习惯的培养。没有端正的锻炼态度，又没有锻炼兴趣和良好的锻炼习惯，学生是无法真正掌握体育基本知识、技术和技能的，当然也就无法实现全面提高学生的身体素质。相反，学生对锻炼如有浓厚的兴趣，又具有良好的锻炼态度和习惯，就会以一种积极的态度，精神饱满地参加锻炼。例如，现在的学生大多不喜欢跑步，特别是女生，一听到要跑步就叫苦叫累，更谈不上对跑步产生兴趣，而速度和耐力素质是我们身体素质的两大基本素质。那么，怎样才能提高学生对跑步的锻炼兴趣呢？经过观察和教学实践，把跑步教学融入学生们普遍喜欢的游戏之中，同时教师要有意识地多组织一些教学比赛，如5～6人一组进行30米、60米的快速冲刺跑，本组跑在最后一名的学生随下一组再跑一次或罚做俯卧撑。这样人人都不想跑最后。另外，还可以进行接力比赛等。使学生的跑步能力在不知不觉中得到充分的锻炼。同时，教师应及时进行思想强化：强调速度和耐力的重要性，这样学生就能较自觉地练习跑步，教学效果就好多了。因此，体育教师应转变观念，在课堂教学中积极主动地培养学生良好的锻炼习惯。

## 二、有计划、有组织的教育过程

学校体育是一种有目的、有计划、有组织地传授体育知识、技术、技能，培养身心和谐发展的合格社会成员的教育过程，在这个过程中，学生通过逐步掌握基本的体育锻炼常识、营养知识，体育运动技术和技能，来提高心理健康水平和社会适应能力。通过分析终身体育结构和终身体育习惯形成的基本过程，进一步探讨在当今学校体育教学改革形势下，如何发挥学校体育教学的关键作用，才能更好地使学校体育切实有效地为终身体育服务等方面进行讨论，从而深入研究学校体育改革的定向问题，处理好与终身体育的发展关系，推动终身体育的发展和实现。

## 三、体育锻炼的方法、手段和内容灵活多样、丰富多彩

培养学生良好的锻炼习惯，需要从两方面做起。一是培养学生科学地进行身体锻炼，二是培养学生把体育锻炼视为学习生活中的一个重要环节。其中，培养学生科学地进行身体锻炼是基础，只有科学地进行锻炼身体的习惯，才能称得上良好的锻炼习惯。学习者要知道充分利用学校体育教育的资源来不断提高锻炼能力，这是终身以锻炼求发展、维持和增进健康的一条捷径。

大学生的思维非常活跃，在大学期间他们不仅仅只想学到一些单一的体育技术，而更多的要学到一些有关科学锻炼身体的方法、手段，教师教学手段要灵活多样，上好体育课的同时，要重视课外活动的开展和引导，给学生创造更多的参与机会，有利于培养学生自觉锻炼的习惯。特别是在课外活动中，采用小型多样，灵活多变的竞赛方法对提高学生参与的覆盖面大有益处。体育竞赛以它的竞

技性和对抗性引起学生对它的兴趣，而兴趣是调动学生参与意识的主要因素。所以我们的教学手段既要符合体育教学的原则，又要结合大学生的生理、心理特点，安排好灵活多样的教学内容及各种体育竞赛活动，引导他们逐步养成坚持体育锻炼的良好习惯，为学生终身体育服务奠定基础。

## 第四节　大学生终身体育锻炼与专业学习相结合

### 一、体育的功能

体育是社会发展与人类文明进步的一个标志，体育事业发展水平是一个国家综合国力和社会文明程度的重要体现。在现代化建设的进程中，体育伴随着经济、社会的发展而发展。体育之所以能在人类社会连绵不断地存在和发展，是因为得到了不同民族和国家的人们的喜爱和广泛的认同，而且发展的活力越来越大，影响和作用也越来越大。这充分说明体育对人类社会有着重要的功能和作用。而且经济越发展，社会越进步，人们强身健体的意识就越强烈，体育的地位就越重要，作用也就越显著。体育的功能取决于体育本身的特点和社会的需要。

#### （一）体育的健身功能

（1）体育运动能改善和提高中枢神经系统的工作能力，使人头脑清醒、思维敏捷。

（2）体育运动能促进人体的生长发育，提高运动能力。

（3）体育运动能促使人体内脏器官构造的改善和机能的提高。

（4）体育运动能调节人的心理，使人朝气蓬勃，充满活力。

（5）体育运动能提高人体的适应能力。

（6）体育运动可以防病治病，推迟衰老，延年益寿。

#### （二）促进个体社会化功能

体育能够教导人们的基本生活技能；教导社会规范，发展人际关系；传授文化科学知识。此外，体育还具有政治功能、科学研究功能等多种功能。这些功能在人类发展和社会进步中起着重要的作用，同时也促进了体育运动本身在人类社会中的发展。

大学体育课程是学校课程体系中的重要组成部分，是大学生以身体练习为主要手段，通过科学和合理的体育锻炼，达到增强体质、增进健康和提高体育素养为主要目标的公共必修课程。大学体育课程是学校教育的重要组成部分，是以体育锻炼为手段，对学生进行思想品德教育、文化科学教育、生活与体育教育，促进学生身心和谐发展的教育过程，是实施素质教育和培养全面发展的合格人才的重要途径。

## 二、大学体育课程的目标

根据大学生的实际和社会发展的需要，大学体育课程需要完成以下五个领域的目标。

### （一）运动参与目标

学生对体育运动有着浓厚的兴趣，并积极参与，自觉养成良好的锻炼习惯，基本形成终身体育意识；有能力编制可行的个人锻炼计划；能够进行个人锻炼效果的自我评价；具有一定的体育文化欣赏能力。

### （二）运动技能目标

学生有能力把掌握的体育理论知识用来指导简单的身体实践并进行一般性的分析与评价；所掌握的健身知识和运动技能能够终身受益，并有能力进行自我更新；掌握常见的消除运动疲劳的方法，能够正确处理简单的运动伤害。

### （三）身体健康目标

学生能掌握提高身体素质、全面发展体能的知识和方法；具有较强的健康意识和保健意识；具有良好的生活方式和健身习惯；能科学处理学习与生活、工作之间的关系。

### （四）心理健康目标

学生能学会运用丰富多彩的文体活动改善心理环境；学会利用体育活动增强意志品质，提高自信心；在运动中体验运动的乐趣和成功的感觉，通过体育活动调节自己的情绪；养成积极乐观的生活态度。

### （五）社会适应目标

学生能形成良好的体育道德观，建立团结协作的大局观；处理好团结与协作、自我表现与集体荣誉、成功与失败三种关系；在积极的群体活动中，建立良好的社会交往关系。

参考文献：

[1]曹桂祥，高传清，李晨.现代大学体育教程[M].北京：人民体育出版社，2016.

[2]付涛，吴泽勇，赵明.大学生体育与健康[M].北京：清华大学出版社；北京交通大学出版社，2007（2015.9重印）.

[3]高冬霞，李福贵.试论对大学生终身体育意识的培养[J].哈尔滨体育学院学报，2003（02）：48–49.

[4]王东亮.浅谈大学生的体育能力及其培养[J].湖北科技学院学报，2014，34（03）：139–140.

[5]王东辉.浅谈养生保健与大学生终身体育意识的培养[J].体育世界（学术版），2015（12）：141–142.

[6]张贺. 学校体育中终身体育意识的培养[D].长春：吉林体育学院，2012.

# 第六章　教学实践

## 第一节　足　球

### 一、项目简介

足球（football）被誉为“世界第一运动”，全球体育界最具影响力的体育运动。

标准的11人制足球比赛由两队各派10名球员与1名守门员，总共22人，在长方形的草地球场上对抗、防守、进攻。比赛时尽量将足球射入对方的球门内，每射入一球就可以得到一分，当比赛完毕后，得分多的一队则胜出。如果在比赛规定时间内得分相同，则须看比赛章则而定，可以抽签、加时再赛或互射点球（十二码）等形式比赛分高下。足球比赛中除了守门员可以在己方禁区内利用手部接触足球外，球场上每名球员只可以利用手以外的身体其他部分控制足球（开界外球例外）。当今世界足球水平最高的联赛是欧洲足球五大联赛，分别是西甲联赛、英超联赛、意甲联赛、德甲联赛、法甲联赛。

### 二、教学目标

通过足球课的学习与锻炼，使学生喜爱足球运动并积极参与足球锻炼，掌握足球的基本技术动作，了解足球竞赛规则、裁判法；提高学生的身体、心理和社会适应能力等方面的综合素质；增强学生体质，培养学生良好的体育道德合作精神，以及顽强拼搏的意志品质和提高自信心，体验运动的乐趣和成功的感觉，逐步形成自觉锻炼的习惯和终身体育的意识。

## 三、教学基本要求

### 1.课程重点

第一学期以足球基本功教学和综合性身体能力为主。第二学期侧重于提高学生各种技术的运用能力和攻防能力，发展专项素质。第三和第四学期侧重于足球技、战术在实践中的运用。

### 2.课程难点

在上足球课时场地小是上课的难点，科学使用场地资源是教师上好课的关键问题。

### 3.能力培养要求

使学生掌握参加足球活动所必备的基本技能；踢球技术、停球技术、传球技术，为学生参加足球活动进行终身锻炼打下坚实的基础。

## 四、教学内容与学时

课堂教学。

### 1.理论部分

（1）一般知识：①足球运动的起源与发展及其锻炼身体的价值；②足球运动中常见的身体伤害，以及预防、保护和自救措施；③足球比赛分析及欣赏；④足球运动基本规则及裁判法。

（2）防守理论:①个人防守的基本原则;②混合防守;③队员间的互相补位。

（3）进攻理论：①边路进攻战术；②中间进攻战术；③前卫与后卫插上进攻战术。

### 2.实践部分

（1）基本技术：①踢球技术：脚背正面、脚背外侧、脚背内侧、脚内侧。

②停球技术：脚内侧、脚背外侧、脚背、脚底、胸部、大腿、胸部停球。③运球技术：脚内侧、脚背正面、脚背外侧。④头顶球技术：前额正面、前额侧面。⑤抢截球技术：正面、侧面。⑥掷界外球技术：原地、助跑。⑦假动作技术：有球、无球。⑧守门员技术；位置选择、准备姿势、移动、接球、拳击球、掷球、踢球。

（2）基本战术：①选位与盯人；②运球过人；③摆脱与跑位；④二过一配合；⑤边路、中间进攻战术；⑥混合防守、队员间的互相补位。

（3）身体素质练习。

## 五、教材与参考书

### （一）教材

（1） 全国体育院校教材委员会审定，《现代足球》，人民体育出版社，2000年，第1版。

（2）中国足球协会审定，《足球竞赛规则》，人民体育出版社，2001年，第1版。

### （二）参考书

（1）北京体育大学足球教研室编著，《跟专家练足球》，北京体育大学出版社，2000年，第1版。

（2）刘浩学编著，《足球裁判法图解》，北京体育大学出版社，2002年，第1版。

（3）李连胜主编，《全国室内五人制足球比赛组织工作手册》，北京体育大学出版社，2004年，第1版。

## 六、考核方式

### （一）考核内容

1.第一学期

（1）平时成绩：对学生的考勤和学习态度进行评定，分值为10分。

（2）身体素质：1000米和引体向上各10分。

（3）理论成绩：教师对理论试卷进行评定打分，10分。

（4）专项技能：原地前额正面头顶球挺胸式胸部停球技术，以及脚内侧踢定位球射门技术，各 30 分（如图 6-1-1、图 6-1-2、图 6-1-3 所示）。

2.第二学期

（1）平时成绩：对学生的考勤和学习态度进行评定，分值为10分。

（2）身体素质：1000米跑和引体向上各15分。

（3）专项技能：原地前额正面头顶球、挺胸式胸部停球技术，以及脚内侧踢定位球射门技术，各30分。

3.第三、四学期

（1）平时成绩：对学生的考勤和学习态度进行评定，分值为10分。

（2）身体素质：1000米跑和引体向上各15分。

（3）专项技能：定位球射门和运球绕杆射门各30分（如图6-1-4所示）；原地前额正面头顶球、挺胸式胸部停球各占15分，共30分；脚内侧踢射门考试占30分。

图6-1-1　原地前额正面头顶球

图6-1-2　挺胸式胸部停球

图6-1-3　脚内侧踢定位球射门

图6-1-4　运球绕杆射门

## （二）评分标准

评分标准详见表6-1-1、表6-1-2、表6-1-3。

射门介绍：大球门（7.32m×2.44m）两球门柱内侧设置两个小球门（1.5m×1m），将球置于球点上（如图6-1-3所示），每个学生用脚内侧射门6次，每一侧球门射三次。按照命中数达标，射中5次30分，4次25分，3次20分，2次15分，1次10分，详见表6-1-1。

1.原地前额正面头顶球及挺胸式胸部停球

表6-1-1　原地前额正面头顶球及挺胸式胸部停球技术评分标准

| 正确 | 较正确 | 一般 | 较差 | 差 |
|---|---|---|---|---|
| 15分 | 12分 | 9分 | 6分 | 3分 |
| 动作正确 | 动作各主要环节较正确 | 动作关键环节基本正确 | 动作关键环节不够正确 | 动作关键环节不正确 |
| 动作协调连贯 | 动作较协调连贯 | 动作基本协调连贯 | 动作不太协调连贯 | 动作不协调连贯 |

续表

| | | | | |
|---|---|---|---|---|
| 动作有力速度快，基本姿势保持好 | 动作速度较快，基本姿势保持较好 | 动作速度一般，基本姿势保持一般 | 动作速度较慢，基本姿势保持较差 | 动作速度较慢，基本姿势保持较差 |

2.脚内侧踢定位球射门

方法：距球门16.5米处每人1次机会，每次6个球，取最好成绩。

要求：脚背内侧踢定位球技术，球直接越过球门线有效。

表6-1-2　脚内侧踢定位球射门评分标准

| 次数 | 5 | 4 | 3 | 2 | 1 |
|---|---|---|---|---|---|
| 分值（分） | 30 | 25 | 20 | 15 | 10 |

3.运球绕杆射门

方法：从中圈中点开始运球绕过两个杆后接射门，第一杆点在中圈弧处，间距5米放置3个杆。每人2次机会，计时取最好成绩。

要求：运球绕杆动作协调连贯，射门必须在罚球区外完成，脚法不限。

表6-1-3　运球绕杆射门评分标准

| 成绩（秒） | 7.0 | 7.5 | 8.0 | 8.5 | 9.0 | 9.5 | 10 | 10.5 | 11.0 |
|---|---|---|---|---|---|---|---|---|---|
| 分值（分） | 30 | 28 | 27 | 26 | 24 | 22 | 21 | 20 | 18 |

## 七、教学进度

### （一）足球初级教学进度

表6-1-4　足球初级教学进度

| 周次 | 教学内容 | 教学要求 |
|---|---|---|
| 1 | 1. 编班，开课导言；<br>2. 学习颠球技术；<br>3. 学习脚内侧踢定位球技术；<br>4. 学习脚内侧停地滚球技术 | 1. 介绍足球发展概况及锻炼价值；<br>2. 介绍本学期的教学内容及考试内容 |

续表

| 周次 | 教学内容 | 教学要求 |
| --- | --- | --- |
| 2 | 1. 复习脚内侧踢、停球技术；<br>2. 学习脚背内侧踢定位球技术；<br>3. 学习脚背外侧运球技术；<br>4. 教学比赛 | 1. 强调踢球动作各技术环节动作要领；<br>2. 通过教学比赛了解学生的基本情况 |
| 3 | 1. 复习脚背内侧踢球技术；<br>2. 复习脚背外侧运球技术；<br>3. 学习脚内侧停空中球技术；<br>4. 学习脚内侧运球技术 | 强调踢停球时，正确的脚触球部位 |
| 4 | 1. 复习脚内侧运球技术；<br>2. 初步掌握挺胸式停球技术；<br>3. 学习掷界外球技术；<br>4. 教学比赛 | 1. 正确地判断落点是停好球的关键；<br>2. 介绍掷界外球的有关规则；<br>3. 在比赛中正确运用所学的技术动作 |
| 5 | 1. 复习掷界外球技术；<br>2. 学习脚底停反弹球技术；<br>3. 学习脚内侧停反弹球技术；<br>4. 素质练习：1200 米跑 | 1. 停反弹球时注意球反弹时间，脚触球的部位要正确；<br>2. 培养学生克服困难的意志品质 |
| 6 | 1. 复习脚底、脚内侧停反弹球技术；<br>2. 学习原地前额正面头顶球技术；<br>3. 教学比赛 | 1. 顶球时正确判断来球方向，眼睛注视来球；<br>2. 顶球部位要正确 |
| 7 | 1. 复习原地前额正面头顶球技术；<br>2. 复习挺胸式停球技术；<br>3. 学习正面抢截球技术 | 1. 强调头触球部位要正确；<br>2. 抢截球练习时防守人应由消极到积极防守 |
| 8 | 1. 复习脚背内侧踢球技术；<br>2. 了解跳起头顶球技术；<br>3. 学习守门员技术：选择站位、准备姿势、接地滚球 | 1. 强调头顶球时的正确触球部位、跳起的时机；<br>2. 介绍有关守门员的比赛规则 |
| 9 | 1. 复习脚背外侧运球技术；<br>2. 复习守门员接地滚球技术；<br>3. 学习守门员手抛球技术；<br>4. 教学比赛 | 运球练习时强调控制球的范围，提高控制能力 |
| 10 | 1. 复习守门员手抛球技术；<br>2. 学习运球过人假动作；<br>3. 身体素质考试：引体向上 | 1. 做假动作要逼真，使对手身体重心产生不适当的移动；<br>2. 教师要认真记录学生的成绩 |

续表

| 周次 | 教学内容 | 教学要求 |
| --- | --- | --- |
| 11 | 1. 复习运球过人假动作；<br>2. 介绍“二过一”配合：直传斜插、斜传直插；<br>3. 身体素质考试：1000 米跑 | 1. 了解“二过一”战术配合的意义；<br>2. 强调考试纪律并认真记录学生的成绩；<br>3. 鼓励学生克服畏惧心理，跑出好成绩 |
| 12 | 1. 复习脚背内侧踢球技术；<br>2. 介绍踢墙式“二过一”配合；<br>3. 技术考试：踢远 | 向学生讲明踢远考试要求及评分标准 |
| 13 | 1. 复习脚背颠球技术；<br>2. 踢墙式“二过一”接射门练习；<br>3. 技术考试：颠球 | 1. 明确技术考试的要求及标准；<br>2. 提高颠球的熟练度 |
| 14 | 1. 复习前额正面头顶球技术；<br>2. 复习掷界外球技术；<br>3. 身体素质和技术补考；<br>4. 教学比赛 | 1. 对技术、素质考试不及格的学生进行补测；<br>2. 要求学生在比赛中正确运用所学的技术动作 |
| 15 | 1. 足球理论：比赛规则及裁判法；<br>2. 教学比赛 | 以班为单位，集中进行理论讲解 |
| 16 | 对本学期体育课教学进行总结 | 1. 加强最后一次课的考勤；<br>2. 认真总结并听取学生的意见 |

## （二）足球高级教学进度

表6-1-5　足球高级教学进度

| 周次 | 教学内容 | 教学要求 |
| --- | --- | --- |
| 1 | 1. 开课导言；<br>2. 复习脚内侧踢、停、运球技术；<br>3. 身体素质练习：慢跑 1600 米 | 1. 教师了解学生的基础情况，以便因材施教；<br>2. 适当掌握运动量 |
| 2 | 1. 复习脚背正面、外侧运球技术；<br>2. 学习脚背正面、外侧踢定位球技术；<br>3. 教学比赛 | 1. 掌握踢球时正确的脚触球部位；<br>2. 介绍战术的意义及用途 |

续表

| 周次 | 教学内容 | 教学要求 |
| --- | --- | --- |
| 3 | 1. 复习脚背正面，外侧踢球技术；<br>2. 学习脚背正面踢反弹球技术；<br>3. 教学比赛 | 1. 使学生掌握好踢反弹球的时机；<br>2. 通过教学比赛提高学生的实战能力 |
| 4 | 1. 复习脚背正面踢反弹球技术；<br>2. 学习原地前额侧面头顶球技术；<br>3. 身体素质练习：引体向上 | 1. 头顶球练习强调技术动作，以防受伤；<br>2. 强调正确的蹬地及空中的动作 |
| 5 | 1. 复习原地前额侧面头顶球技术；<br>2. 学习跳起前额侧面头顶球技术；<br>3. 教学比赛 | 加强判断能力，掌握起跳时机 |
| 6 | 1. 复习跳起头顶球技术；<br>2. 学习守门员技术：接平直球、踢手抛球；<br>3. “二过一”配合练习 | 加强技术动作熟练性和协调性，提高准确判断能力 |
| 7 | 1. 复习守门员技术：接平直球、踢手抛球；<br>2. 学习守门员技术: 接高空球、拳击球;<br>3. 教学比赛 | 1. 加强空中完成技术动作的能力；<br>2. 通过教学比赛提高学生的实战能力 |
| 8 | 1. 复习守门员技术；<br>2. 学习胸部停球技术；<br>3. 学习侧面抢截球技术 | 1. 强化球与胸接触时的技术动作；<br>2. 强调抢截时机及动作要领 |
| 9 | 1. 复习脚背内侧踢球技术；<br>2. 复习胸部停球技术；<br>3. 复习侧面抢截球技术；<br>4. 介绍运球中的拨球、拉球、扣球、挑球技术 | 1. 强调不同情况中，如何采用不同技术完成运球动作；<br>2. 培养学生判断能力 |
| 10 | 1. 复习运球技术；<br>2. 学习大腿停球技术；<br>3. 身体素质考试：引体向上 | 1. 加强学生基本技术的练习；<br>2. 学会灵活运用所学的技术动作 |
| 11 | 1. 复习脚背正面、外侧踢球技术；<br>2. 复习大腿停球技术；<br>3. 身体素质考试：1000 米跑 | 1. 加强意志品质的培养；<br>2. 强调考试纪律，认真记录成绩 |
| 12 | 1. 复习脚背正面、外侧踢球技术；<br>2. 技术考试：射门；<br>3. 教学比赛 | 1. 按考核要求和标准进行考试，并记录成绩；<br>2. 加强心理素质培养 |

续表

| 周次 | 教学内容 | 教学要求 |
|---|---|---|
| 13 | 1. 复习掷界外球技术；<br>2. 复习运球技术；<br>3. 技术考试：运球绕杆 | 1. 宣布考试标准及要求；<br>2. 教师认真记录成绩 |
| 14 | 1. 介绍比赛阵形；<br>2. 身体素质和技术补考；<br>3. 教学比赛 | 1. 加强整体配合意识的培养；<br>2. 对素质、技术缺考或不及格的学生进行补考 |
| 15 | 教学比赛 | 1. 使学生将技术动作运用到比赛当中；<br>2. 提高学生的身体素质 |
| 16 | 本学期体育课总结 | 1. 加强最后一次课的考勤；<br>2. 认真总结并听取学生的意见 |

# 第二节　篮　球

## 一、项目简介

篮球（basketball）起源于美国马萨诸塞州，1891年12月21日由詹姆斯·奈史密斯创造，是奥运会核心比赛项目，是以手为中心的身体对抗性体育运动。1891年12月21日，由美国马萨诸塞州斯普林菲尔德基督教青年会训练学校（现译名为美国春田学院，Springfield College）体育教师詹姆士·奈史密斯发明。1896年，篮球运动传入中国，并且2002年姚明以“状元”的身份入选NBA，开启了中国篮球新的狂潮。1904年，圣路易斯奥运会上第一次进行了篮球表演赛。1936年，篮球在柏林奥运会中被列为正式比赛项目。1992年巴塞罗那奥运会开始，职业选手可以参加奥运会篮球比赛。主要的国际性篮球组织成立于1932年，总部设在瑞士日内瓦的国际篮球联合会（国际业余篮球联合会）。当今世界篮球水平最高的联赛是美国篮球职业联盟（National Basketball Association，NBA）比赛，而中国的篮球水平最高的联赛是中国职业篮球联赛（Chinese Basketball Association，CBA）比赛。

## 二、教学目标

（1）使学生喜爱篮球运动，积极参与篮球活动，逐步形成自觉锻炼的习惯和终身体育的意识。

（2）掌握篮球运动的基本知识、技术、战术、规则和裁判法，并能将这些知识和技能运用到实战中。

（3）学会篮球运动中常见运动损伤的预防与处置方法。

（4）改善心理状态，养成积极乐观的生活态度，体验运动的乐趣和成功的感觉，掌握体育文化知识，培养良好的体育道德、合作精神，以及顽强拼搏的意志品质。

（5）提高学生综合素质，增强组织和参加篮球比赛的能力。

## 三、教学基本要求

### 1.课程重点

篮球教学课程重点是采用由浅入深、循序渐进、逐步提高的原则。

### 2.课程难点

课程难点是如何将篮球的知识、技术和技能运用到实战中。

### 3.能力培养要求

初级篮球：侧重于篮球基本功教学和发展综合性身体能力；

中级篮球：侧重于提高学生各种技术的运用能力和攻防能力，发展专项素质；

高级篮球：侧重于提高学生技、战术的运用能力和组织能力，发展综合素质。

## 四、教学内容与学时

课堂教学。

### 1.理论部分

（1）一般知识：

①篮球运动的起源与发展及其锻炼身体的价值；

②篮球运动常见的身体伤害，以及预防、保护和自救措施；

③篮球运动基本规则及裁判法；

④篮球运动趣闻。

（2）防守理论：

①个人防守的基本原则；

②人盯人防守战术基本原则；

③区域联防防守战术种类及基本原则。

（3）进攻理论：

①传切配合、掩护配合；

②进攻人盯人防守的主要策略；

③进攻区域联防战术的主要策略；

④快攻战术。

## 2.实践部分

（1）基本技术：

①基本姿势、持球手形、手腕基本功；

②各种滑步：平滑步、后撤步、上步、交叉步、原地跨步转体；

③高运球、低运球、侧身运球、变向运球、行进间运球技术；

④单手肩上投篮技术、运球跑投篮技术；

⑤双手胸前传球技术、各种单手传球技术；

⑥运球起动急停、持球交叉步突破、持球同侧步突破、运球变向突破；

⑦个人防守技术；

⑧个人运球快攻、传接球快攻；

⑨变向摆脱移动技术、传切技术、掩护技术；

⑩抢篮板球技术。

（2）基本战术：传切配合、掩护配合、快攻配合、人盯人防守战术攻防配合、联防防守战术攻防配合等。

（3）身体素质练习：折返跑、蛙跳、俯卧撑、引体向上（男）、仰卧起坐（女）、800米（女）、1000米跑（男）等。

## 五、教材与参考书

### （一）教材

（1）张瑞林主编，《高等学校教材篮球运动》，高等教育出版社，2010年，第2版。

（2）赖向东编，《篮球》，云南大学出版社，2007年，第1版。

（3）篮球运动教程编写组，《篮球运动教程》，北京体育大学出版社，2013年，第1版。

（4）黄滨，赵富生编，《篮球运动》，高等教育出版社，2005年，第1版。

### （二）参考书

（1）张洪潭编，《技术健身教学论》，华东大学出版社，2000年，第1版。

（2）季浏编，《体育课程标准解读》，湖北教育出版社，2002年，第1版。

（3）施良方编，《课程理论》，教育科学出版社，1996年，第1版。

（4）张振东编，《篮球》，化学工业出版社，2012年，第1版。

（5）杨国庆编，《技术运用视野下篮球教材应用研究》，北京体育大学出版社，2015年，第1版。

（6）张元文，朱从庆，杨尚剑编，《高中篮球教材教法》，学林出版社，2016年，第1版。

## 六、考核方式

### （一）考核内容

1.初级篮球

（1）平时成绩：对学生的考勤和学习态度进行评定，分值为10分。

（2）身体素质考核：男生1000米跑和引体向上各10分；女生800米跑和仰卧起坐各10分。

（3）理论成绩：教师对理论试卷进行评定打分，10分。

（4）专项技术考核：单手肩上投篮和运球跑投篮各30分（如图6-2-1、图6-2-2、图6-2-3所示）。

图6-2-1　单手肩上投篮

图6-2-2　运球跑投篮（1）

图6-2-3　运球跑投篮（2）

2.中级篮球

（1）平时成绩：对学生的考勤和学习态度进行评定，分值为10分。

（2）身体素质考核：男生1000米跑和俯卧撑各15分；女生800米跑和仰卧起坐各15分。

（3）专项技术考核：跳起投篮和传切跑投篮各30分（如图6-2-4所示）。

图6-2-4　跳起投篮

3.高级篮球

（1）平时成绩：对学生的考勤和学习态度进行评定，分值为10分。

（2）身体素质考核：男生1000米跑和俯卧撑各15分；女生800米跑和仰卧起坐各15分。

（3）专项技术考核：运球往返快攻上篮和运球变向突破跑投篮各30分（如图6-2-5所示）。

图6-2-5　运球变向跑投篮

## （二）评分标准

### 1.单手肩上投篮

男生在罚球线，女生罚球线向前迈一步连续投篮6次，根据投中次数和技术质量评定成绩。投中次数评分如下表6-2-1所示，技术质量评分如下表6-2-2所示。

表6-2-1　单手肩上投篮投中次数评分标准

| 投中次数(个) | 1 | 2 | 3 | 4 | 5 ~ 6 |
|---|---|---|---|---|---|
| 分值（分） | 4 | 6 | 8 | 10 | 12 |

表6-2-2　单手肩上投篮技术质量评分标准

| 技术质量 | 基本完成单手肩上投篮动作技术，但动作过程不规范、不协调；投篮手形不标准 | 完成投篮动作比较协调，动作过程或投篮手形比较规范 | 完成投篮动作质量高，身体用力协调，出手手形标准，出球弧线较好 |
|---|---|---|---|
| 分值（分） | 10 ~ 12 | 13 ~ 15 | 16 ~ 18 |

2.运球跑投篮

学生按图6-2-6所示位置和方向连续完成运球跑投篮6次，根据投中次数和技术质量评定成绩（如下表6-2-3、表6-2-4所示）。

注：在不违例的前提下完成运球变向跑投篮为有效动作。

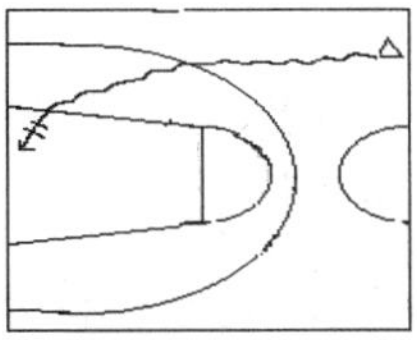

图6-2-6

表6-2-3　运球跑投篮投中次数评分标准

| 投中次数（分） | 1 | 2 | 3 | 4 | 5 | 6 |
|---|---|---|---|---|---|---|
| 分值（分） | 2 | 4 | 6 | 8 | 10 | 12 |

表6-2-4　运球跑投篮技术质量评分标准

| 技术质量 | 基本完成运球跑投篮动作。整个动作过程不规范、不协调，尤其是跑投篮技术质量较差 | 基本完成运球跑投篮动作，动作速率适中，动作过程的某些环节有不太规范的地方 | 完成运球跑投篮动作较协调规范，速率快，上篮动作连贯，腾空投篮控制能力强 |
|---|---|---|---|
| 分值（分） | 10 ~ 12 | 13 ~ 15 | 16 ~ 18 |

3.跳起投篮

男生在罚球线，女生罚球线向前迈一步连续跳投6次，根据投中次数和技术质量评定成绩。对学生跳投前的附加动作不加任何限制，但投中次数必须以完成跳投动作为基础（详见表6-2-5、表6-2-6所示）。

表6-2-5　跳起投篮投中次数评分标准

| 投中次数（个） | 1 | 2 | 3 | 4 ~ 6 |
|---|---|---|---|---|
| 分值（分） | 3 | 6 | 9 | 12 |

表6-2-6　跳起投篮技术质量评分标准

| 技术质量 | 基本完成跳投动作，但动作过程不规范、不协调；动作质量差 | 完成跳投动作质量较好，身体用力比较协调，起跳较充分，投篮手形正确，出球弧度较好 | 完成跳投动作质量好，身体用力协调，起跳充分，投篮手形正确，出球弧度好 |
|---|---|---|---|
| 分值（分） | 10 ~ 12 | 13 ~ 15 | 16 ~ 18 |

### 4.传切跑投篮

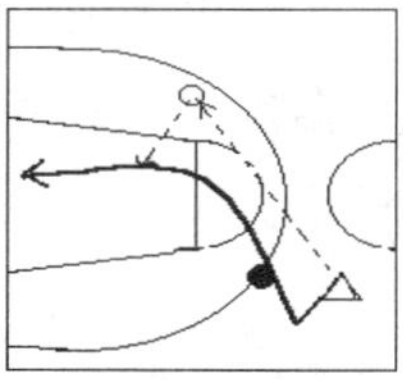

图6-2-7

学生按图6-2-7所示位置和方向连续完成传切跑投篮6次，根据投中次数和技术质量评定成绩。在不违例的前提下完成传切跑投篮为有效动作。技术动作包括双手胸前传球→急停变向摆脱→弧线跑切入→跃起接球→跑投篮（如下表6-2-7、表6-2-8所示）。

**表6-2-7　传切跑投篮投中次数评分标准**

| 投中次数(个) | 1 | 2 | 3 | 4 | 5 ~ 6 |
|---|---|---|---|---|---|
| 分值（分） | 4 | 6 | 8 | 10 | 12 |

**表6-2-8　传切跑投篮技术质量评分标准**

| 技术质量 | 基本完成传切跑投篮动作。动作不规范、不协调，尤其是接球跑投篮技术质量较差 | 完成传切跑投篮动作，动作质量较好，动作速度较快、起跳较充分，动作过程比较协调，投篮出手较好 | 完成传切跑投篮动作，动作质量好，动作速度快、起跳充分，动作过程协调，投篮出手好 |
|---|---|---|---|
| 分值（分） | 10 ~ 12 | 13 ~ 15 | 16 ~ 18 |

### 5.运球往返快攻上篮

学生在本方端线后运球起动，快速运球到对方篮筐投篮（如不中继续投，投中为止），然后快速运球到本方篮筐投篮（如不中继续投，投中为止）。教师计时，根据运球起动至最后投中篮所用时间评定成绩（如下表6-2-9、表6-2-10所示）。

**表6-2-9　运球往返快攻上篮计时评分标准**

| 时间（秒） | 女 | 15 | 16 | 17 | 18 | 19 | 20 | 21 | 22 | 23 | 24 | 25 | 26 | 27 | 28 | 29 | 30 |
|---|---|---|---|---|---|---|---|---|---|---|---|---|---|---|---|---|---|
| | 男 | 11.8 | 1（5） | 13 | 13.5 | 14 | 14.5 | 15 | 16 | 17 | 18 | 19 | 20 | 21 | 22 | 23 | 24 |
| 成绩（分） | | 18 | 17 | 16 | 15 | 14 | 13 | 12 | 11 | 10 | 9 | 8 | 7 | 6 | 5 | 4 | 3 |

表6-2-10　运球往返快攻上篮技术质量评分标准

| 技术质量 | 运球动作过程不熟练、不协调，跑投篮动作较差 | 运球动作过程较熟练、较协调，完成跑投篮动作较规范、质量较好，速率较好 | 运球技术和跑投篮动作规范协调，所有动作过程衔接好、速率快 |
|---|---|---|---|
| 分值（分） | 6 ~ 8 | 9 ~ 10 | 11 ~ 12 |

6.运球体前变向突破跑投篮

按图示位置在三分线内外约60厘米处放置两个标志物，考生连续完成运球变向突破跑投篮6次，根据投中次数和技术质量评定成绩（如下表6-2-11、表6-2-12所示）。

注：在不违例的前提下完成虚晃假动作→体前变向运球突破→换手再变向运球突破→运球跑投篮为有效动作。

表6-2-11　运球体球变向突破跑投篮投中次数技术质量评分标准

| 投中次数（个） | 女 | 0 | 0 | 1 | 2 | 3 | 4 ~ 6 |
|---|---|---|---|---|---|---|---|
| | 男 | 1 | 2 | 3 | 4 | 5 | 6 |
| 分值（分） | | 3 | 6 | 9 | 12 | 15 | 18 |

表6-2-12　运球体前变向突破跑投篮技术质量评分标准

| 技术质量 | 基本完成运球变向突破跑投篮动作。整个动作过程不规范、不协调，速度慢 | 基本完成运球变向突破跑投篮动作，动作速率适中，动作质量较好，起跳投篮较充分 | 完成运球变向突破跑投篮动作，动作速率较快，动作质量好，起跳投篮充分 |
|---|---|---|---|
| 分值（分） | 6 ~ 8 | 9 ~ 10 | 11 ~ 12 |

## 七、教学进度

### （一）篮球初级教学进度

表6-2-13 篮球初级教学进度

| 周次 | 教学内容 | 教学要求 |
|---|---|---|
| 1 | 1. 编班；开课导言；<br>2. 手腕基本功练习；<br>3. 学习持球基本姿势和手形；<br>4. 学习原地各种运球技术；<br>5. 学习行进间运球 | 1. 强化臂腕基本功；<br>2. 采用对抛的方式练习接球后的姿势和手形；<br>3. 强调臂腕动作，原地和慢行进练习；<br>4. 熟悉球感，培养左右手的运动能力； |
| 2 | 1.学习防守的准备姿势及脚步移动，滑步、上步、后撤步；<br>2. 学习原地双手传球技术；<br>3. 学习原地单手肩上投篮技术；<br>4. 复习行进间运球技术；<br>5. 学习双手胸前传球技术 | 1. 强调正确的低重心身体姿势；<br>2. 强化臂腕基本功，采用简单的单手传球形式；<br>3. 强调正确的臂腕手形，短距对投练习，绕球场行进间运球；<br>4. 强调正确的传接球手形和基本姿势 |
| 3 | 1. 复习平滑步、上步、后撤步；<br>2. 原地进行熟悉球性练习；<br>3. 复习双手胸前传球技术；<br>4. 复习原地单手肩上投篮技术；<br>5. 学习跑投篮技术 | 1. 各种持球旋绕和摆振；<br>2. 原地和滑步对传；<br>3. 对投和短距离投篮；<br>4. 跑投篮脚步动作专门练习 |
| 4 | 1. 球操；<br>2. 学习原地跨步转体技术；<br>3. 学习单手上手传球和下手传球；<br>4. 复习跑投篮技术；<br>5. 运球游戏 | 1. 一脚为轴（中枢脚）多向跨步；<br>2. 强调正确的臂腕手形；<br>3. 跑投篮脚步动作专门练习；<br>4. 提高运球行进间的变化能力 |
| 5 | 1. 球操 / 转身跑练习 / 曲线跑练习；<br>2. 学习跳停步技术；<br>3. 复习原地单手肩上投篮技术；<br>4. 学习运球跑投篮技术 | 1. 慢行进专门练习，正向停步和侧转停步；<br>2. 中距离投篮练习， 强调臂腕手形和出手弧度；<br>3. 原地运一次球上篮练习；<br>4.1000 米、800 米跑计时练习 |

续表

| 周次 | 教学内容 | 教学要求 |
|---|---|---|
| 6 | 1. 球操活动 / 转身跑练习 / 曲线跑练习；<br>2. 复习跳停步技术；<br>3. 行进间传接球练习；<br>4. 复习运球跑投篮技术；<br>5. 素质练习 | 1. 跑动中传接球进行练习；<br>2. 慢速行进练习；<br>3. 短距离运球上篮练习；<br>4.1000 米、800 米跑测验 |
| 7 | 1. 学习单手侧传球和肩上传球；<br>2. 运球起动急停练习；<br>3. 复习运球跑投篮技术；<br>4. 素质练习 | 1. 原地专门练习；<br>2. 起动高运球，急停运球；<br>3. 变换多种方式；<br>4.1000 米、800 米跑补测 |
| 8 | 1. 曲线运球练习；<br>2. 基本技术综合复习；<br>3. 素质练习 | 1. 沿场地中的三个圆圈跑动；<br>2. 变换方式和难度进行练习；<br>3. 往返跑接力比赛 / 蛙跳 |
| 9 | 1. 准备活动：游戏；<br>2. 曲线运球练习；<br>3. 基本技术综合复习；<br>4. 素质练习 | 1. 沿场地中的三个圆圈跑动；<br>2. 球场各种跑动练习；<br>3. 引体向上练习；<br>4. 仰卧起坐练习 |
| 10 | 1. 技术考核：引体向上，仰卧起坐；<br>2. 半场传球计数；<br>3. 素质练习 | 1. 根据学生技术质量评定成绩，并提出改进要求；<br>2. 引体向上练习，仰卧起坐练习 |
| 11 | 1. 技术考核：运球跑投篮；<br>2. 半场教学比赛；<br>3. 素质练习 | 1. 根据学生技术质量评定成绩，并提出改进要求；<br>2. 引体向上测验，仰卧起坐测验 |
| 12 | 1. 曲线运球攻防练习；<br>2. 学习侧身运球技术；<br>3. 技术考核：单手肩上投篮，运球跑投篮；<br>4. 教学比赛 | 1. 提高运球能力和防守滑步技术；<br>2. 慢行进间专门练习，体会侧身运球技术；<br>3. 仰卧起坐练习补测；<br>4. 引体向上补测 |
| 13 | 1. 运动能力练习；<br>2. 学习传切跑投篮；<br>3. 规则理论：违例；<br>4. 教学比赛 | 1. 游戏；<br>2. 熟练传接球、运球技术；<br>3. 讲解主要内容 |

续表

| 周次 | 教学内容 | 教学要求 |
|---|---|---|
| 14 | 1. 复习各种传球技术；<br>2. 复习全场运球跑投篮；<br>3. 规则理论：犯规；<br>4. 教学比赛 | 1. 提高传球技术；<br>2. 讲解和演示传切配合的进攻原理和主要方式；<br>3. 重点强调变向摆脱和弧线跑技术 |
| 15 | 1. 基本技术综合复习；<br>2. 复习传切跑投篮；<br>3. 教学比赛；<br>4. 篮球运动趣味知识 | 1. 讲解主要内容；<br>2. 提高接球上篮的动作质量；<br>3. 及时评价学生的技术质量，提出改进方向 |
| 16 | 1. 学期总结；<br>2. 宣布成绩 | 教师认真总结授课情况，听取学生对本课的建议，建立良好的教学秩序 |

### （二）篮球中级教学进度

表6-2-14　篮球中级教学进度

| 周次 | 教学内容 | 教学要求 |
|---|---|---|
| 1 | 1. 编班；开课导言；<br>2. 复习各种移动技术；<br>3.综合复习传球、运球、投篮技术；<br>4. 篮球游戏或比赛 | 1. 滑步、转身跑、曲线跑等；<br>2. 强调臂腕动作、基本姿势和手形；<br>3. 恢复球感和体力 |
| 2 | 1. 球操活动；<br>2. 各种跳停步练习；<br>3. 学习单手肩上投篮技术；<br>4. 素质练习 | 1. 各种持球旋绕和摆振；<br>2. 用专门练习方式，使学生理解和体验准备姿势、定位和投篮出手的步骤和空间节奏感。以徒手练习和短距离对投练习为主；<br>3. 耐力练习 |
| 3 | 1. 复习双手和单手传接球技术；<br>2. 复习单手肩上投篮技术；<br>3. 学习变向摆脱移动技术；<br>4. 战术理论：传切配合 | 1. 强调手腕动作，手指的最后拨球；<br>2. 以对投练习为主；<br>3. 讲解和演示传切配合的进攻原理和主要方式；<br>4. 素质练习：双脚跳，单脚跳 |
| 4 | 1. 复习原地跨步转体技术；<br>2. 复习单手肩上投篮技术；<br>3. 学习传切跑投篮；<br>4. 教学比赛 | 1. 一对一持球攻防练习；<br>2. 投篮练习；<br>3. 提高接球上篮的动作质量；<br>4. 跑动中身体侧肩技术 |

续表

| 周次 | 教学内容 | 教学要求 |
|---|---|---|
| 5 | 1. 运球快攻练习；<br>2. 学习传切跑投篮；<br>3. 复习单手肩上投篮技术；<br>4. 素质练习：4×14 米折返跑 | 1. 基本要领练习；<br>2. 结合攻防练习 |
| 6 | 1. 学习交叉步突破；<br>2. 传切跑投篮；<br>3. 学习跳起投篮技术；<br>4. 教学比赛 | 1. 结合跳停步接球进行练习；<br>2. 由中距离传球过渡到长距离传球；<br>3. 变换跑投篮形式 |
| 7 | 1. 体侧换手运球练习；<br>2. 运球投篮练习；<br>3. 复习传切跑投篮；<br>4. 学习跳起投篮技术 | 1. 蛇形行进运球；<br>2. 注意各种停步技术的运用；<br>3. 按考试形式练习；<br>4. 素质练习：1000 米、800 米跑计时 |
| 8 | 1. 跑动传接球练习；<br>2. 曲线运球练习；<br>3. 运球急停跳起投篮练习；<br>4. 教学比赛 | 1. 短距离直线传接球练习；<br>2. 运球时注意手形的变换；<br>3. 注意急停、侧肩、运球、投篮的技术运用；<br>4. 素质：1000 米、800 米跑测验 |
| 9 | 1. 复习双人传球上篮和单手肩上投篮；<br>2. 技术考核：传切跑投篮；<br>3. 教学比赛；<br>4. 素质练习 | 1. 根据学生技术质量评定成绩，并提出改进要求；<br>2. 分组进行比赛；<br>3.1000 米、800 米跑补测；<br>4. 俯卧撑练习 |
| 10 | 1. 复习单手肩上投篮；<br>2. 技术考核：起跳投篮；<br>3. 教学比赛 | 1. 根据学生技术质量评定成绩，并提出改进要求；<br>2. 分组进行比赛；<br>3. 素质练习：俯卧撑练习，仰卧起坐练习 |
| 11 | 1. 技术考核 ：传切跑投篮；<br>2. 半场教学比赛；<br>3. 素质练习 | 1. 第二次考核，根据学生技术质量评定成绩；<br>2. 分组进行比赛；<br>3. 俯卧撑测验 |
| 12 | 1. 技术考核：跳起投篮；<br>2. 半场教学比赛 | 1. 第二次考核，根据学生技术质量评定成绩；<br>2. 分组进行比赛；<br>3. 仰卧起坐测验 |
| 13 | 1. 基本技术综合练习；<br>2. 一对一攻防练习；<br>3. 教学比赛 / 各项补考 | 1. 半场曲线相互配合练习，然后进入实战练习；<br>2. 增强个人攻防练习；<br>3. 分组淘汰比赛 |

续表

| 周次 | 教学内容 | 教学要求 |
|---|---|---|
| 14 | 1. 三人“8”字短传快攻练习；<br>2. 各项补考 | 1. 学习跑动方法，慢速练习，反复多次；<br>2. 分组淘汰比赛 |
| 15 | 1. 三人直线快攻练习；<br>2. 介绍摸篮板技术；<br>3. 教学比赛 | 1. 熟练跑动方法，快速练习，反复多次；<br>2. 及时评价学生的技术质量，提出改进方向；<br>3. 班与班之间比赛 |
| 16 | 1. 学期总结；<br>2. 宣布成绩 | 教师认真总结授课情况，听取学生对本课的建议，建立良好的教学秩序 |

## （三）篮球高级教学进度

表6-2-15　篮球高级教学进度

| 周次 | 教学内容 | 教学要求 |
|---|---|---|
| 1 | 1. 编班；开课导言；<br>2. 复习传、运、投等基本技术；<br>3. 身体素质练习：10 分钟慢跑 | 1. 恢复技术运用能力；<br>2. 恢复球感和体力；<br>3. 熟练基本技术 |
| 2 | 1. 三人“8”字短传快攻练习；<br>2. 跳投练习；<br>3. 学习持球同侧步突破技术；<br>4. 身体素质练习：10 分钟长跑 | 1. 快速练习，反复多次，发展体能；<br>2. 初步掌握同侧步突破技术 |
| 3 | 1. 折线运球攻防对练；<br>2. 复习传切跑投篮；<br>3. 复习持球同侧步突破技术；<br>4. 身体素质练习：4×14 米折返跑 | 1. 提高各种移动技术以及防守能力；<br>2. 巩固持球同侧步突破技术 |
| 4 | 1. 复习持球同侧步突破技术；<br>2. 战术理论：人盯人防守战术；<br>3. 长传快攻练习；<br>4. 教学比赛；<br>5. 身体素质练习：掷实心球 | 1. 由中距离传球过渡到长距离传球；<br>2. 讲解和演示战术原理和主要方式；<br>3. 运用人盯人防守技术完成教学比赛 |

续表

| 周次 | 教学内容 | 教学要求 |
|---|---|---|
| 5 | 1. 运球往返快攻练习；<br>2. 战术理论：掩护配合；<br>3. 侧掩护配合练习；<br>4. 身体素质练习：蛙跳和纵跳 | 1. 讲解和演示掩护配合的进攻原理和主要方式；<br>2. 重点掌握站位和转身卡位技术；<br>3. 完成素质练习 |
| 6 | 1. 侧掩护和背掩护配合练习；<br>2. 学习运球变向突破技术；<br>3. 教学比赛 ；<br>4. 身体素质练习：800 米跑（女）、1000 米跑（男） | 1. 结合半场三对三比赛完成技术组合；<br>2. 初步掌握运球变向突破技术；<br>3. 利用掩护和传切配合完成教学比赛 |
| 7 | 1. 运球变向突破跑投篮练习；<br>2. 学习三线快攻配合；<br>3. 教学比赛；<br>4. 身体素质练习：6 × 14 米折返跑 | 1. 三人快攻组合练习，多次反复；<br>2. 巩固运球变向突破跑投篮技术；<br>3. 运用人盯人防守和掩护进攻战术 |
| 8 | 1. 复习三线快攻配合；<br>2. 复习运球往返快攻练习；<br>3. 教学比赛；<br>4. 身体素质练习：掷实心球 | 1. 巩固快攻技术；<br>2. 巩固运球往返跑投篮技术；<br>3. 完成素质练习 |
| 9 | 1. 复习运球变向突破跑投篮技术；<br>2. 运球往返快攻练习；<br>3. 教学比赛；<br>4. 身体素质考试：800 米跑（女）、1000 米跑（男） | 1. 巩固变向突破和运球快攻技术；<br>2. 宣布考试形式和评分标准；<br>3. 完成素质考试 |
| 10 | 1. 运球往返快攻考试 1；<br>2. 运球变向突破跑投篮考试 1；<br>3. 教学比赛 | 1. 严格考试纪律；<br>2. 按评分标准打分；<br>3. 完成教学比赛 |
| 11 | 1. 运球往返快攻考试 2；<br>2. 运球变向突破跑投篮考试 2；<br>3. 教学比赛 | 1. 严格考试纪律；<br>2. 按评分标准打分；<br>3. 完成教学比赛 |

续表

| 周次 | 教学内容 | 教学要求 |
| --- | --- | --- |
| 12 | 1. 半场教学比赛；<br>2. 身体素质考试：仰卧起坐（女）、引体向上（男） | 1. 由教师根据本班情况安排比赛；<br>2. 完成素质考试 |
| 13 | 1. 战术理论：区域联防战术种类和主要进攻方法；<br>2. 教学比赛 | 1. 讲解和演示战术原理和主要方式结合站位移动练习；<br>2. 进攻联防战术的实际应用 |
| 14 | 1. 半场“二一二”区域联防练习；<br>2. 教学比赛；<br>3. 素质补考 | 1. 熟练“二一二”区域联防攻防战术；<br>2. 完成教学比赛；<br>3. 完成素质补考 |
| 15 | 1. 教学比赛；<br>2. 技术补考 | 1. 完成教学比赛；<br>2. 完成技术补考 |
| 16 | 1. 教学比赛；<br>2. 学期总结 | 1. 认真总结本学期教学情况；<br>2. 听取学生反馈意见 |

# 第三节　排　球

## 一、项目简介

排球（volleyball）是球类运动项目之一，球场长方形，中间隔有高网，比赛双方（每方六人）各占球场的一方，球员用手把球从网上空打来打去。排球运动使用的球，用羊皮或人造革做壳，橡胶做胆，大小和足球相似。这项运动源于美国，1895年，美国马萨诸塞州霍利约克市，一位叫威廉·G.摩根的体育工作人员发明了排球。初期，排球被称为mintonette（小网子）。1896年，霍尔斯泰德教授根据比赛特点，提议改为volleyball（空中击球），即现代国际通用名称volleyball（排球）。当时的正式用球圆周为25~27英寸（约63.5~68.8厘米），重量为9~12盎司（约255~346克）。现代国际比赛用球的材料和制作工艺有很大改变，但球的规格还和以前差不多。

## 二、教学目标

通过本课程的学习，培养学生对排球运动的兴趣和爱好，使学生掌握排球运动的基本知识、技术、战术和主要规则，提高学生组织参加排球竞赛的能力。发展学生速度、弹跳、耐力和力量等身体素质；提高学生参与教学活动的主动性、积极性、活跃性；培养学生高尚的思想品质、乐观的生活态度和勇敢顽强、团结协作的精神；掌握科学锻炼身体的方法和手段，为终身体育打好基础。

## 三、教学基本要求

### 1.课程重点

培养学生对排球的兴趣和爱好，使学生基本掌握排球运动的基本知识、基本技术、基本战术和主要规则，逐步提高学生的竞赛能力。培养勇敢顽强、团结协作精神，塑造学生积极的人生态度。

### 2.课程难点

课程的难点是如何将排球运动的基本知识、技术与战术运用到实战中。

### 3.能力培养要求

课程主要培养学生掌握排球运动的基本知识和基本技术，提高学生的运动能力，发展学生速度、弹跳、耐力、力量和判断、注意、反应等素质，提高对排球运动的兴趣，通过各技战术的学习以及比赛，全面身体练习与专项身体练习相结合，并使学生掌握科学的锻炼身体的方法和手段。

### 4. 考试内容技术要领

正面上手发飘球：面对球网，脚前后站立，球垂直抛于发球手臂肩前上方，高度适中。抛球同时手臂屈肘后引。击球前，蹬地收腹，手臂由后向前直线挥动；击球时，手腕稍后仰用掌根击球中下部，作用力通过重心。要求手腕紧张，手形固定，手臂并有突停动作（如图6-3-1所示）。

重点：手臂挥动和击球手法；难点：击球手形部位、击球点。

图6-3-1　正面上手发飘球

正面下手发球：面对球网，脚前后站立，持球于腹前，抛于体前发球手臂一侧，离手约20厘米。抛球同时发球手臂伸直以肩为轴向后摆动，击球时，蹬地身体重心前移，右臂由后向前摆动，在腹前以全手掌、掌根或虎口击球后下方（如图6-3-2所示）。

重点：右臂直臂摆动；难点：击球手形部位、击球点。

图6-3-2　正面下手发球

正面双手垫球：脚前后站立，半蹲准备姿势，双臂靠拢手腕下压，当球飞行至腹前一臂距离时，两臂夹紧前伸插到球下，向前上方蹬地抬臂迎击来球，用腕关节以上10厘米处的桡骨平面击球后下部，身体重心随击球动作前移，击球点在腹前一臂距离处（如图6-3-3所示）。

重点：正确手形和击球部位；难点：全身协调用力。

图6-3-3　正面双手垫球

正面上手传球：采用稍蹲准备姿势，抬头看球，双手自然抬起放于脸前。当球接近前额时开始蹬地、伸膝、伸臂迎击球。击球点在前额前上方一个球距离处。击球手形为两手自然张开呈半球形，手腕稍后仰，拇指相对呈一字或八字形，用拇指、食指、中指触球后下部，无名指、小指在两侧辅助控制。两肘适当分开，两前臂约呈90°角，传球主要通过蹬地伸臂和手指手腕力量将球传出（如图6-3-4、图6-3-5所示）。

重点：传球手形、击球时机；难点：传球时身体协调用力。

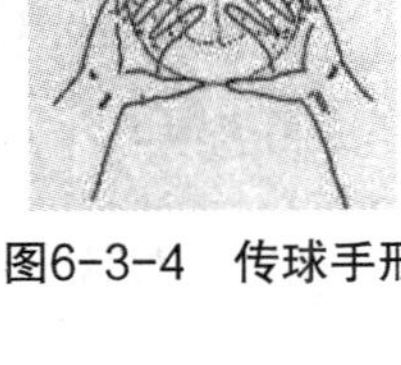

图6-3-4　传球手形

图6-3-5　正面上手传球

## 四、教学内容与学时

课堂教学。

### 1.理论部分

（1）排球运动概述，现代排球运动的起源，发展过程及发展趋势。

（2）排球基本规则及裁判方法，常用排球比赛编排方法。

（3）运动常见的身体伤害，以及预防、保护和自救措施。

### 2.实践部分

（1）排球基本技术：准备姿势及移动、正面双手垫球技术、正面上手传球技术、上手发球技术、扣球技术、介绍单人拦网技术。

（2）排球基本战术：介绍“中一二”进攻阵形和“边一二”进攻阵形；介绍“四二”和“五一”阵容配备。

（3）身体素质练习：3 米或 6 米移动等速度练习；蛙跳、立定跳远、单腿跳等跳跃练习；引体向上、立卧撑、仰卧起坐等力量练习；1000 米、 800 米跑等耐力练习。

## 五、教材与参考书

### （一）教材

（1）排球教材编写组编，《排球运动》，人民体育出版社，1999 年，第 1 版。

（2）刘文春编，《排球运动》，高等教育出版社，2005年，第1版。

（3）排球运动教程编写组，《排球运动教程》，北京体育大学出版社，2016年，第1版。

### （二）参考书

（1）中国排球协会编，《排球竞赛规则》，人民体育出版社，2009年，第1版。

（2）高子琦编，《排球裁判法图解》，北京体育大学出版社，2001年，第1版。

（3）刘江编，《排球裁判员手册》，北京体育大学出版社，2014年，第1版。

## 六、考核方式

### （一）考核内容

1.初级进度

（1）平时成绩：对学生的考勤和学习态度进行评定，分值为10分。

（2）身体素质考核：1000米跑（男）、800米跑（女）和引体向上（男）仰卧起坐（女）各10分。

（3）理论成绩：教师对理论试卷进行评定打分，满分10分。

（4）专项技术考核：上手（下手）发球技术和正面双手垫球技术各30分。

2.中级进度

（1）平时成绩：对学生的考勤和学习态度进行评定，分值为10分。

（2）身体素质考核：1000米跑（男）、800米跑（女）和引体向上（男）仰卧起坐（女）各15分。

（3）专项技术考核：上手发球技术和接发球垫球技术各30分。

3.高级进度

（1）平时成绩：对学生的考勤和学习态度进行评定，分值为10分。

（2）身体素质考核：1000米跑（男）、800米跑（女）和引体向上（男）仰卧起坐（女）各15分。

（3）专项技术考核：上手发球技术和传球技术各30分。

### （二）评分标准

（1）初级进度和中级进度发球技术：学生在发球区内连续发5个球，落点要求在对方场地。每发成功一个球得3分，技术评定15分。

（2）高级进度上手发球技术：学生在发球区内连续发5个球，落点要求两球落于前场区，三球落于后场区。每发成功一个球得3分，技术评定15分。

（3）正面双手垫球技术：两个考试者相距3米左右进行对垫球，垫球高度应高于2米。两次机会测试，取最高成绩。传球、连击不计失误，但也不计数，成功垫5个回合后开始计分，20回合15分，技术评定15分（如表6-3-1所示）。

表6-3-1　正面双手垫球技术评分表

| 回合 | 1 | 2 | 3 | 4 | 5 | 6 | 7 | 8 | 9 | 10 |
|---|---|---|---|---|---|---|---|---|---|---|
| 分值（分） | 0 | 0 | 0 | 0 | 0 | 1 | 2 | 3 | 4 | 5 |
| 回合 | 11 | 12 | 13 | 14 | 15 | 16 | 17 | 18 | 19 | 20 |
| 分值（分） | 6 | 7 | 8 | 9 | 10 | 11 | 12 | 13 | 14 | 15 |

（4）接发球垫球技术：每人五次，学生在六号位接教师隔网发球（抛球），垫向三号位，球要高于网，落点在三号位的中线和进攻限制线之间的区

域。每垫成功一个球得3分，技术评定15分。

（5）传球技术：每人五次，学生在三号位接教师抛球，顺网传向四号位，球要高于网，落点在四号位3米×3米区域。每成功一个球得3分，技术评定15分（如表6-3-2所示）。

表6-3-2　技术考核评分表

| 达标次数 | 1 | 2 | 3 | 4 | 5 |
|---|---|---|---|---|---|
| 分值（分） | 3 | 6 | 9 | 12 | 15 |

| 技术质量 | 判断准确、动作协调连贯、技术完整、球非常到位、到点 | 判断一般、动作协调连贯、技术完整、球很到位 | 判断一般、动作不够协调连贯、技术完整、球基本到位 | 判断不好、动作不协调连贯、技术运用不合理、球基本不到位 |
|---|---|---|---|---|
| 分值（分） | 13~15 | 11~12 | 9~10 | 8 |

注：身体素质考核标准见《身体素质考核评分表》。

## 七、教学进度

### （一）初级排球教学进度

表6-3-3　初级排球教学进度

| 周次 | 教学内容 | 教学要求 |
|---|---|---|
| 1 | 1. 编班，开课导言；<br>2. 学习准备姿势及移动；<br>3. 身体素质练习：12 分钟有氧耐力跑 | 1. 介绍排球运动基本知识及上课要求，了解学生基础，制定不同教法；<br>2. 移动时可结合手势，口令进行 |
| 2 | 1. 理论学习：排球运动的形式；<br>2. 复习准备姿势及移动；<br>3. 学习正面双手垫球技术；<br>4. 身体素质练习：跳跃练习、耐力练习 | 1. 主要分为室内排球、气排球、沙滩排球、软式排球和残疾人排球；<br>2. 垫球教学时注意正确的击球点、手形触球部位动作要求协调连贯；<br>3. 发展体能 |
| 3 | 1. 理论学习：排球比赛场地、器材；<br>2. 复习准备姿势及移动；<br>3. 复习正面双手垫球技术；<br>4. 身体素质练习：跳跃练习、耐力练习 | 1. 介绍比赛场地、器材的规格；<br>2. 强调正确动作结构，多做一抛一垫练习；<br>3. 自垫要求控制球高度击球部位；<br>4. 发展体能 |

续表

| 周次 | 教学内容 | 教学要求 |
|---|---|---|
| 4 | 1. 复习正面双手垫球技术；<br>2. 学习正面上手（下手）发球技术；<br>3. 身体素质练习：上肢力量练习、耐力练习 | 1. 规范动作，改进不合理技术，提高控球能力；<br>2. 发球教学时强调球抛的位置击球部位；<br>3. 提高学生身体素质 |
| 5 | 1. 理论学习：我国排球运动的发展；<br>2. 复习正面双手垫球技术；<br>3. 复习正面上手（下手）发球技术 | 1. 巩固提高技术动作，提高控球能力；<br>2. 轻发球和垫球相结合练习；<br>3. 发球击准球，协调用力 |
| 6 | 1. 复习正面双手垫球技术；<br>2. 复习正面发球技术；<br>3. 介绍和发、垫球技术相关的规则；<br>4. 身体素质练习：跳跃练习、耐力练习 | 1. 巩固基本技术，改正错误动作；<br>2. 了解相关规则；<br>3. 提高学生身体素质 |
| 7 | 1. 理论学习：发飘球和旋转球的原理；<br>2. 复习正面双手垫球技术；<br>3. 复习正面发球技术；<br>4. 学习正面上手传球技术 | 1. 规范动作，提高控球能力，改进技术；<br>2. 传球教学时注意强调正确的手形、正确的击球点和协调发力 |
| 8 | 1. 介绍和传球相关的规则；<br>2. 复习发、垫球技术；<br>3. 复习传球技术；<br>4. 素质测试：引体向上（男）、仰卧起坐（女） | 1. 传球时要求充分蹬地伸臂并保持正确击球点和手形；<br>2. 垫球强调重心的移动；<br>3. 发球时手掌包满球，有推压动作使之上旋 |
| 9 | 1. 复习正面双手垫球技术；<br>2. 复习正面发球技术；<br>3. 复习正面上手传球技术；<br>4. 素质测试：1000 米跑（男）、800 米跑（女） | 1. 综合复习，强化正确技术动作，增强控球能力；<br>2. 完成素质测试，提高学生体能 |
| 10 | 1. 复习发球、垫球、传球技术；<br>2. 理论学习：进攻阵形和接发球站位的种类；<br>3. 介绍“中一二”进攻战术及“一三二”接发球战位 | 1. 技术练习可采用三角站位：一发一垫一传；<br>2. 战术及站位可先用图示讲解，再徒手轮转，站位逐步过渡到接抛球位置 |
| 11 | 1. 复习基本技术：发、垫球和传球；<br>2. 接发球进攻练习；<br>3. 教学比赛 | 1. 以考试形式进行发球及垫球练习；<br>2. 接专人发球后组织进攻，目的是熟练接发球站位及轮转 |

续表

| 周次 | 教学内容 | 教学要求 |
| --- | --- | --- |
| 12 | 1. 技术考试：发球；<br>2. 教学比赛 | 通过技术考试及比赛巩固基本技术的掌握及其临场应用 |
| 13 | 1. 技术考试：垫球；<br>2. 教学比赛 | 通过技术考试及比赛巩固基本技术的掌握及其临场应用 |
| 14 | 体育理论课 | 由体育部统一安排 |
| 15 | 1. 复习基本技术；<br>2. 介绍规则及裁判法；<br>3. 教学比赛，裁判实习；<br>4. 补考 | 1. 了解规则及裁判法；<br>2. 在实践中运用锻炼学生的组织能力 |
| 16 | 1. 学期总结；<br>2. 宣布本学期体育课成绩 | 教师认真进行总结听取学生意见 |

## （二）排球中级教学进度

表6-3-4　排球中级教学进度

| 周次 | 教学内容 | 教学要求 |
| --- | --- | --- |
| 1 | 1. 编班，开课导言；<br>2. 复习基本技术；<br>3. 身体素质练习：12 分钟有氧耐力跑 | 1. 复习准备姿势及移动、发球、垫球传球等所学技术；<br>2. 恢复体力 |
| 2 | 1. 复习正面双手垫球技术；<br>2. 复习正面上手传球技术；<br>3. 学习上手发飘球技术；<br>4. 身体素质练习：俯卧撑、耐力练习 | 1. 改进技术动作，提高控球能力；<br>2. 讲解发飘球和发旋转球在各环节上的区别；<br>3. 提高身体素质 |
| 3 | 1. 复习传球、垫球技术；<br>2. 复习上手发飘球技术；<br>3.学习原地扣球手法；鞭抽（近网球）、推送（远网球） | 1. 采用三角站位传球和垫球练习，提高学生转方向传垫球能力；<br>2. 通过讲解发飘球的力学原理让学生了解正确的击球部位，提高发球的成功率 |
| 4 | 1. 复习传、垫、发球技术；<br>2. 复习原地扣球手法练习；<br>3. 学习扣球上步（助跑、起跳、腾空、落地） | 1. 采用发、垫、传球组合练习，要求动作规范，改进不合理技术，提高控球能力；<br>2. 助跑起跳连贯协调 |

续表

| 周次 | 教学内容 | 教学要求 |
| --- | --- | --- |
| 5 | 1. 复习传、垫、发球技术；<br>2. 复习扣球上步；<br>3. 学习四号位扣一般球；<br>4. 身体素质练习：俯卧撑、耐力 | 1. 采用发、垫、传球组合练习，要求动作规范，改进不合理技术，提高控球能力；<br>2. 重点讲解扣球起跳的时机和位置 |
| 6 | 1. 复习传、垫、发球技术；<br>2. 复习四号位扣球；<br>3. 学习三号位扣快球；<br>4. 身体素质练习：俯卧撑、耐力 | 1. 改进技术动作，提高控球能力；<br>2. 体会扣快球和扣一般球助跑起跳时机的区别和扣球手法的区别；<br>3. 提高身体素质 |
| 7 | 1. 复习传、垫、发球技术；<br>2. 复习扣球技术；<br>3. 介绍进攻性击球相关的规则；<br>4. 介绍背垫球、侧垫球技术 | 1. 提高控球能力达到熟练，规范；<br>2. 了解相关规则；<br>3. 体会正垫、侧垫、背垫在取位和手形上的区别，了解即可，不需要掌握 |
| 8 | 1. 复习传、垫、发球技术；<br>2. 复习扣球技术；<br>3. 素质测试：引体向上（男）、仰卧起坐（女） | 1. 改进提高各项基本技术；<br>2. 完成素质考核 |
| 9 | 1. 复习传、垫、发球技术；<br>2. 复习扣球技术；<br>3. 素质测试：1000 米跑（男）、800 米跑（女） | 1. 改进提高各项基本技术；<br>2. 完成素质考核 |
| 10 | 1. 复习基本技术；<br>2. “中一二”站位攻防练习；<br>3. 介绍“四二”阵容配备 | 1. 技术练习以考试项目为主；<br>2. 介绍“四二”阵容配备，在攻防练习中二传进行换位 |
| 11 | 1. 复习传、垫、发球技术；<br>2. 复习扣球技术；<br>3. 教学比赛 | 1. 复习考试技术；<br>2. 在比赛中熟练换位及轮转；<br>3. 提高应用基本技术的能力 |
| 12 | 1. 技术考试：发球；<br>2. 教学比赛 | 1. 通过考试加强基本技术的掌握；<br>2. 在比赛中熟练应用各项技术 |
| 13 | 1. 技术考试：垫球；<br>2. 教学比赛 | 1. 通过考试加强基本技术的掌握；<br>2. 在比赛中熟练应用各项技术 |

续表

| 周次 | 教学内容 | 教学要求 |
|---|---|---|
| 14 | 1. 复习传、垫、发球技术；<br>2. 复习扣球技术；<br>3. 技术补考；<br>4. 教学比赛 | 1. 熟练掌握各项基本技术；<br>2. 通过补考提高成绩；<br>3. 在比赛中熟练应用各项技术 |
| 15 | 1. 综合复习；<br>2. 教学比赛 | 比赛由学生组织并担任裁判，培养其能力 |
| 16 | 1. 学期总结；<br>2. 宣布本学期体育课成绩 | 教师认真进行总结听取学生意见 |

## （三）排球高级教学进度

**表6-3-5　排球高级教学进度**

| 周次 | 教学内容 | 教学要求 |
|---|---|---|
| 1 | 1. 编班，开课导言；<br>2. 复习基本技术；<br>3. 身体素质练习：12 分钟有氧耐力跑 | 1. 复习准备姿势及移动、发球、垫球传球扣球等所学技术；<br>2. 恢复体力 |
| 2 | 1. 复习传、垫、发球技术；<br>2. 学习打、垫技术；<br>3. 身体素质练习：速度、耐力练习 | 1. 熟练、改进各基本技术；<br>2. 掌握一打一垫技术，提高打的准确性 |
| 3 | 1. 复习传、垫、发球技术；<br>2. 学习打、垫、传球组合技术；<br>3. 身体素质练习：灵敏、耐力练习 | 1. 两人发、垫、传组合练习；<br>2. 学习打、垫、传球组合技术时，首先要打准球，垫球同学要及时移动，保持好击球点 |
| 4 | 1. 复习传、垫、发球技术；<br>2. 复习打、垫、传球技术；<br>3. 复习扣球技术；<br>4. 介绍单人拦网技术及相关规则 | 1. 提高控球能力；<br>2. 强调拦网手形和预判起跳时机；<br>3. 结合扣球练习，体会拦网技术 |
| 5 | 1. 复习传、垫、发球技术；<br>2. 复习打、垫、传球技术；<br>3. 复习扣球技术；<br>4. 介绍吊球技术及相关规则 | 1. 熟练、改进各基本技术提高控球能力；<br>2. 讲解吊球在比赛中的作用和吊球的通常位置 |

续表

| 周次 | 教学内容 | 教学要求 |
|---|---|---|
| 6 | 1. 复习各项基本技术；<br>2. 介绍阵容配备:“四二”配备、“五一”配备；<br>介绍进攻阵形：“中一二”进攻阵形、“边一二”进攻阵形 | 1. 熟练、改进各基本技术提高控球能力；<br>2. 阵容配备和进攻阵形主要以图示进行讲解，再过渡到徒手场上站位并进行轮转 |
| 7 | 1. 综合复习；<br>2. 介绍调整传球技术；<br>3. 教学比赛 | 1. 着重了解调整传球在实战中的作用；<br>2. 在教学比赛中了解进攻阵形的变化 |
| 8 | 1. 综合复习；<br>2. 教学比赛；<br>3. 素质测验：1000 米跑（男）、800 米跑（女） | 1. 提高控球能力；<br>2. 加强整体配合；<br>3. 完成素质考试 |
| 9 | 1. 综合复习；<br>2. 教学比赛；<br>3. 素质测验：引体向上（男）、仰卧起坐（女） | 1. 提高控球能力；<br>2. 加强整体配合；<br>3. 完成素质考试 |
| 10 | 1. 复习传、垫、发球技术；<br>2. 复习扣球技术；<br>3. 教学比赛 | 复习考试项目为主 |
| 11 | 1. 技术考试：发球；<br>2. 教学比赛 | 1. 通过考试巩固基本技术的掌握；<br>2. 提高场上的应变能力，加强配合 |
| 12 | 1. 技术考试：传球；<br>2. 教学比赛 | 1. 通过考试巩固基本技术的掌握；<br>2. 提高场上的应变能力，加强配合 |
| 13 | 1. 综合复习；<br>2. 介绍“心跟进”和“边跟进”的防守站位；<br>3. 教学比赛；<br>4. 补考 | 1. 图示两种防守站位；<br>2. 无球的防守站位转换练习 |
| 14 | 1. 综合复习；<br>2. 介绍战术打法：交叉和加塞进攻、梯次和立体进攻；<br>3. 教学比赛 | 进攻打法主要进行图示演示，不要求掌握 |
| 15 | 1. 综合复习；<br>2. 详细讲解规则、裁判法；<br>3. 教学比赛 | 1. 了解规则、裁判法，提高组织及裁判能力；<br>2. 在教学比赛中进行裁判实践 |
| 16 | 1. 学期总结；<br>2. 宣布本学期体育课成绩 | 教师认真进行总结听取学生意见 |

# 第四节　羽毛球

## 一、项目简介

羽毛球（badminton）是一项在室内、室外都可以进行的体育运动。依据参与的人数，可以分为单打与双打以及新兴的3打3。羽毛球拍由拍面、拍杆、拍柄及拍框与拍杆的接头构成。一支球拍的长度不超过680毫米，其中球拍柄与球拍杆长度不超过41厘米，拍框长度为28厘米，宽为23厘米。随着科学技术的发展，球拍的发展向着重量更轻、拍框更硬、拍杆弹性更好的方向发展。现代羽毛球运动起源于英国。1873年，英国格拉斯哥郡伯明顿镇，一位叫鲍弗特的公爵，在领地开游园会，有几个从印度回来的退役军官向大家介绍了一种隔网用拍子来回击打毽球的游戏。因这项活动极富趣味性，很快就在上层社会流行开来。“伯明顿”（Badminton）即成为英文羽毛球的称谓。1893年，英国14个羽毛球俱乐部组成羽毛球协会，即全英公开赛的前身。1992年起，羽毛球成为奥运会的正式比赛项目。2017年11月，世界羽联讨论通过了羽毛球发球新规，新规要求发球时击球点的高度将不能超过（1）5米。

## 二、教学目标

通过羽毛球课的学习，使学生喜爱羽毛球运动并积极参与羽毛球锻炼；掌握羽毛球运动的基本知识、技术、战术、规则和裁判法，并能将这些知识和技能运用到实战中；提高学生的身体、心理和社会适应能力等综合素质；培养学生积极乐观的生活态度和机智灵活、勇敢顽强、团结协作的精神；掌握科学锻炼身体的方法和手段，养成自觉锻炼的习惯，为终身体育打好基础。

## 三、教学基本要求

### 1.课程重点

课程教学的重点是击球技术的四个环节：准备、引拍、挥拍、随挥（制动）。

2.课程难点

课程的难点是如何使学生将课程上所学的手法技术结合全场移动步法运用到比赛中，在战胜对手的同时学会团队之间的协调与配合。

3.能力培养要求

羽毛球课上介绍的是最常用的基本技术，目的在于推广羽毛球运动，普及羽毛球技巧和知识，激发学生的运动热情。羽毛球教学是为了给学生提供一个平台，熟悉并了解羽毛球球性；能较好地掌握羽毛球的各种击球技术；了解击球动作的基本结构；并能够熟练地将所学基本技术灵活运用到实战比赛中。

## 四、课程教学内容与学时

课堂教学。

1.理论部分

（1）课程介绍：羽毛球运动的起源与发展、国际重大赛事、羽毛球器材的挑选与保养、常见运动损伤的预防与简单的治疗方法。

（2）羽毛球比赛中团体赛、单打、双打的相关裁判法和比赛规则。

（3）羽毛球技术的打法类型、战术思路，以及相关专业知识。

2.实践部分

（1）初级班内容：握拍、基本站位、发球、后场高远球、网前挑球、放网、上网步法、后退步法。

（2）提高班内容：后场吊球、杀球；网前搓球、勾球、推球、扑球、前后场连贯步法，以及简单比赛战术（如图6-4-1至6-4-6所示）。

（3）身体素质练习。

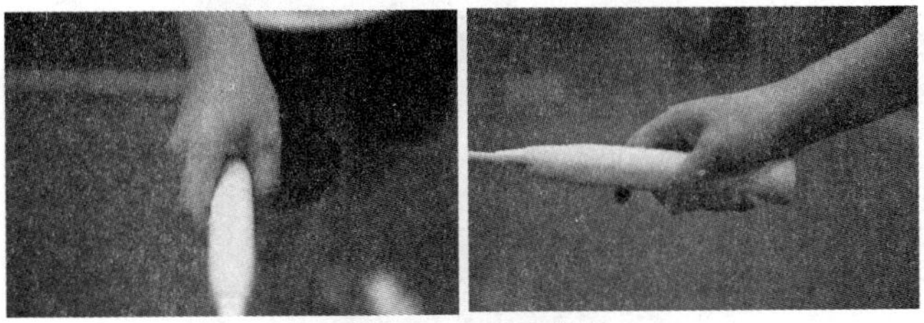

图6-4-1　正手握拍

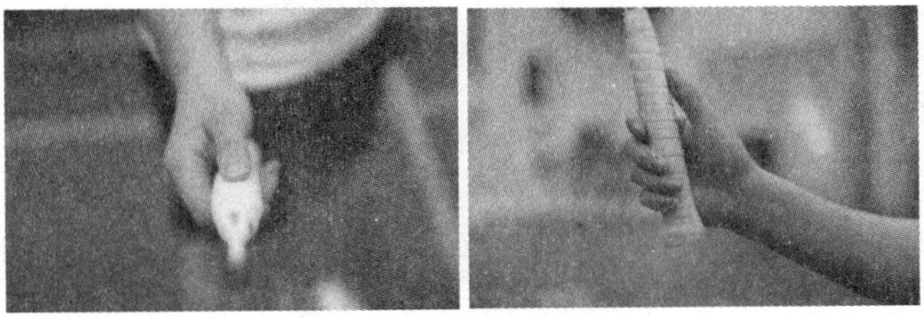

图6-4-2　反手握拍

图6-4-3　正手发高远球

图6-4-4　正手后场高远球

图6-4-5　正手网前搓球

图6-4-6 反手网前搓球

## 五、教材与参考书

### （一）教材

（1）彭美丽、许声宏编，《羽毛球专修课教材》，北京体育大学出版社，1998年，第1版。

（2）彭美丽、侯正庆编，《羽毛球》，北京体育大学出版社，1998年，第1版。

### （二）参考书

（1）彭美丽主编，《羽毛球技巧图解》，北京体育大学出版社，2001年，第1版。

（2）拉尔夫·法彼西、卡尔海恩思·奥林斯基、马丁·斯柯罗茨编，《羽毛球从入门到实战》，北京体育大学出版社，2008年，第1版。

## 六、考核方式

### （一）考核内容

1.初级进度

（1）平时成绩：对学生的考勤和学习态度进行评定，分值为10分。

（2）身体素质考核：

①1000米跑（男）、800米跑（女），15分；

②引体向上（男）、仰卧起坐（女），15分。

（3）专项技术考核：60分。发高远球和后场高远球，各占30分。

2.提升进度

（1）平时成绩：对学生的考勤和学习态度进行评定，分值为10分。

（2）身体素质考核：

①1000米跑（男）、800米跑（女），15分；

②引体向上（男）、仰卧起坐（女），15分。

（3）专项技术考核：60分；网前搓球和实战比赛，各30分。

注：有理论考试的学期，两项素质考试各占10%，即20分；理论占10%，即10分。

## （二）评分标准

表6-4-1 羽毛球评分标准

| 考试内容 | 评分标准 | | | |
|---|---|---|---|---|
| | 优秀<br>30 ~ 25分 | 良好<br>25 ~ 20分 | 及格<br>20 ~ 15分 | 不及格<br>0 ~ 15分 |
| 发高远球：考试者将球发至双打后发球线和底线处，离单打边线1.5米的区域内；左右半场各发5个 | 左右半场各发5个，击打要求每半场≥4个，球发在要求范围之内，握拍正确，挥臂动作流畅连贯，没有违例动作 | 左右半场各发5个，击打要求每半场≥3个，球发在要求范围之内，握拍正确，挥臂动作较流畅连贯，没有违例动作 | 左右半场各发5个，击打要求每半场≥2个，球发在要求范围之内，挥臂动作较流畅连贯，没有错误动作 | 左右半场各发5个，击打要求每半场≥1个，球发在要求范围之内，挥臂动作不流畅连贯，有明显错误动作 |

续表

| 考试内容 | 评分标准 | | | |
|---|---|---|---|---|
| 对击高远球：考试者站在后场正手区，运用正手打直线高球和斜线高球各5个 | 直线和对角线连续击打5个球，握拍正确，侧身引拍充分，挥臂动作流畅连贯，击球点和位置选择恰当，发力较好，有随挥收拍动作 | 直线和对角线连续击打5个球，握拍正确，侧身引拍较充分，挥臂动作流畅连贯，击球点和位置选择一般，发力明显，有随挥收拍动作 | 直线和对角线连续击打5个球，握拍正确，有侧身引拍动作，挥臂动作较连贯，击球点和位置选择一般，发力较一般 | 直线和对角线连续击打5个球，握拍正确，没有侧身引拍，挥臂动作分节不连贯，击球点和位置选择错误，不能连续击球 |
| 网前搓球：受试者从中场启动，采用网前步法上网做搓球技术，搓球应落在划定的单打边线往里70cm×70cm的区域之内（30分） | 正手和反手各5个球，击打要求每半场≥4个，球落在规定范围之内，握拍正确，挥臂动作流畅连贯，没有违例动作 | 正手和反手各5个球，击打要求每半场≥3个，球落在规定范围之内，握拍正确，挥臂动作较流畅连贯，没有违例动作 | 正手和反手各5个球，击打要求每半场≥2个，球落在规定范围之内，挥臂动作较流畅连贯，没有错误动作 | 正手和反手各5个球，击打要求每半场≥1个，球落在规定范围之内，挥臂动作不流畅连贯，有明显错误动作 |
| 实战比赛（30分） | 30～24分<br>23～15分 | | 30～24分<br>23～15分 | |
| | 比赛获胜方，能较熟练运用所学技术，战术运用合理、思路清晰 | | 比赛失败方，根据技术掌握程度，失败主要原因酌情评分 | |

## 七、教学进度

### （一）羽毛球初级教学进度

表6-4-2　羽毛球初级教学进度

| 周次 | 教学内容 | 教学要求 |
|---|---|---|
| 1 | 1. 羽毛球课程简介：课程设置、要求、注意事项、考试方法，器材的选择与保养；<br>2. 准备活动，恢复体力训练；<br>3. 学习握拍法：正手握拍法、反手握拍法，辅助练习 | 1. 提出课堂常规和安全注意事项；<br>2. 使学生了解教学大纲内容、考试方法 |

续表

| 周次 | 教学内容 | 教学要求 |
| --- | --- | --- |
| 2 | 1. 理论：羽毛球运动起源与发展，羽毛球常见运动损伤及治疗方法；<br>2. 复习握拍法：正、反手握拍法；<br>3. 学习基本站位、接发球姿势；<br>4. 学习发高远球技术，介绍发球的规则 | 1. 帮助学生了解羽毛球运动的起源与发展；<br>2. 让学生了解羽毛球常见损伤及预防方法 |
| 3 | 1. 复习握拍，发球动作；<br>2. 多球练习：正手发高远球技术；<br>3. 学习发网前球技术，前场步法；<br>4. 恢复体力训练 | 1. 发高远球，强调抛球与发球挥拍动作的协调配合，以及球出手后的高度；<br>2. 发网前球：强调击球时拍面与力度的控制 |
| 4 | 1. 复习发球动作，前场步法；<br>2. 学习后场高远球挥拍动作；<br>3. 学习正手网前放网技术；<br>4. 素质练习 | 1. 激发学生对羽毛球运动的兴趣；<br>2. 后场高远球让学生充分利用身高、臂长和拍长，找到高于头部的最佳击球点；<br>3. 网前球强调动作的轻柔与放松 |
| 5 | 1. 复习发球技术；<br>2. 复习正手网前放网技术，前场步法，高远球挥拍；<br>3. 学习高远球击球动作；<br>4. 素质练习 | 1. 培养学生对羽毛球运动学习的兴趣；<br>2. 后场高远球强调击球动作的一致性，准备姿势要充分，鞭打效果明显 |
| 6 | 1. 复习发球技术、正手网前放网技术，网前步法；<br>2. 复习后场击高远球技术；<br>3. 学习后退步法；<br>4. 素质练习 | 1. 注意手法与步法的协调配合，身体姿势的控制；<br>2. 强调击球点的选择和击球时机对击球的帮助 |
| 7 | 1. 复习发球技术、后场击高远球技术；<br>2. 学习反手网前放网技术；<br>3. 学习反手网前步法；<br>4. 素质练习 | 1. 强调击球时拍面的控制对球的落点的影响；<br>2. 强调正、反手转换握拍一定要及时，放松地握拍对转换拍型的重要性 |
| 8 | 1. 复习发球技术；<br>2. 技术考试：发高远球；<br>3. 复习网前球技术；<br>4. 身体素质考试 | 发球考试主要考查学生对发球技术的掌握情况，从球落点的控制、挥拍动作的流畅程度、击球点和发力来进行评判 |

续表

| 周次 | 教学内容 | 教学目标 |
|---|---|---|
| 9 | 1. 复习网前放网技术；<br>2. 复习后场高远球技术；<br>3. 学习反手发网前球技术；<br>4. 身体素质考试 | 1. 培养终身体育锻炼兴趣，掌握羽毛球锻炼的技能与方法；<br>2. 掌握反手发力的要点 |
| 10 | 1. 复习后场高远球技术、反手发网前球；<br>2. 学习正手网前挑球技术；<br>3. 介绍大型国际赛事、比赛规则；<br>4. 素质练习 | 1. 让学生了解羽毛球国际重大赛事，掌握羽毛球单打和双打的比赛规则；<br>2. 正手挑球体会手指手腕的协同发力 |
| 11 | 1. 复习后场高远球技术，网前放网技术；<br>2. 复习反手发网前球技术、正手挑球；<br>3. 介绍简单的单打战术、固定球路练习；<br>4. 教学比赛 | 让学生充分体验羽毛球比赛带来的乐趣，激发学习的兴趣 |
| 12 | 1. 复习后场高远球技术，正手挑球；<br>2. 固定球路练习；<br>3. 教学比赛 | 强调战术的合理运用对比赛制胜的作用 |
| 13 | 1. 复习后场高远球技术，网前放网技术；<br>2. 复习反手发网前球技术、正手挑球；<br>3. 固定球路练习；<br>4. 身体素质考试 | 使学生掌握双打的轮转与补位，体会双打中两人的协同配合，团队作战 |
| 14 | 1. 复习后场高远球技术，网前放网技术、正手挑球技术；<br>2. 技术考试：后场击高远球；<br>3. 教学比赛、裁判实习 | 1. 技术考试前强调高远球主要考查动作的协调流畅、发力技巧，以及击球点的选择；<br>2. 进行身体素质考试 |
| 15 | 1. 技术补考：发高远球、后场击高远球；<br>2. 身体素质补考；<br>3. 教学比赛、裁判实习 | 考查学生对运动技能的掌握情况 |
| 16 | 1. 学期总结；<br>2. 宣布成绩 | 教师认真总结授课情况，听取学生对本课的建议，建立良好的教学秩序 |

## （二）羽毛球高级教学进度

表6-4-3　羽毛球高级教学进度

| 周次 | 教学内容 | 教学要求 |
| --- | --- | --- |
| 1 | 1. 羽毛球课程简介：课程设置、要求、注意事项、考试方法，器材的选择与保养；<br>2. 准备活动，恢复体力训练；<br>3. 复习握拍法、发后场高远球 | 1. 提出课堂常规和安全注意事项；<br>2. 使学生了解教学大纲内容、考试方法；<br>3. 以恢复手感，熟悉球性为主 |
| 2 | 1. 理论：裁判法；<br>2. 复习后场击高远球技术；<br>3. 学习反手挑球技术；<br>4. 素质练习 | 1. 帮助学生掌握羽毛球裁判规则，了解比赛编排与抽签方法；<br>2. 强调反手动作中大拇指的发力 |
| 3 | 1. 复习后场高远球、反手挑球；<br>2. 复习后场步法；<br>3. 学习后场正手吊球技术；<br>4. 恢复体力训练 | 1. 反手挑球注意肘关节、小臂与手指的协调发力；<br>2. 强调吊球击球点的选择，击球时拍型的控制 |
| 4 | 1. 复习后场正手吊球技术、反手挑球、后场步法；<br>2. 学习正手网前搓球技术；<br>3. 素质练习 | 1. 强调吊球动作与高远球动作的出手前一致性、明确击球点；<br>2. 强调网前搓球手指的捻动、手腕动作 |
| 5 | 1. 复习后场正手吊球技术、反手挑球、正手网前搓球；<br>2. 复习网前步法；<br>3. 素质练习 | 1. 激发学生对羽毛球运动学习的兴趣；<br>2. 锻炼学生手法有效结合步法进行训练，动作争取协调、连贯 |
| 6 | 1. 复习后场正手吊球技术、反手挑球、正手网前搓球；<br>2. 学习反手网前搓球；<br>3. 素质练习 | 1. 强调反手网前搓球的按拍，大拇指的捻动发力；<br>2. 强调击球时动作的放松 |

续表

| 周次 | 教学内容 | 教学目标 |
| --- | --- | --- |
| 7 | 1. 复习后场正手吊球技术、反手挑球、正、反手网前搓球；<br>2. 学习前后场连贯步法；<br>3. 素质练习 | 强调前后场步法衔接的流畅性，启动迅速，回中场的积极主动性 |
| 8 | 1. 复习正、反手网前搓球，网前正、反手挑球，前后场连贯步法；<br>2. 固定球路练习；<br>3. 素质练习 | 强调固定球路练习的主要目的，通过全场的积极跑动，达到锻炼学生身体素质的目的 |
| 9 | 1. 总复习前面所学技术；<br>2. 固定球路练习；<br>3. 身体素质考试 | 通过素质考试检验学生锻炼效果 |
| 10 | 1. 复习正、反手网前搓球；<br>2. 技术考试：网前搓球；<br>3. 教学比赛 | 强调搓球考试评分标准以及要求，考查学生搓球技术的掌握情况 |
| 11 | 1. 复习后场吊球、挑球；<br>2. 学习后场杀球技术；<br>3. 学习双打轮转跑位；<br>4. 教学比赛 | 让学生充分体验羽毛球比赛带来的乐趣，激发学习的兴趣 |
| 12 | 1. 复习后场吊球、杀球技术；<br>2. 学习网前扑球、勾球技术；<br>3. 教学比赛；<br>4. 身体素质考试 | 强调战术的合理运用对比赛制胜的作用 |
| 13 | 1. 复习后场高、吊、杀技术；<br>2. 复习网前搓、放、勾、扑球技术；<br>3. 综合考试：单打比赛 | 综合考试主要考查学生对所学技术的综合运用能力，以及对基本技术掌握的程度 |
| 14 | 1. 热身活动；<br>2. 综合考试：单打比赛；<br>3. 教学比赛、裁判实习 | 考查学生对运动技能的掌握情况，帮助学生裁判更好地处理临场判罚时容易遇到的问题 |

续表

| 周次 | 教学目标 | 教学内容 |
| --- | --- | --- |
| 15 | 1. 技术补考：网前搓球；<br>2. 综合考试：单打比赛；<br>3. 身体素质补考 | 考查学生对运动技能的掌握情况，帮助学生裁判更好地处理临场判罚时容易遇到的问题 |
| 16 | 1. 学期总结；<br>2. 宣布成绩 | 教师认真总结授课情况，听取学生对本课的建议，建立良好的教学秩序 |

# 第五节　网　球

## 一、项目简介

网球运动（tennis）是一种球类运动，通常在两个单打球员或两对组合之间进行。球员在网球场上隔着球网用网球拍击打网球。网球运动的由来和发展可以用四句话来概括：孕育在法国，诞生在英国，开始普及和形成高潮在美国，现在盛行全世界，被称为世界第二大球类运动。现代网球运动诞生于19世纪的英国伯明翰，最初被称为是“草地网球”，此后网球运动得到了飞速的发展，1877年首个大满贯赛——温布尔登网球锦标赛创立，随后是1881年的美国网球公开赛、1891年的法国网球公开赛以及1905年的澳大利亚网球公开赛，即网球四大满贯赛事。

## 二、教学目标

通过网球课的学习与锻炼，使学生基本掌握网球运动的理论知识和基本技战术，初步掌握网球竞赛规则和裁判法。结合网球运动的特点，全面发展学生的身体素质，体验网球击球带来的扎实感，体验运动带来的快乐；培养学生坚忍不拔的意志品质和强烈的竞争意识，逐步形成自觉锻炼的习惯和终身体育的意识。

## 三、教学基本要求

### 1.课程重点

课程教学的重点是体验运动带来的快乐，提高击球的成功率进而提高学生的自信；让学生基本掌握正反手击球的全部动作，以及初步掌握发球和截击的技术动作。

2.课程难点

课程的难点是用完整的正确的动作完成对打。建立正确的击球感觉和运用不同的击球步伐移动击球控球的能力。

3.能力培养要求

在熟悉网球球感的基础上，学习正反手击球技术和网球移动步伐并运用到对打回合中，逐渐增加击球的力量，提高控球能力，进而提高回合数。掌握练习方法和手段，了解基本竞赛规则和裁判法，使学生具备参加网球活动及观赏比赛的能力。

## 四、教学内容与学时

课堂教学。

1.理论部分

（1）一般性知识：①网球运动的起源与发展以及国内外网球运动现状及网球锻炼身体的价值；②网球运动常见的身体伤害，以及预防、保护和自救措施；③网球场地、球拍、球的介绍；④网球运动规则及裁判法；⑤网球比赛的赏析；⑥体育锻炼的常用方法及手段。

（2）技术性知识：①网球的握拍名称和方法；②网球球感的练习方法；③网球的各种击球技术和常用技术；④网球的常用打法和目前流行打法。

2.实践部分

（1）基本技术：①握拍方法；②球感练习方法；③击球基本站姿；④正手击球的握拍及挥拍；⑤双手反手击球握拍及挥拍；⑥移动步伐；⑦发球的两种基本方法；⑧截击技术。

（2）基本战术：①底线型打法；②上网型打法；③综合型打法。

（3）身体素质练习。

## 五、教材与参考书

### （一）教材

（1）陶志翔编，《网球运动教程》，北京体育大学出版社，2007 年，第 1 版。

（2）孙卫星编，《现代网球技术教学法》，北京体育大学出版社，2007年，第1版。

### （二）参考书

（1）陶志翔编，《网球》，北京体育大学出版社，1998年，第1版。

（2）王家正编，《网球》，人民体育出版社，1999年，第1版。

（3）李海编，《网球入门教程》，人民体育出版社，2007年，第1版。

## 六、考核方式

### （一）考核内容

#### 1.初级进度

（1）平时成绩：对学生的考勤和学习态度进行评定，分值为10分。

（2）身体素质：女生800米跑和仰卧起坐各10分，共20分；男生1000米跑和引体向上各10分，共20分。

（3）理论成绩：教师对理论试卷进行评定打分，10分。

（4）专项技能：小场地对打10回合，满分60分，其中回合数分40分，技评分20分。每回合4分（如打了8回合就得32分），反手击球不能少于3个回合，否则10个回合击球无效。技评分总体上评价，哪个环节没做到位就扣分，具体见表6–5–1。

2.中级进度

（1）平时成绩：对学生的考勤和学习态度进行评定，分值为10分。

（2）身体素质：女生800米跑和仰卧起坐各15分，共30分；男生1000米跑和引体向上各15分，共30分。

（3）专项技能：小场地对打10回合，满分60分，其中回合数分40分，技评分20分。每回合4分（如打了8回合就得32分），每个学生考试时必须有两个回合是上网截击，否则10个回合无效。技评分总体上评价，哪个环节没做到位就扣分，具体见表6–5–1。

## （二）评分标准

1.小场地回合球对打

两人一组站在发球线附近进行和平球对打，球落在单打线内为有效区域，击球一旦失误停止记回合数，不能累计记回合数。反手击球不能少于3个回合，否则10个回合击球无效。技术扣分标准见表6–5–1。

**表6–5–1　网球技术测评扣分标准**

| 技术存在的问题 | 准备姿势时不屈膝降重心，不将拍头立起来 | 引拍时拍头低于手腕，非持拍手过早离开拍子，不侧身引拍 | 击球时手腕过于松弛，拍面角度偏差较大，击球点离身体太远或者太近 | 随挥没有挥到肩上或者肩膀侧面，随挥结束时非持拍手没有抓住拍颈（随挥结束在肩上）以及持拍手肩膀没有对着球网 | 截击时引拍和击球动作过大，击球时没有上脚（中级） | 发力没有用到腰或者肩膀的力量，没有站稳击球，击球时身体姿态不稳 |
|---|---|---|---|---|---|---|
| 所扣分值 | 2分 | 3分 | 3分 | 2分 | 2分 | 3分 |

2.各项技术要点参考

（1）正手击球技术动作阶段要点（如图6–5–1所示）。

图6-5-1　正手击球技术动作要点

①准备姿势阶段：双脚开立，比肩略宽，膝盖弯曲，重心放在前脚掌，持拍手半西方式握拍，非持拍手放在拍颈，拍头立起，持拍于胸前。

②引拍阶段：转动脚，转动腰，转动肩，双手持拍于胸前与身体保持相对静止状态引拍，此时拍头略高于头部高度。左脚向前上一步（右手为正手为例），右手向后方打开，肘关节弯曲，腕关节后伸，重心在两腿之间。从引拍者的正面背部看过去，不能看到手臂，能看到拍头。

③挥拍击球阶段：球拍与身体一起降低，让拍头降下来，蹬地转腰挥拍，在身体的右侧前方击球，此时球拍与地面垂直，击球一瞬间保持手腕固定，在球拍的甜区击到球。击到球后沿着球飞行的方向往前送一段距离。

④随挥放松阶段：双脚保持站位不动，将球拍挥到非持拍手一侧的肩膀上，同时用非持拍手握住拍颈，充分转体至右侧肩膀对着球网。随后还原成预备姿势。

（2）双手反手击球技术动作阶段要点（如图6-5-2所示）。

图6-5-2　双手反手击球技术动作要点

①准备姿势阶段：双脚开立，比肩略宽，膝盖弯曲，重心放在前脚掌，右手大陆式握拍，握在球拍下方，左手东方式握拍，握在右手上方，手掌靠拢不要留有间隙，拍头立起，持拍于胸前。

②引拍阶段：转动脚，转动腰，转动肩，双手持拍于胸前与身体保持相对静止状态引拍，此时拍头立起高于手腕高度。右脚向前上一步（右手为正手为例），双手将球拍引至后方，右手肘关节伸直，左手肘关节弯曲。腕关节后伸，重心在两腿之间。从引拍者的正面背部看过去，能看到左手手臂，能看到拍头。

③挥拍击球阶段：球拍与身体一起降低，让拍头降下来，蹬地转腰挥拍，在身体的左侧前方击球，此时左手肘关节伸直右手肘关节弯曲，球拍与地面垂直，击球一瞬间保持手腕固定，在球拍的甜区击到球。击到球后沿着球飞行的方向往前送一段距离。

④随挥放松阶段：双脚保持站位不动，将球拍挥到另一侧的肩膀上，充分转体至左侧肩膀对着球网。随后还原成预备姿势。

（3）发球技术动作阶段要点（如图6–5–3所示）。

图6–5–3　发球技术动作要点

①准备姿势阶段：右手大陆式握拍，左手五指自然分开持球于指根。侧身站立在底线外中场标记旁边（单打），身体朝向右侧网柱，两脚分开约同肩宽，左脚与底线约成45度，右脚约与底线平行，左脚在前，右脚在后，右脚脚尖与左脚脚跟在一条直线上。左手持球轻托球拍在腰部高度，拍头指向侧前方。全身放松，重心在两腿之间。

②引拍挥拍击球阶段：左手手臂成一条直线将球引至身体前方，同时球拍向后方引到背部位置，此时左右手同时向上，左手直臂将球在眼睛高度释放抛至空中，右手将球拍引至肩膀上方，此时肘关节弯曲，大臂与肩膀平行，小臂与大臂成90度，左手手臂继续伸直指向空中，迅速蹬地转肩让拍头充分降低，此时左手下收形成抱腹动作，用力跳起在空中击球，击球时手腕和球拍略向左侧倾斜，击到球的同时，小臂和手腕一起内旋增加击球的爆发力。

③随挥放松阶段：击完球后，让球拍随着重力作用继续向身体的左下方随挥，同时左手向后方摆动，右脚向后方翘起，左脚单脚落地，随后成预备

姿势。

（4）正手截击技术动作阶段要点（如图6-5-4所示）。

图6-5-4　正手截击技术动作要点

①准备姿势阶段：右手大陆式握拍，左手轻握住拍颈。双脚开立比肩略宽，屈膝降重心，重心在前脚掌。拍头立起，放置在胸前。

②引拍阶段：当看到对方击球时，做一个分腿垫步，迅速转动肩膀向身体的右侧前方引拍，引完拍时，拍面立起打开，在身体的右侧前方等待来球，左手保持不动帮助身体平衡。

③挥拍击球阶段：看准来球后，左脚迅速向前上一步，同时前送球拍击球，击球时手腕固定，身体姿势稳定，击到球后球拍前送一小段距离。

④随挥放松阶段：击完球后，迅速还原成预备姿势，身体放松，准备做分腿垫步。

## 七、教学进度

### （一）网球初级教学进度

表6-5-2　网球初级教学进度

| 周次 | 教学内容 | 教学要求 |
|---|---|---|
| 1 | 1. 开课导言；<br>2. 理论学习：网球的起源与发展及特点；<br>3. 介绍并实践熟悉球性练习的方法；<br>4. 体能恢复：绕球场进行的耐力跑练习 | 1. 学生了解教学内容、上课要求及考试方法；<br>2. 教师了解学生的基本情况以便因材施教；<br>3. 学生了解网球运动特点、锻炼价值和发展概况；<br>4. 体能恢复要控制好量和强度 |
| 2 | 1. 理论学习：国内外网球运动概述；<br>2. 熟悉球性的练习；<br>3. 学习握拍法、换握、站位及准备姿势；<br>4. 身体素质练习：1200 米跑 | 1. 学生了解国内外网球运动的现状；<br>2. 进一步熟悉网球的球感 |
| 3 | 1. 球感练习；<br>2. 复习握拍法、换握、站位及准备姿势；<br>3. 学习正手击球技术；<br>5. 身体素质练习：1200 米变速跑 | 强调正确的正手击球方法 |
| 4 | 1. 球感练习；<br>2. 复习正手击球技术；<br>3. 介绍并实践网球专项协调性的练习方法；<br>4. 身体素质练习：反复跑（800 米 ×2） | 1. 强调手腕的控制；<br>2. 强调击球后的随挥动作和拉拍的幅度 |
| 5 | 1. 球感练习；<br>2. 复习正拍击球技术；<br>3. 学习双手反拍击球技术；<br>4. 身体素质练习：1000 米计时跑 | 1. 强调拉拍的时机、节奏及幅度；<br>2. 掌握正拍击球技术，提高对球的控制 |
| 6 | 1. 球感练习；<br>2. 复习正拍击球技术；<br>3. 复习双手反拍击球技术 | 1. 熟练掌握正拍击球技术，提高对球的控制；<br>2. 强调由准备姿势进入反拍击球时换握的时机及方法 |

续表

| 周次 | 教学内容 | 教学要求 |
| --- | --- | --- |
| 7 | 1. 复习正拍、双手反拍击球技术；<br>2. 学习底线击球的步法；<br>3. 小场地对打练习；<br>4. 发展快速移动能力练习 | 1. 强调反拍击球点的控制；<br>2. 步法教学在学生原有习惯上加以改进，不刻意强调全班使用同一种击球步法 |
| 8 | 1. 理论学习：球的旋转种类及性能；<br>2. 复习正反拍击球技术；<br>3. 小场地对打练习；<br>4. 身体素质考试：1000 米跑（男）、800 米跑（女） | 1. 强调动作的整体性与连贯性，步法的协调性；<br>2. 强调正反拍变换时准备姿势的过渡，注意对球的控制 |
| 9 | 1. 理论学习：观看网球比赛的方法、网球的基本战术；<br>2. 正反拍击球技术练习；<br>3. 小场地对打练习；<br>4. 介绍并实践发展网球专项灵活性的练习方法 | 1. 强调击球时动作的放松；<br>2. 强调积极跑动，小步调节 |
| 10 | 1. 规则学习：比赛的计分方法、胜一局、胜一盘；<br>2. 复习正反拍击球技术；<br>3. 小场地对打练习；<br>4. 身体素质考试：仰卧起坐 | 1. 强调击球后的随挥动作，以及触球时拍面角度的控制；<br>2. 明确比赛的计分方法 |
| 11 | 1. 规则学习：选择权、发球次序、何时交换交换场地；<br>2. 学习单打比赛进行方法；<br>3. 复习正、反拍击球技术；<br>4. 介绍发球技术：握拍法、抛球方法 | 1. 使同学清楚了解单打比赛的程序和要求；<br>2. 强调抛球为发球质量的关键，有基础的学生进行练习 |
| 12 | 1. 球感练习；<br>2. 复习底线正反拍挥拍；<br>3. 对打技术练习；<br>4. 小场地对打回合模拟考试 | 按考试要求进行练习 |

续表

| 周次 | 教学内容 | 教学要求 |
|---|---|---|
| 13 | 1. 复习底线正反拍挥拍；<br>2. 技术考试：底线正反拍挥拍 | 挥拍考试前强调动作的协调、完整；要点突出 |
| 14 | 1. 复习正反拍击球；<br>2. 考试：小场地对打回合考试；<br>3. 单打教学比赛；<br>4. 身体素质考试：引体向上（男）、仰卧起坐（女） | 对打考试强调动作、球的运行的节奏 |
| 15 | 1. 各项补考；<br>2. 单打教学比赛；<br>3. 裁判实习 | 使所学技术理论知识运用到实际 |
| 16 | 1. 学期总结；<br>2. 宣布本学期体育课成绩 | 教师认真总结授课情况，听取学生对本课的建议 |

## （二）网球高级教学进度

**表6-5-3　网球高级教学进度**

| 周次 | 教学内容 | 教学要求 |
|---|---|---|
| 1 | 1. 开课导言；<br>2. 复习正反拍击球技术；<br>3. 恢复体能练习 | 1. 强调技术要领，使学生用尽量多的时间接触球；<br>2. 熟悉球性，主要以正反拍击球技术为主 |
| 2 | 1. 理论学习：网球运动中常见的损伤及预防措施；<br>2. 学习正拍、双手反拍击球技术；<br>3. 专项素质：发展快速反应能力的练习 | 1. 强调动作的整体性与连贯性，步法的协调性；<br>2. 强调正反拍变换时准备姿势的过渡，注意对球的控制 |
| 3 | 1. 球感练习；<br>2. 复习底线击球步法；<br>3. 学习底线正反手击球技术；<br>4. 学习发球技术：握拍法、抛球、站位；<br>5. 身体素质练习：耐力练习 | 强调抛球为发球质量的关键 |
| 4 | 1. 球感练习；<br>2. 复习底线正反拍击球技术；<br>3. 学习发球技术：挥拍击球技术；<br>4. 身体素质练习：耐力练习 | 强调抛球的稳定性和挥拍击球动作的流畅性及两者的结合，尽量少地强调动作规格 |

续表

| 周次 | 教学内容 | 教学要求 |
|---|---|---|
| 5 | 1. 规则学习：发球的要求；<br>2. 复习底线正反拍击球技术；<br>3. 对打练习；<br>4. 身体素质练习：耐力练习 | 1. 明确发球的相关规则；<br>2. 强调球的深度、角度与速度对底线打法的重要性 |
| 6 | 1. 球感练习；<br>2. 复习底线正反拍击球技术；<br>3. 学习截击技术；<br>4. 对打练习 | 1. 强调手腕固定、正反手击球动作的完整性；<br>2. 截击的感觉要讲清楚 |
| 7 | 1. 球感练习 ；<br>2. 复习底线正反拍击球技术；<br>3. 复习截击动作；<br>4. 带发球的对打练习 | 1. 强调动作的整体性与连贯性，步法的协调性；<br>2. 强调截击动作的简洁有力 |
| 8 | 1. 球感练习；<br>2. 底线正反拍对打；<br>3. 复习发球和截击；<br>4. 身体素质考试：1000 米跑（男）、800 米跑（女） | 控制击球力量，提高控球能力 |
| 9 | 1. 球感练习；<br>2. 底线正反拍对打；<br>3. 底线正反手击球和网球截击结合练习 | 尽可能用完整动作对打，回合多 |
| 10 | 1. 球感练习；<br>2. 底线正反拍对打；<br>3. 底线对打考试模拟练习；<br>4. 身体素质考试：跳绳考试 | 1. 底线对打强调击球节奏；<br>2. 对模拟考试中的问题进行讲解并提出改进建议 |
| 11 | 1. 球感练习；<br>2. 底线对打考试模拟练习 | 1. 强调动作的整体性与连贯性，步法的协调性；<br>2. 强调击球的控制 |
| 12 | 1. 复习底线对打；<br>2. 底线对打技术考试 | 1. 对打考试强调动作、击球的节奏；<br>2. 强调截击必须融合到回合中 |
| 13 | 体育理论课 | 由体育部统一安排 |

续表

| 周次 | 教学内容 | 教学要求 |
|---|---|---|
| 14 | 1. 各项补考；<br>2. 单打教学比赛；<br>3. 介绍网球比赛进行的程序 | 1. 为考试成绩差的同学提出改进建议；<br>2. 使学生体会在比赛中技术应用与练习中的区别 |
| 15 | 1. 介绍双打比赛的打法及相关规则；<br>2. 各项补考；<br>3. 双打教学比赛 | 使学生体会双打比赛与单打比赛的区别 |
| 16 | 1. 学期总结；<br>2. 宣布本学期体育课成绩 | 教师认真总结授课情况，听取学生对本课的建议，建立良好的教学秩序 |

# 第六节　乒乓球

## 一、项目简介

乒乓球（table tennis），被称为中国的“国球”，是一种世界流行的球类体育项目，包括进攻、对抗和防守。比赛分团体、单打、双打、混双等数种；2001年9月1日前，以21分为一局，现以11分为一局；采用三局两胜，五局三胜，七局四胜。乒乓球为圆球状，重（2.5）3～2.70克，白色或橙色，以高分子聚合物为原料的新塑料球。

乒乓球起源于英国，“乒乓球”一名源自1900年，因其打击时发出“Ping Pong”的声音而得名，在中国以“乒乓球”作为它的官方名称。1926年，在英国伦敦举行了国际乒乓球邀请赛，后被追认为第一届世界乒乓球锦标赛。

## 二、教学目标

通过乒乓球课的学习与锻炼，使学生喜爱乒乓球运动并积极参与乒乓球锻炼，熟练掌握乒乓球运动的基本知识、技术、战术、规则和裁判法，并能将这些知识、技术、技能运用到比赛中。通过乒乓球课的学习，提高学生的身体、心理和社会适应能力等方面的综合素质；增强学生体质，培养顽强的意志品质、竞争意识、合作精神，体验乒乓球运动的乐趣和成功的愉悦，形成“乒乓球群体”受益终身。

## 三、教学基本要求

### 1.课程重点

课程教学的重点是教会学生用较规范的动作打乒乓球，并自觉运用乒乓球运动来锻炼身体。

### 2.课程难点

课程的难点是如何培养学生主动进攻、积极控球的意识，学会用“脑子”去打球。

### 3.能力培养要求

开始1～2节课为融冰课，使学生在熟悉球性的同时相互熟悉并成为练习伙伴；在此基础上，根据本项目特点编写课程内容体系，做到从基本知识、技术到单一技术再到结合技术的循序渐进的学习方式。此外，适量安排教学比赛，提高学生综合运用所学技术的能力和竞赛能力。

## 四、教学内容与学时

课堂教学。

### 1.理论部分

（1）一般知识：①乒乓球运动的起源与发展及其锻炼身体的价值；②乒乓球运动的常用基本术语和击球原理；③乒乓球运动国内外重大赛事介绍和欣赏；④乒乓球运动基本规则及裁判法。

（2）基本理论：乒乓球五个制胜因素——击球的弧线、击球的速度、击球的旋转、击球的力量、击球的落点。

2.实践部分

（1）基本技术：①握拍法、准备姿势、基本站位；②发球和接发球；③推挡、正手快攻、搓球、弧圈球（如图 6-6-1、图 6-6-2、图 6-6-3 所示）；④步法。

（2）基本战术：①发球抢攻战术；②搓攻战术；③拉攻战术；④对攻战术；⑤接发球战术。

（3）身体素质练习。

图6-6-1　搓球

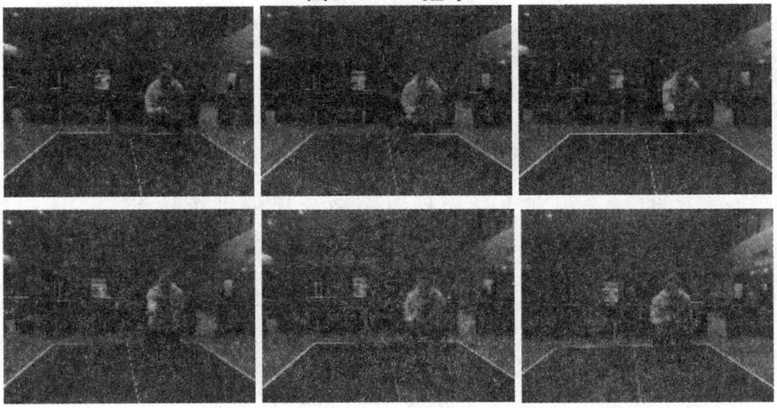

图6-6-2　推挡球

图6-6-3 正手攻球

## 五、教材与参考书

### （一）教材

（1）苏丕仁编，《乒乓球运动教程》，高等教育出版社，2004年，第1版。

（2）唐建军编，《乒乓球运动教程》，北京体育大学出版社，2006年3月，第1版。

（3）崔秀馥编，《普通高校体育选项课教材：乒乓球》，北京体育大学出版社，2012年，第1版。

### （二）参考书

（1）吴敬平编，《乒乓球直板反胶打法训练》，人民体育出版社，2008年，第1版。

（2）贾纯良编，《跟我学乒乓球》，成都时代出版社，2009年，第1版。

（3）王吉生编，《跟高手学乒乓：图解乒乓球进攻技术》，人民体育出版社，2016年，第1版。

## 六、考核方式

注：考核部分所列出的考试参考图均以右手执拍为例。

### （一）考核内容

1.初级班

（1）平时成绩：对学生的考勤和学习态度进行评定，分值为10分。

（2）身体素质考核：

①男生1000米跑、女生800米跑10分；

②男生引体向上、女生仰卧起坐10分。

（3）理论成绩：教师对理论试卷进行评定打分，满分10分。

（4）专项技术考核：分为推挡（拨）球技术和正手对攻球技术各30分。

2.提高班

（1）平时成绩：对学生的考勤和学习态度进行评定，分值为10分。

（2）身体素质考核：

①男生1000米跑、女生800米跑，15分；

② 男生引体向上、女生仰卧起坐，15分。

（3）专项技术考核：分为左推右攻技术和搓球技术两项，各30分。

## （二）评分标准

### 1.推挡（拨）球技术考试30分，其中达标20分、技评10分

学生连续对推挡（拨）球，根据成功击球到球台指定区域板数和技术质量评定成绩。要求学生两人一组进行测试，两人必须同时用推挡（拨）球，并且始终将球控制在左方斜线1/2台范围内。如果在两人连续对推挡（拨）过程中有任意一方将球打到限制区以外或者用其他技术过渡的调整板不计数。每组学生有3次球机会，记录最高一次连续对推挡（拨）球板数（如图6-6-4所示）。

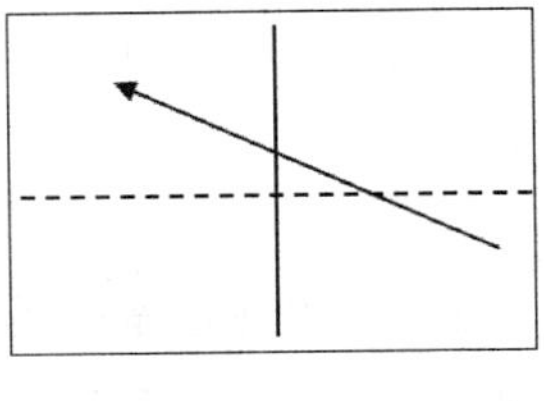

图6-6-4 推挡（拨）球技术

（1）达标评分方法

表6-6-1 推挡（拨）球技术达标评分标准

| 板数 | 男生 | ≥ 30 | 28 | 26 | 24 | 22 | 20 | 18 | 16 | 14 | 12 | 10 |
|---|---|---|---|---|---|---|---|---|---|---|---|---|
| | 女生 | ≥ 20 | 19 | 18 | 17 | 16 | 15 | 14 | 13 | 12 | 11 | 10 |
| 分值（分） | | 20 | 19 | 18 | 17 | 16 | 15 | 14 | 13 | 12 | 11 | 10 |

注：球1个来回为1板，如果打不到10板，则该项技术达标部分无成绩。

（2）技术评分方法

表6-6-2 推挡（拨）球技术评分标准

| 评分标准 | 分值（分） |
|---|---|
| 动作正确、规范，击球时期、部位准确且弧线较低，上、下肢配合协调，发力集中，动作连贯自如 | 9 ~ 10分 |
| 动作基本正确、较协调，击球过程较连贯，节奏合理 | 8 ~ 9分 |
| 动作基本正确，击球点不准确，节奏较差，但无根本性错误 | 6 ~ 7分 |
| 动作有严重失误 | 6分以下 |

推挡球技术动作要领：两脚平行或左脚稍前，身体离球台约50cm。击球前，上臂带动前臂向前迎球。在来球的上升期，击球的中上部，借来球之力，手腕配合前臂向前发力，前臂外旋，同时，拇指放松，食指用力压拍，中指顶住拍底，使拍形前倾。

2.正手对攻球技术考试30分，其中达标20分、技评10分

学生连续对攻球，根据成功击球到球台指定区域板数和技术质量评定成绩。要求学生两人一组进行测试，两人必须同时用正手攻球，并且始终将球控制在右方斜线1/2台范围内。如果在两人连续对攻过程中有任意一方将球打到限制区以外或者用其他技术过渡的调整板不计数。每组学生有3次球机会，记录最高一次连续对攻球板数（如图6-6-5所示）。

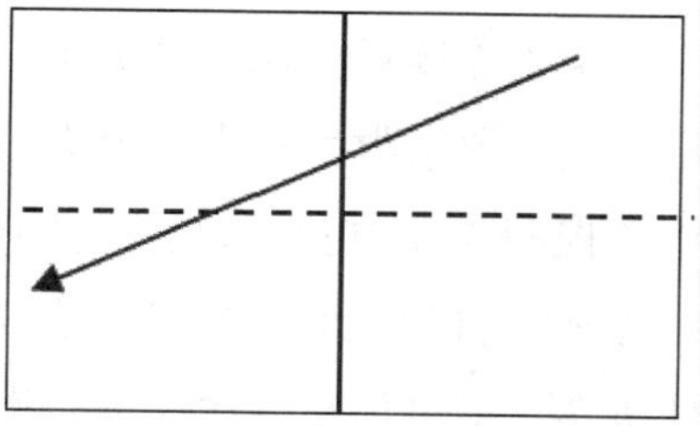

图6-6-5 正手对攻球技术

（1）达标评分方法

表6-6-3 正手对攻球技术达标评分标准

| 板数 | 男生 | ≥ 20 | 19 | 18 | 17 | 16 | 15 | 14 | 13 | 12 | 11 | 10 |
|---|---|---|---|---|---|---|---|---|---|---|---|---|
| | 女生 | ≥ 15 | 14 | 13 | 12 | 11 | 10 | 9 | 8 | 7 | 6 | 5 |
| 分值（分） | | 20 | 19 | 18 | 17 | 16 | 15 | 14 | 13 | 12 | 11 | 10 |

注：球1个来回为1板，如果男生打不到10板、女生打不到5板，则该项技术达标部分无成绩。

（2）技术评分方法

**表6-6-4　正手对攻球技术评分标准**

| 评分标准 | 分值（分） |
|---|---|
| 动作正确、规范，击球时期、部位准确且弧线较低，上、下肢配合协调，发力集中，动作连贯自如 | 9～10分 |
| 动作基本正确、较协调，击球过程较连贯，节奏合理 | 8～9分 |
| 动作僵硬，击球点不准确，节奏较差，但无明显错误 | 6～7分 |
| 动作有严重失误 | 6分以下 |

正手攻球动作要领：（以右手执拍为例）两脚与肩同宽，左脚稍前，身体略向右转，重心在右脚。击球前，转体摆臂，小臂横摆至体侧，拍面垂直或稍前倾，球拍成半横状，使拍面正对来球路线，在来球的上升期或高点期大臂带动小臂向前击球的中上部，以小臂发力为主，手腕配合小臂内漩，拇指压拍，小臂放松挥拍至额头前，重心随挥拍移动至左脚，接着迅速还原。

### 3.左推右攻技术考试30分，其中达标20分；技评10分

学生两人一组进行测试，考试者必须在左半台推（拨）一板球，然后运用并步移动到右半台攻一板球为1组，并且始终将球回击到陪练者反手位1/2台范围内。如果在考试过程中考试者没有用并步或将球回击到限制区以外，以及陪练者连续将球回击到考试者任意一个1/2台之内的球不计数。每个学生有3次球机会（两人交替进行测试），记录最高一次连续击球组数（如图6-6-6所示）。

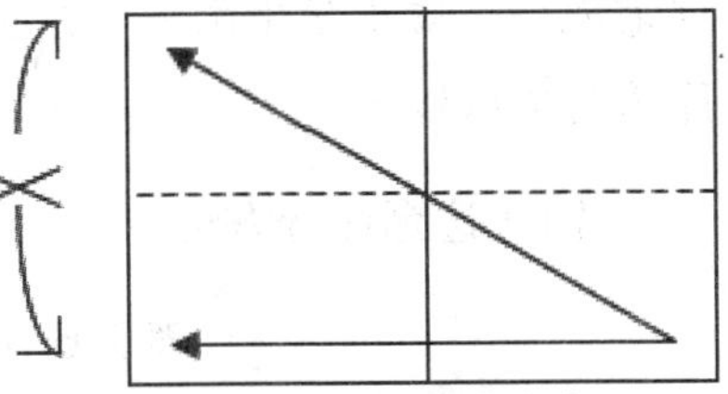
图6-6-6　左推右攻技术

（1）达标评分方法

**表6-6-5　左推右攻技术达标评分标准**

| 板数 | 男生 | ≥15 | 14 | 13 | 12 | 11 | 10 | 9 | 8 | 7 | 6 | 5 |
|---|---|---|---|---|---|---|---|---|---|---|---|---|
| | 女生 | ≥12 | 11 | 10 | 9 | 8 | 7 | 6 | 5 | 4 | 3 | 2 |
| 分值（分） | | 20 | 19 | 18 | 17 | 16 | 15 | 14 | 13 | 12 | 11 | 10 |

注：推一板球并步移动后再攻一板球为一组，如果男生打不到5组、女生打

不到2组，则该项技术达标部分无成绩。

（2）技术评分方法

**表6-6-6　左推右攻技术评分标准**

| 评分标准 | 分值（分） |
|---|---|
| 技术动作正确、规范，步法移动与正、反手击球节奏合理，击球点准确，身体重心平稳，动作连贯自如 | 9～10分 |
| 技术动作基本正确、较协调，击球过程较连贯，节奏合理 | 8～9分 |
| 动作僵硬，不协调，击球点不准确，节奏较差，但无根本性错误 | 6～7分 |
| 动作有严重失误 | 6分以下 |

（3）左推右攻技术要点

①运用并步移动在全台范围内进行连续的推攻练习。

②左右调节拍形时，应在身前和台面上方，尽量使移动路线最短。

③食指拇指交替用力。（推时，食指用力；攻时，拇指用力。）

4.搓球技术考试30分，其中达标20分；技评10分

学生连续对搓球，可随意运用正、反手搓球技术，根据成功板数和技术质量评定成绩。要求学生两人一组进行测试，每组学生有3次球机会，记录最高一次连续对搓球板数。

（1）达标评分方法

**表6-6-7　搓球技术达标评分标准**

| 板数 | 男生 | ≥20 | 19 | 18 | 17 | 16 | 15 | 14 | 13 | 12 | 11 | 10 |
|---|---|---|---|---|---|---|---|---|---|---|---|---|
| | 女生 | ≥15 | 14 | 13 | 12 | 11 | 10 | 9 | 8 | 7 | 6 | 5 |
| 分值（分） | | 20 | 19 | 18 | 17 | 16 | 15 | 14 | 13 | 12 | 11 | 10 |

注：球1个来回为1板，如果男生打不到10板、女生打不到5板，则该项技术达标部分无成绩。

（2）技评评分方法

**表6-6-8　搓球技术评分标准**

| 评分标准 | 分值（分） |
|---|---|
| 动作正确、规范，击球时期、部位准确且弧线较低，上、下肢配合协调，有明显的摩擦球动作 | 9～10分 |

续表

| 评分标准 | 分值（分） |
|---|---|
| 动作基本正确、较协调，击球过程较连贯，节奏合理 | 8 ~ 9分 |
| 动作僵硬，击球点不准确，搓球无旋转，但无明显错误 | 6 ~ 7分 |
| 动作有严重失误 | 6分以下 |

反手搓球动作要领：站位近台，左脚稍前，两膝微屈，重心稍降低，上臂摆动向左后上方引拍，拍面后仰。击球时，前臂带动手腕，以肘关节为轴向前下方挥摆，在来球的下降期击球的中下部。击球瞬间，手腕辅助发力。击球后，前臂顺势前送。

## 七、教学进度

### （一）乒乓球初级教学进度

表6-6-9　乒乓球初级教学进度

| 周次 | 教学内容 | 教学要求 |
|---|---|---|
| 1 | 1. 编班，开课导言：<br>（1）介绍本课教学内容及考核方法；<br>（2）乒乓球运动概述；<br>2. 熟悉球性练习；<br>3. 恢复体力 | 1. 宣布课堂常规，提高学生练习的自觉性和纪律性；通过讲解乒乓球运动概述和发展态势，提高学生的学习兴趣；<br>2. 通过相关练习恢复学生体能 |
| 2 | 1. 介绍乒乓球拍的种类和性质；<br>2. 学习握拍法、准备姿势和基本站位；<br>3. 学习推挡球技术；<br>4. 耐力练习 | 1. 了解乒乓球拍的种类和性质；<br>2. 熟练掌握握拍法、准备姿势和基本站位；<br>3. 初步掌握推挡球技术；<br>4. 通过长距离跑恢复学生的体能 |
| 3 | 1. 复习推挡球技术；<br>2. 介绍乒乓球常用术语：球台术语、击球路线、击球时间、击球部位、拍面方向；<br>3. 学习平击发球技术；<br>4. 耐力练习 | 1. 改善推挡球技术，基本掌握动作要领；<br>2. 通过讲解乒乓球常用术语，便于学生对今后的教学内容的理解；<br>3. 学会抛球动作、掌握抛发球节奏 |
| 4 | 1. 复习平击发球技术；<br>2. 复习推挡球技术；<br>3. 学习正手攻球技术 | 1. 熟练掌握平击发球技术；<br>2. 提高推挡球的板数和击球质量；<br>3. 体会正手攻球动作 |

续表

| 周次 | 教学内容 | 教学要求 |
| --- | --- | --- |
| 5 | 1. 复习推挡球技术；<br>2. 介绍合理击球的动作结构：步法移<br>动与选位、引拍、迎球挥拍、球拍触球、随势挥拍、还原；<br>3. 复习正手攻球技术；<br>4. 耐力练习 | 1. 提高推挡球的稳定性和熟练性；<br>2. 通过讲解合理击球的动作结构，便于学生在今后的练习中自觉体会，快速提高技术水平；<br>3. 掌握正手攻球拍触球动作和挥拍轨迹 |
| 6 | 1. 复习推挡球技术；<br>2. 学习基本步法：单步、并步；<br>3. 学习推挡变线技术；<br>4. 耐力练习 | 1. 提高推挡球的稳定性和熟练性；<br>2. 通过学习单步和并步，提高步法移动能力；<br>3. 推挡变线要打开角度，调动对方移动 |
| 7 | 1. 复习基本步法：单步、并步；<br>2. 复习推挡变线技术；<br>3. 复习正手攻球技术；<br>4. 身体素质考试：女生 800 米跑、男生 1000 米跑 | 1. 熟练掌握单步和并步；<br>2. 掌握变线技术，打开角度，调动对方移动；<br>3. 提高正手攻球的动作质量；<br>4. 按考试要求进行身体素质考试 |
| 8 | 1. 复习推挡球技术；<br>2. 复习正手攻球技术；<br>3. 学习正手发下旋球和反手搓球技术；<br>4. 身体素质练习：女生仰卧起坐、男生引体向上 | 1. 改进推挡球和正手攻球技术，提高板数和击球质量，纠正错误动作；<br>2. 体会发下旋球和搓球拍触球动作；<br>3. 发展学生的腰腹和上肢力量 |
| 9 | 1. 复习正手攻球技术；<br>2. 复习正手发下旋球和反手搓球技术；<br>3. 学习正手搓球技术；<br>4. 身体素质练习：女生仰卧起坐、男生引体向上 | 1. 改进推挡球和正手攻球技术，提高板数和击球质量，纠正错误动作；<br>2. 掌握发下旋球和搓球拍触球动作；<br>3. 发展学生的腰腹和上肢力量 |
| 10 | 1. 复习所学过的技术；<br>2. 介绍乒乓球单打比赛裁判知识；<br>3. 教学比赛：单打比赛 | 1. 提高击球质量和控球能力；<br>2. 了解乒乓球单打比赛裁判知识；<br>3. 培养学生的实战能力 |
| 11 | 1. 复习考试内容；<br>2. 介绍乒乓球双打与双打比赛裁判知识；<br>3. 教学比赛：双打比赛 | 1. 进一步改进考试技术，提高动作质量；<br>2. 了解乒乓球双打比赛裁判知识；<br>3. 学生积极参与双打比赛 |

续表

| 周次 | 教学内容 | 教学要求 |
| --- | --- | --- |
| 12 | 1. 复习考试内容；<br>2. 身体素质考试：女生仰卧起坐、男生引体向上 | 1. 熟练掌握考试技术；<br>2. 按考试要求进行身体素质考试 |
| 13 | 1. 推挡球技术考试；<br>2. 复习正手攻球技术 | 1. 通过技术考试，检验学生的学习效果；<br>2. 复习正手攻球技术，为下次课考试做准备 |
| 14 | 1. 正手对攻球技术考试；<br>2. 自由练习 | 1. 通过技术考试，检验学生的学习效果；<br>2. 学生可根据自身实际情况进行自选技术练习 |
| 15 | 1. 各项补考；<br>2. 教学比赛 | 1. 教师对没有完成考试内容的同学进行补考；<br>2. 没有补考任务的同学进行教学比赛 |
| 16 | 期末总结 | 教师认真总结授课情况，听取学生对本课的建议，建立良好的教学秩序 |

## （二）乒乓球高级教学进度

表6-6-10　乒乓球高级教学进度

| 周次 | 教学内容 | 教学要求 |
| --- | --- | --- |
| 1 | 1. 编班，开课导言：<br>（1）介绍本课教学内容及考核方法；<br>（2）介绍乒乓球课的特点；<br>2. 熟悉球性练习；<br>3. 恢复体力 | 1. 宣布课堂常规，端正学习态度，提高学生练习的自觉性和纪律性；<br>2. 了解学生基础，以便实施教法；<br>3. 通过相关练习恢复学生体能 |
| 2 | 1. 复习握拍方法 . 准备姿势和基本站位；<br>2. 复习平击发球技术；<br>3. 复习推挡球技术和正手攻球技术；<br>4. 耐力练习 | 1. 通过强调动作要领，帮助无基础学生学习；<br>2. 要求记录板数，熟悉球性，改善击球节奏；<br>3. 通过长距离跑恢复学生的体能 |
| 3 | 1. 复习基本步法：单步和并步；<br>2. 复习正手攻球技术和推挡球技术；<br>3. 学习左推右攻技术；<br>4. 耐力练习 | 1. 提高步法移动能力；<br>2. 提高正、反手控球能力；<br>3. 初步掌握左推右攻技术 |

续表

| 周次 | 教学内容 | 教学要求 |
| --- | --- | --- |
| 4 | 1. 复习正手攻球技术；<br>2. 复习推挡球技术；<br>3. 复习左推右攻技术；<br>4. 耐力练习 | 1. 提高正、反手的准确性；<br>2. 通过强调击球点位置，便于学生在练习中自觉体会，提高快速移动击球的能力 |
| 5 | 1. 正手对攻球练习；<br>2. 复习左推右攻技术；<br>3. 复习正手发下旋球和搓球技术；<br>4. 学习反手发下旋球技术 | 1. 改进正手攻球技术，提高板数和击球质量；<br>2. 改进左推右攻技术，掌握合理的击球节奏；<br>3. 认真体会搓球和发下旋球拍触球的摩擦动作 |
| 6 | 1. 复习推挡球技术；<br>2. 学习基本步法：侧身步；<br>3. 学习推挡、侧身攻球技术；<br>4. 耐力练习 | 1. 加强推挡球的稳定性；<br>2. 熟练掌握侧身步；<br>3. 初步掌握推挡、侧身攻球技术，提高学生的进攻意识 |
| 7 | 1. 复习左推右攻技术；<br>2. 讲解乒乓球基本理论：提高击球质量的五大要素——弧线、速度、力量、旋转和落点；<br>3. 身体素质考试：女生 800 米跑、男生 1000 米跑 | 1. 改进左推右攻技术，提高练习效果；<br>2. 通过讲解提高击球质量的五大要素，便于学生在今后的练习中自觉体会，快速提高技术水平；<br>3. 按考试要求进行身体素质考试 |
| 8 | 1. 复习考试内容；<br>2. 学习发侧旋球技术；<br>3. 学习正手拉弧圈球技术；<br>4. 身体素质练习：女生仰卧起坐、男生引体向上 | 1. 提高考试技术的稳定性和熟练性，纠正错误；<br>2. 体会发侧旋球和发下旋球拍触球动作的区别；<br>3. 初步掌握正手拉弧圈球技术，提高学生对付下旋球的能力 |
| 9 | 1. 复习考试内容；<br>2. 复习发球与接发球技术；<br>3. 介绍发球抢攻战术（前三板技术）；<br>4. 身体素质练习：女生仰卧起坐、男生引体向上 | 1. 提高考试技术的稳定性和熟练性，纠正错误；<br>2. 培养学生前三板意识；<br>3. 发展学生的腰腹和上肢力量 |
| 10 | 1. 讲解乒乓球临场裁判法及裁判员手势；<br>2. 教学比赛（学生裁判实习） | 1. 使学生了解乒乓球临场裁判法，并能够合理运用；<br>2. 通过教学比赛，提高学生综合运用所学技术的能力，学生初步实践临场裁判工作 |

续表

| 周次 | 教学内容 | 教学要求 |
| --- | --- | --- |
| 11 | 1. 讲解乒乓球团体赛的比赛方法；<br>2. 教学比赛：团体赛（学生裁判实习） | 1. 让学生了解乒乓球团体赛的比赛方法；<br>2. 通过团体赛，培养学生的集体主义精神 |
| 12 | 1. 复习考试内容；<br>2. 身体素质考试：女生仰卧起坐、男生引体向上 | 1. 熟练掌握考试技术；<br>2. 按考试要求进行身体素质考试 |
| 13 | 1. 左推右攻技术考试；<br>2. 复习搓球技术 | 1. 通过技术考试，检验学生的学习效果；<br>2. 复习搓球技术，为下次课考试做准备 |
| 14 | 1. 搓球技术考试；<br>2. 自由练习 | 1. 通过技术考试，检验学生的学习效果；<br>2. 学生可根据自身实际情况进行自选技术练习 |
| 15 | 1. 各项补考；<br>2. 教学比赛 | 1. 教师对没有完成考试内容的同学进行补考；<br>2. 没有补考任务的同学进行教学比赛 |
| 16 | 期末总结 | 教师认真总结授课情况，听取学生对本课的建议，建立良好的教学秩序 |

## 第七节　游　泳

### 一、游泳运动简介

游泳（swimming），是人在水的浮力作用下产生向上漂浮，借助浮力通过肢体有规律地运动，使身体在水中有规律运动的技能。游泳运动可分为竞技游泳和实用游泳。竞技游泳是奥林匹克运动会中的第二大项目，它包括蛙泳、仰泳、蝶泳、自由泳；实用游泳又分为侧泳、潜泳、反蛙泳、踩水、救护等。

### 二、教学目标

通过游泳课的学习与锻炼，使学生喜爱游泳运动并积极参与游泳锻炼；掌握游泳运动的基本知识和基本技术；了解游泳运动的竞赛规则和水上救护的基本知识与技术；提高学生对游泳运动的欣赏和鉴赏能力。通过游泳课的学习，提高学生的身体、心理和社会适应能力等方面的综合素质；增强学生体质，健美形体；

培养顽强的意志品质，竞争意识、合作精神；体验游泳运动的乐趣；学会科学的锻炼方法，养成体育锻炼的好习惯。

## 三、教学基本要求

### 1.课程重点

课程教学的重点是使学生掌握游泳运动的知识、技能，及水中应变突发事件的能力。

### 2.课程难点

课程的难点就是如何使学生游泳时适应并克服水的环境，锻炼意志品质促进身心全面发展。

### 3.能力培养要求

（1）初级班：面向游泳技能较低的学生。

①了解游泳运动的基本知识、技术技能和安全卫生常识，初步学会蛙泳的基本技术。

②通过教学培养学生吃苦耐劳，勇敢顽强的意志品质，改善和提高学生心肺等身体机能，提高抗寒、抗病能力，促进身心全面发展。

③了解部分游泳规则和科学锻炼方法，能够欣赏游泳。

（2）提高班：面向游泳技能较高的学生。

①掌握仰泳（或其他）一种基本技术，初步了解游泳的比赛规则和水上救护的基本知识与技术，提高学生对游泳运动的欣赏和鉴赏能力。

②通过教学培养学生独立锻炼身体的能力，学会科学的锻炼方法，树立终身体育观念。

③掌握游泳比赛规则和科学的锻炼方法，并能制订自身练习计划。

## 四、教学内容与学时

课堂教学。

### （一）初级班

1.理论部分

（1）游泳运动概述；（2）游泳运动的安全卫生常识；（3）游泳场地及游泳竞赛规则。

2.实践部分

（1）呼吸和漂浮：①水中呼吸；②水中漂浮（如图6-7-1所示）。

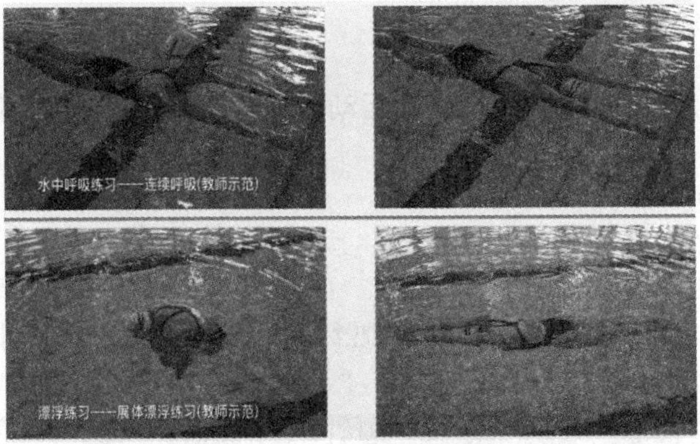


图6-7-1　水中呼吸及漂浮练习

（2）蛙泳技术：①腿部技术；②臂部技术；③完整配合技术；④蛙泳出发及转身技术（如图6-7-2，图6-7-3所示）。

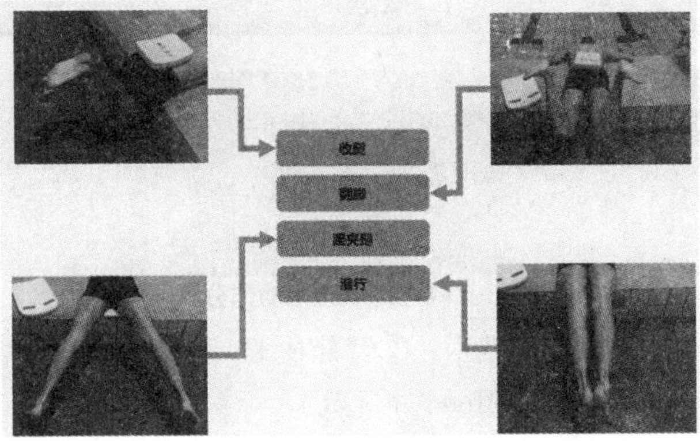


图6-7-2　腿部动作分解

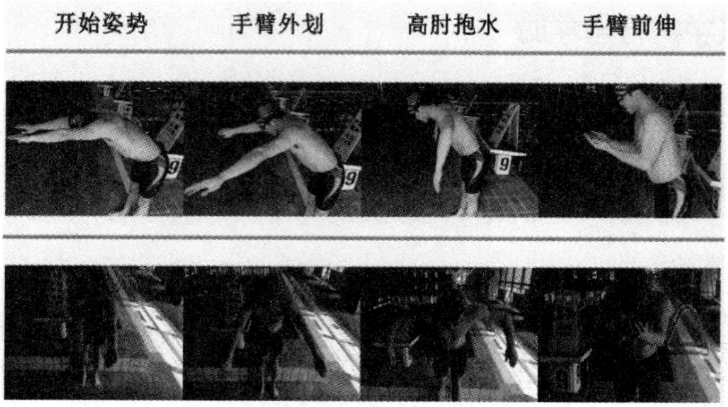

图6-7-3　蛙泳手臂动作分解

## （二）提高班

### 1.理论部分

（1）游泳运动概述；（2）游泳运动的竞赛规则；（3）水中救护的基本知识与技术。

### 2.实践部分

（1）熟悉水性：①水中游戏；②蛙泳长距离游练习；③踩水；④游泳救生方法（如图6-7-4所示）。

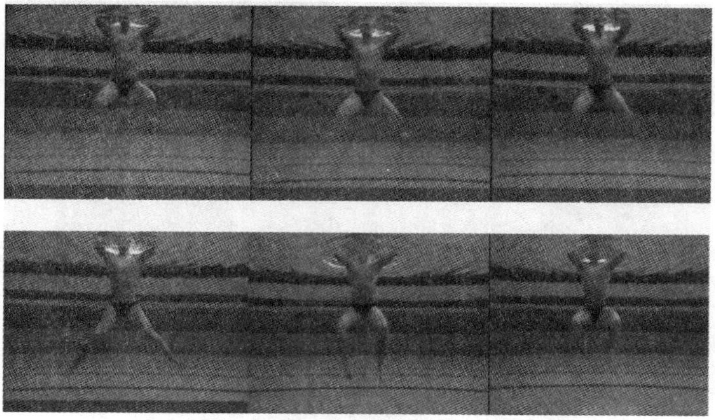
图6-7-4　踩水技术动作分解

（2）仰泳技术：①腿部技术；②臂部技术；③完整动作配合；④仰泳的出发和转身技术（如图6-7-5，图6-7-6所示）。

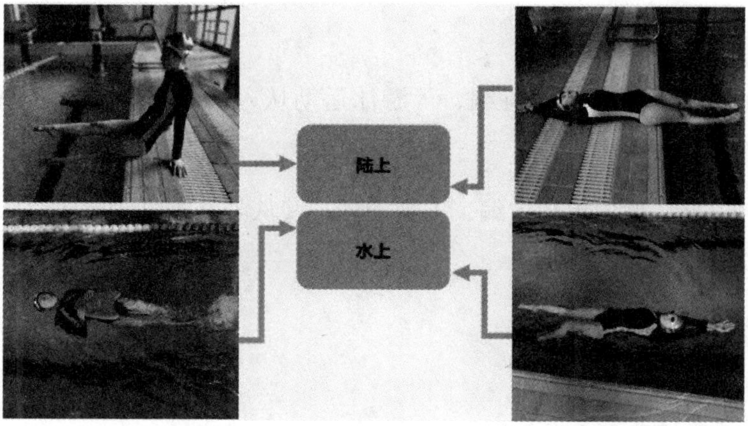


图6-7-5　腿部动作陆上和水上练习

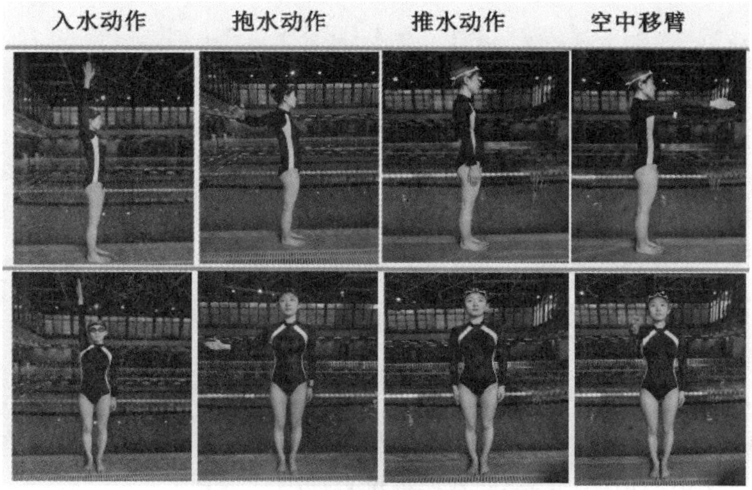


图6-7-6　仰泳手臂动作分解

## 五、教材与参考书

### （一）教材

（1）朱笛、温宇红编，《游泳运动教程》，高等教育出版社，2015年04月，第1版。

（2）游泳运动教程编写组，《游泳运动教程》，北京体育大学出版社，2016年02月，第1版。

### （二）参考书

（1）［美］斯科特·贝编，《游泳运动从入门到精通》，人民邮电出版社，2016年12月，第1版。

（2）［日］堀内善辉主编，王爽威译，《从零开始学游泳》，人民邮电出版社，2015年11月，第1版。

## 六、考核方式

### （一）考核内容

1.初级班

（1）平时成绩：对学生的考勤和学习态度进行评定，分值为10分。

（2）身体素质考核：

①男生1000米跑、女生800米跑10分；

②男生引体向上、女生仰卧起坐10分。

（3）理论成绩：教师对理论试卷进行评定打分，满分10分。

（4）专项技术考核：50米蛙泳技术评分，游距评分和技术评分各占30分，满分为60分（男女生按相同的评分标准进行评定）。

2.提高班

（1）平时成绩：对学生的考勤和学习态度进行评定，分值为10分。

（2）身体素质考核：

①男生1000米跑、女生800米跑15分；

②男生引体向上、女生仰卧起坐15分。

（3）专项技术考核：200米蛙泳游距评分和50 米仰泳技术评分，各30分（男女生按相同的评分标准进行评定）。

### （二）评分标准

表6-7-1　1.50米蛙泳游距评分标准

| 游距 | ≤ 20m | 25m | 30m | 40m | 50m |
|---|---|---|---|---|---|
| 得分（分） | 0 | 5 | 10 | 20 | 30 |

表6-7-2　200米蛙泳游距评分标准

| 游距 | ≤ 25m | 50m | 100m | 150m | 200m |
|---|---|---|---|---|---|
| 得分（分） | 0 | 5 | 10 | 20 | 30 |

表6-7-3　技术考核评分表

| 分值 | 技术评价 |
|---|---|
| 30 ~ 26 分 | 身体位置正确，整体动作配合合理，整体技术连贯协调，节奏性好，具有较高的动作实效 |
| 25 ~ 21 分 | 身体位置正确，整体动作配合合理，整体技术连贯协调，节奏性较好，动作有轻微缺点 |
| 20 ~ 11 分 | 整体技术动作基本符合要求，配合基本合理，动作实效性欠佳，动作有明显错误 |
| 10 分以下 | 整体技术动作不符合要求，配合不合理，动作不协调，动作实效性差 |

## 七、教学进度

### （一）游泳初级教学进度

表6-7-4　游泳初级教学进度

| 周次 | 教学内容 | 教学要求 |
|---|---|---|
| 1 | 1. 游泳运动概述及游泳场馆卫生、安全常识；<br>2. 对每位同学的实际水平进行摸底测试，分班教学；<br>3. 介绍本学期教学内容及评分标准；<br>4. 熟悉水性练习 | 1. 介绍游泳安全常识；<br>2. 严格要求遵守课堂纪律；<br>3. 消除学生恐水心理 |
| 2 | 1. 熟悉水性练习；<br>2. 学习水中呼吸、漂浮、滑行；<br>3. 身体素质练习 | 1. 通过各种熟悉水性练习进一步消除学生恐水心理；<br>2. 恢复体力 |

续表

| 周次 | 教学内容 | 教学要求 |
|---|---|---|
| 3 | 1. 熟悉水性练习；<br>2. 复习水中呼吸、漂浮、滑行；<br>3. 身体素质练习 | 1. 帮助学生克服恐惧心理；<br>2. 逐渐适应水中环境；<br>3. 恢复体力 |
| 4 | 1. 复习水中呼吸、漂浮、滑行；<br>2. 学习蛙泳腿部技术；<br>3. 身体素质练习 | 1. 培养学生对游泳的兴趣；<br>2. 技术讲解由浅入深，由易到难；<br>3. 恢复体力 |
| 5 | 1. 复习蛙泳腿部技术；<br>2. 学习蛙泳腿和呼吸的配合动作；<br>3. 身体素质练习 | 1. 帮助学生克服恐惧心理；<br>2. 熟练掌握蛙泳腿部技术；<br>3. 恢复体力 |
| 6 | 1. 复习蛙泳腿和呼吸的配合动作；<br>2. 学习蛙泳手臂动作；<br>3. 身体素质练习 | 1. 使学生克服恐惧，战胜自我；<br>2. 熟练掌握呼吸和腿的技术；<br>3. 恢复体力 |
| 7 | 1. 复习蛙泳腿和呼吸的配合动作；<br>2. 学习蛙泳手臂动作；<br>3. 身体素质练习 | 1. 培养学生克服恐惧，战胜自我的精神；<br>2. 锻炼身体协调性 |
| 8 | 1. 复习蛙泳手臂、腿、呼吸动作；<br>2. 身体素质考试 | 1. 复习所学内容；<br>2. 进行身体素质考试 |
| 9 | 1. 复习蛙泳手臂、腿、呼吸动作；<br>2. 身体素质考试补考 | 1. 复习所学内容；<br>2. 进行身体素质补考 |
| 10 | 1. 复习蛙泳手臂、腿、呼吸动作；<br>2. 学习蛙泳完整配合动作 | 1. 加强身体的协调性；<br>2. 培养学生挑战自我的精神 |
| 11 | 1. 复习蛙泳完整配合动作；<br>2. 学习蛙泳出发技术 | 1. 纠正学生的蛙泳技术；<br>2. 培养学生对游泳的兴趣 |
| 12 | 1. 复习蛙泳完整配合动作；<br>2. 复习蛙泳出发技术 | 1. 完善蛙泳的技术动作；<br>2. 要求学生基本掌握所学内容 |
| 13 | 1. 复习蛙泳完整配合动作；<br>2. 学习蛙泳转身技术 | 1. 进一步完善蛙泳的技术动作；<br>2. 培养学生不断进取的精神 |
| 14 | 1. 复习蛙泳完整配合动作；<br>2. 复习蛙泳转身技术 | 1. 完善蛙泳的技术动作；<br>2. 加强学生自我锻炼的意识 |
| 15 | 游泳技术考试 | 考查学生对蛙泳技术动作的掌握情况 |
| 16 | 1. 补考；<br>2. 介绍游泳竞赛规则及水中救护基本常识 | 1. 根据具体情况安排；<br>2. 增加学生对游泳运动的了解；<br>3. 总结本学期授课情况 |

续表

## （二）游泳高级教学进度

表6-7-5 游泳高级教学进度

| 周次 | 教学内容 | 教学要求 |
|---|---|---|
| 1 | 1. 游泳运动概述及游泳场馆卫生、安全常识；<br>2. 对每位同学的实际水平进行摸底测试，分班教学；<br>3. 介绍本学期教学内容及评分标准；<br>4. 恢复体力练习 | 1. 介绍游泳安全常识；<br>2. 严格要求遵守课堂纪律；<br>3. 培养学生对游泳的兴趣 |
| 2 | 1. 熟悉水性练习；<br>2. 复习蛙泳技术；<br>3. 身体素质练习 | 1. 通过熟悉水性练习，培养学生对游泳的兴趣；<br>2. 恢复体力 |
| 3 | 1. 巩固蛙泳技术；<br>2. 学习仰泳腿部技术；<br>3. 身体素质练习 | 1. 根据由浅入深，由易到难的顺序逐渐进行；<br>2. 恢复体力 |
| 4 | 1. 巩固蛙泳技术；<br>2. 复习仰泳腿部技术；<br>3. 身体素质练习 | 1. 培养学生克服恐惧，战胜自我的精神；<br>2. 恢复体力 |
| 5 | 1. 巩固仰泳腿部技术；<br>2. 学习仰泳手臂技术；<br>3. 身体素质练习 | 1. 熟练掌握仰泳腿部技术；<br>2. 锻炼身体的灵活性；<br>3. 恢复体力 |
| 6 | 1. 复习仰泳手臂技术；<br>2. 学习仰泳腿部和手臂配合技术；<br>3. 身体素质练习 | 1. 使学生克服恐惧，战胜自我；<br>2. 熟练掌握手臂和腿的技术；<br>3. 恢复体力 |
| 7 | 1. 复习仰泳腿部和手臂配合技术；<br>2. 身体素质练习 | 1. 提高学生的身体灵活性；<br>2. 恢复体力 |
| 8 | 1. 巩固仰泳腿部和手臂配合技术；<br>2. 身体素质考试 | 1. 复习所学内容；<br>2. 进行身体素质考试 |
| 9 | 1. 学习仰泳完整配合技术；<br>2. 身体素质考试补考 | 1. 复习所学内容；<br>2. 进行身体素质补考 |

续表

| 周次 | 教学内容 | 教学要求 |
| --- | --- | --- |
| 10 | 1. 纠正仰泳完整配合技术；<br>2. 学习仰泳出发技术；<br>3. 蛙泳长距离游练习 | 1. 加强身体的协调性；<br>2. 培养学生挑战自我的精神；<br>3. 锻炼体能 |
| 11 | 1. 复习仰泳完整配合技术；<br>2. 复习仰泳出发技术；<br>3. 蛙泳长距离游练习 | 1. 纠正学生的仰泳技术；<br>2. 培养学生对游泳的兴趣；<br>3. 增强体能 |
| 12 | 1. 巩固仰泳完整配合技术；<br>2. 学习仰泳转身技术；<br>3. 蛙泳长距离游练习 | 1. 完善仰泳的技术动作；<br>2. 要求学生基本掌握所学内容；<br>3. 培养学生不断进取的精神 |
| 13 | 1. 巩固仰泳完整配合技术；<br>2. 复习仰泳转身技术；<br>3. 蛙泳长距离游练习 | 1. 进一步完善仰泳的技术动作；<br>2. 培养学生不怕吃苦，不怕累的精神 |
| 14 | 1. 复习蛙泳及仰泳技术；<br>2. 复习蛙泳及仰泳出发转身技术 | 1. 完善蛙泳及仰泳的技术动作；<br>2. 加强学生自我锻炼的意识 |
| 15 | 游泳专项技术考试 | 考查学生对蛙泳技术动作的掌握情况 |
| 16 | 1. 补考；<br>2. 介绍游泳竞赛规则，水中救护常识及游泳锻炼方法 | 1. 根据具体情况安排；<br>2. 增加学生对游泳运动的了解；<br>3. 总结本学期授课情况 |

## 第八节　素质拓展

### 一、项目简介

素质拓展，又称拓展训练、外展训练（outward bound），原意为一艘小船驶离平静的港湾，义无反顾地投向未知的旅程，去迎接一次次挑战，去战胜一个个困难。素质拓展暨外展训练在经历了40年代的创始、50年代的扩大规模、60年代的长足发展、70年代的稳固和80年代的国际化之后，到今天，已在全世界五大洲建立了近40所学校，设在英国的总部是世界各地外展训练活动的中心，外展训练强调安全第一，提倡环境保护，其宣言是：激发自尊，关心他人，服务社会，放眼世界。

## 二、教学目标

素质拓展课是通过精心设计的情境，运用户外活动形式，使学生在身体、心理、社会适应能力、参与性、生存技能五个目标领域得到全面发展。本课程通过体验、反思、总结和应用四个环节，使大学生不仅可以磨炼克服困难的毅力和勇气，挖掘自身的潜能，挑战自身的极限，还可以培养其健康的心理素质和积极进取的人生态度，培养他们的创新精神及实践动手能力。

## 三、教学基本要求

### 1.课程重点

本课程以运动能力、体育品德、锻炼行为习惯为重点。在运动能力方面，强调人体基本的走、跑、跳等能力培养，以及力量素质、耐力素质、灵敏素质等方面的提高；体育品德方面，强调体育精神品质的培养；锻炼习惯方面，强调体育健身的能力培养和行为习惯的养成。

### 2.课程难点

课程的难点就是如何使学生将课程上的体验和总结应用到实践，启迪和指导今后的学习和生活。

### 3.能力培养要求

开始部分为融冰课，使学生相互熟悉并形成团队。在随后的项目设置中，结合学校体育课程的特点，坚持拓展训练的理念，例如：沟通交流、领导力、执行、决策、团队合作等。根据学校拓展教学设施情况可以适当安排低空项目、户外运动知识、趣味定向等活动项目。

## 四、教学内容与学时

课堂教学。

1.理论部分

（1）课程介绍：拓展训练与体验式学习介绍，包括拓展的起源、发展、意义和价值、课程的要求和注意事项。

（2）户外运动的相关知识。

（3）破冰：团队建设，形成团队特定的运动文化。

2.实践部分

（1）基本项目：

破冰、拓展游戏、超音速、急速60秒、龙卷风、能量传输线、翻叶子、团队的脚步、激情节拍、卓越圈、蛟龙出海、击鼓、挑战No.1、挑战150、校园定向、盲人方阵、信任之旅、雷阵、孤岛求生、打绳结、七巧板、驿站传书、交通堵塞、无敌风火轮、有轨电车等。

（2）分享：完成每个项目后，进行讨论，分享项目背后的意义和价值。

（3）身体素质练习：男生1000米跑和引体向上；女生800米跑和仰卧起坐。

## 五、教材与参考书

### （一）教材

（1）和立新编，《拓展训练》，群众出版社，2014年，第1版。

（2）董范等编，《户外运动学》，中国地质大学出版社，2009年，第1版。

### （二）参考书

（1）杨铁黎等编，《课外体育活动指导》，高等教育出版社，2014年，第1版。

（2）阿荞等编，《五花八门的助兴游戏》，北京体育大学出版社，2009年，第1版。

# 六、考核方式

## （一）考核内容

（1）平时成绩：对学生的考勤和学习态度进行评定，分值为10分。

（2）身体素质考核：

1000米跑（男）、800米跑（女）和引体向上（男）、仰卧起坐（女）各15分。

（3）专项技术考核：60分。以过程评价占20分和终极团队挑战赛占40分。其中过程评价采用累加积分的形式，进行评分。

## （二）评分标准

表6-8-1　挑战150分评分标准

| 分值（分） | 40 | 38 | 36 | 34 | 32 | 30 | 25 | 20 |
|---|---|---|---|---|---|---|---|---|
| 时间（秒） | 150 | 165 | 210 | 240 | 270 | 300 | 350 | 400 |

注：有理论考试的学期，两项素质考试各占10%即20分；理论占10%即10分。

# 七、教学进度

## （一）素质拓展初级进度

表6-8-2　素质拓展初级进度（适合秋季学期）

| 周次 | 教学内容 | 教学要求 |
|---|---|---|
| 1 | 1. 编班，开课导言，课堂要求；<br>2. 体能训练：慢跑1200米 | 1. 提出课堂常规和安全注意事项；<br>2. 使学生相互熟悉和了解；<br>3. 恢复体能 |
| 2 | 1. 团队建设与展示；<br>2. 体能训练：慢跑1200米 | 1. 初步形成团队文化；<br>2. 进行展示体能锻炼 |
| 3 | 1. 团队热身游戏；<br>2. 能量传输线 | 1. 提高团队凝聚力；<br>2. 学习沟通、协作 |
| 4 | 1. 团队热身游戏；<br>2. 卓越圈 | 1. 学会信任与被信任，责任和义务；<br>2. 增强学员挑战自我的勇气 |

续表

| 周次 | 教学内容 | 教学要求 |
|---|---|---|
| 5 | 1. 团队热身游戏；<br>2. 翻叶子 | 1. 提高团队凝聚力；<br>2. 学习沟通、协作 |
| 6 | 1. 团队热身游戏；<br>2. 团队的脚步 | 1. 增进沟通与协作能力；<br>2. 发展跳跃能力和协调性 |
| 7 | 1. 团队热身游戏；<br>2. 身体素质考试：1000 米 /800 米跑 | 通过考试发展学生的心肺机能 |
| 8 | 1. 团队热身游戏；<br>2. 击鼓颠球 | 1. 面对困难时的互助精神，培养团队意识；<br>2. 发展学生的体能 |
| 9 | 1. 团队热身游戏；<br>2. 超音速 | 1. 提高沟通技巧；<br>2. 提高决策能力 |
| 10 | 1. 团队热身游戏；<br>2. 急速 60 秒；<br>3. 身体素质练习：俯卧撑 / 仰卧起坐 | 1. 培养学生沟通合作的能力；<br>2. 发展体能 |
| 11 | 1. 团队热身游戏；<br>2. 蛟龙出海 | 1. 增进沟通与协作能力；<br>2. 发展协调能力 |
| 12 | 1. 团队热身游戏；<br>2. 趣味校园定向 | 1. 发展学生解决问题的能力；<br>2. 发展心肺机能 |
| 13 | 1. 团队热身游戏；<br>2. 旋风跑 | 1. 发展学生解决问题的能力；<br>2. 发展上肢力量及协作能力 |
| 14 | 1. 团队热身活动；<br>2. 挑战 No.1 | 1. 培养学生沟通、合作、管理能力；<br>2. 培养克服困难的意志品质 |
| 15 | 1. 团队热身活动；<br>2. 挑战 150 | 1. 培养体育精神和品质；<br>2. 对学期课程进行最终考核 |
| 16 | 1. 学期总结；<br>2. 身体素质考试：俯卧撑 / 仰卧起坐 | 1. 教师认真总结授课情况；<br>2. 听取学生对本课的建议 |

## （二）素质拓展高级进度

表6-8-3 素质拓展高级进度（适合春季）

| 周次 | 教学内容 | 教学要求 |
|---|---|---|
| 1 | 1. 编班，开课导言，课堂要求；<br>2. 体能训练：慢跑 1200 米 | 1. 提出课堂常规和安全注意事项；<br>2. 使学生相互熟悉和了解；<br>3. 恢复体能 |

续表

| 周次 | 教学内容 | 教学要求 |
|---|---|---|
| 2 | 1. 团队建设与展示；<br>2. 体能训练：慢跑 1200 米 | 1. 初步形成团队文化；<br>2. 进行展示体能锻炼 |
| 3 | 1. 团队热身游戏；<br>2. 卓越圈 | 1. 学会信任与被信任，责任和义务；<br>2. 增强学员挑战自我的勇气 |
| 4 | 1. 团队热身游戏；<br>2. 趣味校园定向 | 1. 发展学生解决问题的能力；<br>2. 发展心肺机能 |
| 5 | 1. 团队热身游戏；<br>2, 团队的脚步 | 1. 增进沟通与协作能力；<br>2. 发展跳跃能力和协调性 |
| 6 | 1. 团队热身游戏；<br>2. 共赴前程 | 1. 增进沟通与协作能力；<br>2. 发展协调能力 |
| 7 | 1. 团队热身游戏；<br>2. 身体素质考试：1000 米 /800 米 | 1. 通过考试发展学生的心肺机能 |
| 8 | 1. 团队热身游戏；<br>2. 击鼓颠球 | 1. 面对困难时的互助精神，培养团队意识；<br>2. 发展学生的体能 |
| 9 | 1. 团队热身游戏；<br>2. 超音速 | 1. 提高沟通技巧；<br>2. 提高决策能力 |
| 10 | 1. 团队热身游戏；<br>2. 急速 60 秒；<br>3. 身体素质练习：俯卧撑 / 仰卧起坐 | 1. 培养学生沟通合作的能力；<br>2. 发展体能 |
| 11 | 1. 团队热身游戏；<br>2. 翻叶子 | 1. 提高团队凝聚力；<br>2. 学习沟通、协作 |
| 12 | 1. 团队热身游戏；<br>2. 能量传输线 | 1. 提高团队凝聚力；<br>2. 学习沟通、协作 |
| 13 | 1. 团队热身游戏；<br>2. 呼吸的力量 | 1. 发展学生解决问题的能力；<br>2. 发展上肢力量及协作能力 |
| 14 | 1. 团队热身活动；<br>2. 挑战 No.1 | 1. 培养学生沟通、合作、管理能力；<br>2. 培养克服困难的意志品质 |
| 15 | 1. 团队热身活动；<br>2. 挑战 150 | 1. 培养体育精神和品质；<br>2. 对学期课程进行最终考核 |
| 16 | 1. 学期总结；<br>2. 身体素质考试：俯卧撑 / 仰卧起坐 | 1. 教师认真总结授课情况；<br>2. 听取学生对本课的建议 |

# 第九节　攀　岩

## 一、项目简介

攀岩课是一项融健身、竞技、娱乐、观赏、惊险于一体的一项极具挑战性的新兴体育课程。通过攀岩课的学习与锻炼，使学生喜爱攀岩运动，体验攀岩运动的乐趣，掌握攀岩运动的基本知识和基本技术，提高学生身体的力量、耐力、协调、柔韧、平衡能力和智慧，增强学生体质，培养顽强的意志品质，竞争意识、合作精神，逐步形成自觉锻炼的习惯和终身体育的意识。

## 二、教学目标

发展大学生攀岩能力及手臂力量。培养大学生勇敢的品质，勇于向上攀登的精神。

## 三、教学基本要求

### 1.课程重点

攀岩课的重点是使学生掌握攀登技能和技巧，学习基本的户外技能，培养学生挑战自我、不畏艰险、不放弃不抛弃的一种精神。从而培养当代大学生在现实生活中的困境面前，保持一种积极乐观的态度；在现实生活中某些突发事件中，能够运用课堂中的一些基本技能完成自救和他救。

### 2.课程难点

攀岩课的难点是如何提高学生的兴趣，如何将单调无味的攀爬变得趣味横生；结合本校实际，如何解决岩壁资源缺乏和学生人数较多之间的矛盾。

### 3.能力培养要求

掌握攀岩运动的基本知识和基本技术，提高学生身体的力量、耐力、协调、柔韧、平衡能力和智慧，增强学生体质，培养顽强的意志品质，竞争意识、合作精神，逐步形成自觉锻炼的习惯和终身体育的意识。

## 四、教学内容与学时

初级内容与学时。

课堂教学。

### 1.理论知识

（1）攀岩运动概述（起源、发展、功能、分类）。

（2）介绍攀岩基本装备。

（3）攀岩竞赛规则与裁判法简介。

（4）攀岩运动特点及对身体锻炼价值。

（5）攀岩精彩视频片段欣赏。

（6）介绍体育基本知识与奥林匹克运动。

### 2.攀登技术与身体素质练习

（1）攀岩的身体姿势。

（2）攀岩的手臂和脚部动作技术。

（3）攀岩的手脚配合技术。

（4）攀岩的平衡技术。

（5）专项身体素质练习：力量素质—俯卧撑；柔韧素质—横劈叉和竖劈叉。

### 3.保护技术与身体素质练习

（1）五步收绳法。

（2）专项身体素质练习：蛙跳。

### 4.攀登形式与身体素质练习

（1）顶绳攀登。

（2）抱石（攀石）、抱石保护。

（3）专项身体素质练习：平衡技巧——单脚站立及蹲点练习；力量素质——引体向上。

5.绳结技术与身体素质练习

（1）户外绳结技术。

（2）专项身体素质练习：蛙跳；肌肉耐力——挂臂悬垂练习。

## 五、高级内容与学时

课堂教学。

1.理论知识

（1）攀岩运动概述（起源、发展、功能、分类）。

（2）介绍攀岩基本装备。

（3）攀岩竞赛规则与裁判法简介。

（4）攀岩运动特点及对身体锻炼价值。

（5）攀岩精彩视频片段欣赏。

2.复习、提高上学期的内容

（1）复习攀岩运动中的基本手脚技术动作。

（2）复习攀岩运动中的基本保护法：五步收绳法。

（3）复习抱石保护技术。

（4）运用综合技术进行抱石练习。

3.学习攀岩技术与身体素质练习

（1）学习攀岩技术动作：扭膝技术。

（2）学习扭身锁定技术动作。

（3）组合动作练习：扭身锁定+扭膝、扭身锁定+侧蹬。

（4）学习同手同脚技术和脚上手点技术动作。

（5）学习攀登过程中的休息动作。

（6）专项素质练习：手指爆发力练习。

### 4.学习攀岩形式与身体素质练习

（1）学习先锋攀登。

（2）学习先锋攀登中的保护技术。

（3）练习先锋攀登中保护绳与快挂连接的方法。

（4）专项身体素质练习：腹部肌肉爆发力；上肢肌肉耐力训练——静态曲臂悬垂。

### 5.学习基本户外技能

（1）学习岩降技术。

（2）学习岩降中的保护技术。

（3）进一步学习绳结技术。

## 五、教材与参考书

### （一）教材

（1）董范、曹志凯、牛小洪编，《户外运动学》，中国地质大学出版社，2014年，第2版。

（2）王文生编，《户外运动》，高等教育出版社，2014年，第1版。

（3）张瑞林 闻兰编，《户外运动》，高等教育出版社，2005年，第2版。

### （二）参考书

（1）刘桂萍编，《大众体育系列户外运动》，合肥工业大学出版社，2016年，第1版。

（2）郑正编著，《学校户外运动安全指导》，四川大学出版社，2008年，第1版。

（3）Nigel Shepherd编著，《攀岩圣经—攀岩运动必备指南》，机械工业出版社，2016年，第1版。

## 六、考核方式

### （一）考核内容

#### 1.初级考核内容

（1）平时成绩：对学生的考勤和学习态度进行评定，分值为10分。

（2）身体素质考核：

①男生1000米跑、女生800米跑10分；

②男生引体向上、女生仰卧起坐10分。

（3）理论成绩：教师对理论试卷进行评定打分，满分10分。

（4）专项技术考核：60分。以完成顶绳攀登、绳结技术掌握、和保护技术评定为技术考核部分。其中顶绳攀登占总分40%，即40分；绳结技术占总分20%，即20分；保护技术为必考项目，不加分，但每出现一次错误从总分中扣2分。

#### 2.提高考核内容

（1）平时成绩：对学生的考勤和学习态度进行评定，分值为10分。

（2）身体素质考核：

①男生1000米跑、女生800米跑15分；

②男生引体向上、女生仰卧起坐15分。

（3）专项技术考核：60分。以完成先锋攀登、绳结技术掌握、和保护技术评定为技术考核部分。其中先锋攀登占总分40%，即40分；绳结技术占总分20%，即20分；保护技术为必考项目，不加分，但每出现一次错误从总分中扣2分。

## （二）评分标准

表6-9-1　评分标准

| 考试内容 | 评分标准 | | | |
|---|---|---|---|---|
| 绳结技术（20分） | 优<br>15～20分 | 良<br>10～15分 | 合格<br>5～10分 | |
| | 能正确说出绳结的类型、作用、用途和性质；正确熟练地打出美观、合理的绳结 | 能说出绳结的类型、作用、用途和性质；正确熟练地地打出合理的绳结 | 基本上能说出绳结的类型、作用、用途和性质；正确地打出绳结 | |
| 攀登技术（40分） | 参数 分值 | 35～40分 | 30～35分 | 25～30分 |
| | 动作规格 | 攀爬技术合理、规范，完成质量高 | 攀爬技术合理，完成质量较高 | 攀爬动作技术运用基本合理 |
| | 攀爬高度或远度 | 完攀规定的线路，中间没有一次脱落 | 完成规定的线路的四分之三以上，并有一次脱落 | 完成规定线路的一半，并有两次脱落 |
| | 动作稳定性和协调性 | 稳定性好，动作协调、流畅 | 稳定性较好，动作协调和流畅性一般 | 稳定性和协调性较差 |
| 保护技术 | 法式五步保护法<br>能够正确使用安全带、主锁、八字环、头盔等装备<br>注：本考试项目必考，不加分，但每出现一次错误从总分中扣除2分，扣完为止 | | | |

## 七、教学进度

### （一）攀岩初级教学进度

表6-9-2　攀岩初级教学进度

| 周次 | 教学内容 | 教学要求 |
| --- | --- | --- |
| 1 | 1. 编班、开课导言；<br>2. 介绍本学期内容和考核方法；<br>3. 宣布课堂常规和安全注意事项；<br>4. 慢跑 1200 米 | 1. 使学生之间相互了解和熟悉；<br>2. 使学生了解课堂常规和注意事项；<br>3. 恢复体力 |
| 2 | 1. 理论课：攀岩运动的起源与发展、锻炼价值；<br>2. 认识和介绍攀岩装备；<br>3. 学生相互认识 | 1. 使学生掌握攀岩基本理论知识；<br>2. 熟悉攀岩运动中的常用装备名称和注意事项；<br>3. 加深学生之间的了解便于课程的开展 |
| 3 | 1. 介绍攀岩运动中手抓岩点和脚踩岩点的方法；<br>2. 介绍攀岩运动中的基本攀登原则；<br>3. 学习攀岩运动中的基本保护法：五步收绳法 | 1. 学习并掌握几种常用的抓点手法和踩点教法；<br>2. 认识保护的重要性；<br>3. 掌握保护要领 |
| 4 | 1. 学习攀岩脚部动作技术：换脚；<br>2. 学习攀岩手部动作技术：交叉手；<br>3. 专项身体素质练习：力量素质——俯卧撑 | 1. 认识到脚部和腿部在攀岩中的重要作用；<br>2. 基本掌握脚步技术和手部技术；<br>3. 学会用脚支撑体重，用手维持平衡 |
| 5 | 1. 学习攀岩脚部动作技术：交叉脚；<br>2. 学习攀岩手部动作技术：换手；<br>3. 复习换脚和交叉手技术 | 1. 复习前面所学基本技术；<br>2. 进一步学习脚部和手部基本动作；<br>3. 学会手脚协调攀爬 |
| 6 | 1. 复习手脚基本动作；<br>2. 学习攀登过程中的休息动作；<br>3. 专项身体素质练习：柔韧素质——横劈叉和竖劈叉 | 1. 进一步巩固手脚基本动作；<br>2. 认识到休息在攀岩中的重要性；<br>3. 发展柔韧性利于技术的提高 |
| 7 | 1. 介绍顶绳攀登；<br>2. 运用所学技术学习并体验顶绳攀登中的速度攀登；<br>3. 专项身体素质练习：平衡技巧——单脚站立及蹲点练习 | 1. 学习顶绳攀登；<br>2. 在实践中进一步提高和巩固前面所学习的攀登基础动作；<br>3. 学会用脚支撑体重，用手维持身体平衡 |

续表

| 周次 | 教学内容 | 教学要求 |
|---|---|---|
| 8 | 1. 学习侧蹬技术；<br>2. 运用侧蹬技术进行攀石练习；<br>3. 运用侧蹬技术体验顶绳攀登 | 1. 了解侧蹬技术运用的原理和时机；<br>2. 在攀登体验中学习运用侧蹬技术；<br>3. 提高顶绳攀登技巧 |
| 9 | 1. 学习抱石路线的设计和保护；<br>2. 复习前面所学的攀登技术；<br>3. 身体素质测试：800 米跑或 1000 米 | 1. 激发学生对抱石线路设计的兴趣和对抱石线路攀爬的欲望；<br>2. 认识到抱石保护的重要性和方法；<br>3. 在抱石练习中全面巩固和提高攀登技术 |
| 10 | 1. 练习抱石及保护；<br>2. 复习考核内容：抱石线路；<br>3. 专项身体素质练习：力量素质——引体向上 | 1. 进一步提高抱石保护的技术；<br>2. 复习抱石路线为考试做准备；<br>3. 增强上肢臂力 |
| 11 | 1. 考试：抱石；<br>2. 考试：抱石保护；<br>3. 补测 800 米跑或 1000 米跑 | 1. 以特定形式检验学生的抱石技能；<br>2. 以特定形式检验学生的抱石保护技能；<br>3. 身体素质考试补测 |
| 12 | 1. 介绍户外绳结技术的应用和分类；<br>2. 学习户外基本技能：绳结技术；<br>3. 专项身体素质练习：蛙跳 | 1. 了解户外绳结的重要性和基本理论知识；<br>2. 掌握户外常用绳结的打法、应用原理和特点；<br>3. 发展学生下肢力量和爆发力 |
| 13 | 1.介绍体育功能和运动卫生保健知识；<br>2. 讲解运动损伤原因及预防；<br>3. 介绍科大体育课程设置；<br>4. 奥林匹克运动相关知识 | 1. 了解体育理论基本知识；<br>2. 培养科学锻炼的意识；<br>3. 了解奥林匹克运动 |
| 14 | 1. 考试绳结技术；<br>2. 复习保护技术：五步收绳法；<br>3. 专项身体素质练习：肌肉耐力——挂臂悬垂练习 | 1. 以特定的形式检验学生绳结掌握情况；<br>2. 进一步复习和巩固保护技术为考试做准备；<br>3. 增强学生肌肉耐疲劳能力 |
| 15 | 1. 考试五步收绳法；<br>2. 素质考试；<br>3. 绳结技术补考 | 1. 以特定的形式检验学生保护技术掌握情况；<br>2. 室内测定身体素质；<br>3. 绳结技术补考 |
| 16 | 1. 综合补考；<br>2. 学生代表学期总结发言；<br>3. 教师进行学期大总结 | 1. 给个别学生进行补考；<br>2. 就本学期的总体上课情况给学生做全面总结；<br>3. 学生对本学期学习情况总结以及对本课程的感悟 |

## （二）攀岩初级教学进度

表6-9-3　攀岩高级教学进度

| 周次 | 教学内容 | 教学要求 |
|---|---|---|
| 1 | 1. 编班、开课导言；<br>2. 介绍本学期内容和考核方法；<br>3. 宣布课堂常规和安全注意事项；<br>4. 慢跑 1200 米 | 1. 使学生之间相互了解和熟悉；<br>2. 使学生了解课堂常规和注意事项；<br>3. 恢复体力 |
| 2 | 1. 理论课：攀岩运动的起源与发展、锻炼价值；<br>2. 认识和介绍攀岩装备；<br>3. 学生之间相互了解 | 1. 使学生掌握攀岩基本理论知识；<br>2. 熟悉攀岩运动中的常用装备名称和注意事项；<br>3. 加深学生之间的了解便于课程的开展 |
| 3 | 1. 复习攀岩运动中的基本手脚技术动作；<br>2. 复习攀岩运动中的基本保护法：五步收绳法；<br>3. 练习抱石 | 1. 复习并熟练运用常用的手脚技术动作；<br>2. 认识保护的重要性；<br>3. 复习基本保护动作要领 |
| 4 | 1. 复习抱石保护技术；<br>2. 学习攀岩技术动作：扭膝技术；<br>3. 专项素质练习：手指爆发力练习 | 1. 树立学生的安全意识，进一步巩固提高抱石保护技术；<br>2. 认识扭膝技术在攀岩中的重要作用和运用原理，并初步掌握动作要领；<br>3. 提高手指指力 |
| 5 | 1. 复习扭膝技术动作；<br>2. 学习扭身锁定技术动作；<br>3. 组合动作练习：扭身锁定 + 扭膝、扭身锁定 + 侧蹬；<br>4. 专项身体素质练习：手指爆发力练习 | 1. 复习扭膝技术提高应用的熟练性和自如性；<br>2. 认识扭身锁定动作在攀岩运动中的作用和运用原理及运用条件；<br>3. 提高技术组合运用能力 |
| 6 | 1. 复习扭身锁定技术动作；<br>2. 学习同手同脚技术和脚上手点技术动作；<br>3. 学习攀登过程中的休息动作 | 1. 进一步巩固提高扭身锁定技术；<br>2. 初步了解并掌握同手同脚技术和脚上手点技术动作要领；<br>3. 进一步学习攀岩运动中休息的原理和原则并掌握休息姿势和动作 |
| 7 | 1. 介绍和认识先锋攀登；<br>2. 学习先锋攀登中的保护技术；<br>3. 学习先锋攀登的攀登形式；<br>4. 专项身体素质练习：腹部肌肉爆发力 | 1. 认识并欣赏先锋攀登和先锋攀登保护方法；<br>2. 初步了解先锋攀登的形式和保护技术；<br>3. 提高学生腹部肌肉力量 |

续表

| 周次 | 教学内容 | 教学要求 |
|---|---|---|
| 8 | 1. 复习先锋攀登保护技术；<br>2. 运用所学技术初步体验先锋攀登（速度道）；<br>3. 练习先锋攀登中保护绳与快挂连接的方法 | 1. 全面掌握先锋攀登的保护技术并进一步巩固和提高；<br>2. 初步体验先锋攀登技术；<br>3. 熟练掌握保护绳与快挂之间的连接技术 |
| 9 | 1. 进一步体验先锋攀登的攀登方法和保护技术；<br>2. 先锋攀登教学比赛；<br>3. 专项身体素质练习：上肢肌肉耐力训练——静态曲臂悬垂 | 1. 进一步体验先锋攀登提高技术要领；<br>2. 完善和熟练先锋攀登保护技术；<br>3. 活跃课堂气氛，检验学习效果；<br>4. 提高学生上肢肌肉耐疲劳能力 |
| 10 | 1. 运用综合技术进行抱石练习；<br>2. 教学比赛：攀石；<br>3. 身体素质：800 米跑和 1000 米跑测试 | 1. 进一步提高抱石技术动作；<br>2. 比赛的形式活跃课堂气氛丰富练习形式；<br>3. 身体素质测试 |
| 11 | 1. 学习保护站的设置方法和原理；<br>2. 学习岩降技术；<br>3. 学习岩降中的保护技术 | 1. 认识保护站设置的重要性；<br>2. 学习设置原则、方法和注意事项；<br>3. 学习并体验实用技术岩降，掌握其下降原理和方法；<br>4. 掌握岩降过程中的保护技术 |
| 12 | 1. 进一步学习绳结技术；<br>2. 攀岩教学片欣赏；<br>3. 简单介绍攀岩正式比赛规则 | 1. 学习户外绳结中的操作绳结技术；<br>2. 使学生从攀岩运动获得美的享受激发对攀岩运动的兴趣；<br>3. 初步了解攀岩比赛规则和裁判法 |
| 13 | 1. 复习考试内容：先锋攀登；<br>2. 复习先锋考试内容：先锋攀登保护；<br>3. 复习绳结技术 | 1. 改进先锋攀登中的错误技术动作进一步巩固提高；<br>2. 巩固和提高先锋攀登保护技术；<br>3. 熟练和提高绳结技术 |
| 14 | 1. 考试先锋攀登技术；<br>2. 考试先锋攀登保护技术；<br>3. 考试绳结技术 | 1. 以特定的形式检验学生先锋攀登技术及保护掌握情况；<br>2. 以特定的形式检验学生绳结技术掌握情况；<br>3. 对考试情况做简要总结 |
| 15 | 1. 先锋攀登技术补考；<br>2. 绳结技术补考；<br>3. 身体素质考试 | 1. 个别学生进行技术补考；<br>2. 室内测定身体素质；<br>3. 对考试情况和补考情况做简单总结 |
| 16 | 1. 身体素质补考；<br>2. 学生代表进行学期总结发言；<br>3. 教师进行学期大总结 | 1. 给个别学生进行身体素质补考；<br>2. 就本学期的总体上课情况给学生做全面总结；<br>3. 学生进行学期总结，并谈谈自己对本门课程的感悟 |

# 第十节 空 竹

## 一、项目简介

空竹，古称胡敲、空钟、空筝，俗称嗡子、响铃、转铃、老牛、闷葫芦、风葫芦、响葫芦、天雷公公等，属于汉族民间传统玩具。典型的空竹有单轮和双轮之分，双轮的空竹形如腰鼓，以竹或木制成，两头为两只扁平状的圆轮，轮内空心，轮上挖有四五个小孔，孔内放置竹笛，两轮间有轴相连；单轮的空竹则形如陀螺，一侧有轮。因其轮内空心而有竹笛，故名“空竹”。空竹游戏一般称为抖空竹，也叫抖空钟、抖空筝、抖嗡子，江南又称之为扯铃。不过，一般大都简称为“空竹”。是中国汉族传统文化苑中一株灿烂的花朵。流行于全国各地，天津、北京及辽宁、吉林、黑龙江等地尤为盛行。

## 二、教学目标

空竹是我国民族传统体育中广为流传的一项运动。空竹课是一项融健身、娱乐、趣味、技巧、休闲、观赏于一体的新兴体育课程。目前在全国开设该项运动的高校很少。通过空竹课的学习与锻炼，使学生喜爱空竹运动并积极参与空竹锻炼，掌握空竹运动的基本知识和基本技术，使学生在身体锻炼的同时，加深对中国民族民间传统体育的了解，体验空竹运动的乐趣，提高学生身体的协调性、灵活性，逐步形成自觉锻炼的习惯和终身体育的意识。

## 三、教学基本要求

### 1.课程重点

初级：课程的教学重点是掌握空竹基本技能。

提高：课程的教学重点是掌握空竹中高级技能。

### 2.课程难点

初级：课程的教学难点就是如何使学生将课程上学习到的技巧继续在实践中

坚持不懈地练习和提高。

提高：课程的教学难点就是如何使学生将课程上学习到的技巧继续在实践中坚持不懈地练习和提高。

3.能力培养要求

初级：掌握空竹的基本知识和基本技术，增强学生体质，提高学生身体的协调性、灵活性，逐步形成自觉锻炼的习惯和终身体育的意识。

提高：掌握空竹的最新发展状态及中高级技术，增强学生体质，提高学生身体的协调性、灵活性，逐步形成自觉锻炼的习惯和终身体育的意识。

## 四、教学内容与学时

### （一）初级课堂教学

1.理论部分

（1）空竹的种类。

（2）空竹的历史、特点、益处及其他相关知识。

2.学习基本动作与身体素质练习

（1）空竹起式。

（2）学习新动作：捞月（如图6-10-1所示）。

（3）学习新动作：盘丝。

（4）身体素质练习：800米跑；1000米跑；引体向上；仰卧起坐。

图6-10-1　捞月

3. 进一步学习基本项目与身体素质练习（9学时）

（1）学习新动作：骗马（如图6-10-2所示）。

图6-10-2　骗马

（2）学习新动作：拉月。

（3）学习新动作：上杆。

（4）学习新动作：背溜。

（5）学习新动作：跳跃。

（6）学习新动作：沿丝。

（7）身体素质练习。

4.结课

（1）对本学期进行总结。

## （二）高级课堂教学

1.理论部分

（1）空竹的最新发展情况介绍。

2.学习高级动作与身体素质练习

（1）空竹新动作演示。

（2）学习新动作：各种捞月，如：侧捞月、交叉捞月、倒捞月、背后捞月。

（3）学习新动作：盘丝组合动作。

（4）身体素质练习：800米跑；1000米跑；引体向上；仰卧起坐。

### 3. 进一步学习中高级项目与身体素质练习

（1）学习新动作：各种捞月。

（2）学习新动作：盘丝组合动作（云天）（如图6-10-3所示）。

图6-10-3　盘丝组合动作（云天）

（3）学习新动作：四绕。

（4）学习新动作：玉带缠身（如图6-10-4所示）。

图6-10-4　玉带缠身

（5）学习新动作：大鹏展翅。

（6）学习新动作：摇铃。

（7）身体素质练习。

4. 结课

（1）对本学期进行总结。

## 五、教材与参考书

### （一）教材

（1）龙腾编著，《 抖空竹入门 》，人民体育出版社，2010 年，第 1 版。

（2）马虎臣编著，《空竹抖技与玩法》，河南科学技术出版社，2007年，第1版。

### （二）参考书

（1）龙腾主编，《 双轮空竹技法 》，河南科学技术出版社，2014年，第2版。

（2）龙腾、紫薇编著，《妙趣横生抖空竹》，河南科学技术出版社，2015年，第1版。

（3）龙腾编著，《 空竹玩法》，河南科学技术出版社，2012年，第1版。

## 六、考核方式

### （一）第一学期

（1）平时成绩：对学生的考勤和学习态度进行评定，分值为10分。

（2）身体素质考核：

①男生1000米跑、女生800米跑10分；

②男生引体向上，女生仰卧起坐各10分。

（3）理论成绩：教师对理论试卷进行评定打分，满分10分。

（4）专项技术考核：60分。捞月30分、上杆12分、骗马12分、盘丝6分。

### （二）第二学期

（1）平时成绩：对学生的考勤和学习态度进行评定，分值为10分。

（2）身体素质考核：

①男生1000米、女生800米跑15分；

②男生引体向上，女生仰卧起坐各15分。

（3）专项技术考核：60分。组合捞月20分、盘丝组合动作云天20分、腿下四绕20分。

## 七、教学进度

### （一）空竹初级教学进度

表6-10-1　空竹初级教学进度

| 周次 | 教学内容 | 教学要求 |
|---|---|---|
| 1 | 1. 编班，开课导言；<br>2. 空竹介绍；<br>3. 空竹起式；<br>4. 身体素质练习：跳绳 | 1. 介绍空竹发展概况及锻炼价值；<br>2. 介绍本学期的教学内容及考试内容 |
| 2 | 1. 复习：空竹起式；<br>2. 学习新动作：捞月；<br>3. 双人练习捞月动作；<br>4. 身体素质练习：踢毽子 | 1. 强调捞月动作的重要性；<br>2. 教师加强示范、讲解 |
| 3 | 1. 复习：空竹起式、捞月；<br>2. 单头空竹的起式；<br>3. 身体素质练习：800 米跑 | 1. 本节课采用了单头空竹，重点掌握起式动作；<br>2. 加强示范，告诫学生不要急躁 |
| 4 | 1. 复习单头空竹的起式；<br>2. 学习单头空竹的捞月动作；<br>3. 双人练习捞月动作；<br>4. 身体素质练习：1000 米跑 | 单头空竹的捞月动作要注意双手保持直线，眼睛要盯住空竹轴 |
| 5 | 1. 复习单头空竹的起式；<br>2. 复习单头空竹的捞月动作；<br>3. 学习新动作：盘丝；<br>4. 身体素质练习：引体向上 | 1. 加强捞月动作的成功率；<br>2. 介绍捞月考试的评分标准 |

续表

| 周次 | 教学内容 | 教学要求 |
| --- | --- | --- |
| 6 | 1. 复习单轴空竹的起式、捞月、盘丝；<br>2. 趣味练习：踢毽子、跳大绳；<br>3. 身体素质练习：俯卧撑 | 1. 主要复习巩固已学动作，力争捞月达到优秀标准；<br>2. 素质练习：俯卧撑提高上肢力量 |
| 7 | 1. 复习前六周学习的动作；<br>2. 学习新动作：骗马；<br>3. 柔韧性练习：压腿、踢腿、纵横向分腿练习 | 1. 由于骗马动作比较难掌握，多做示范，强调学生腿部动作的时机；<br>2. 加强柔韧性练习有助于骗马动作的完成 |
| 8 | 1. 复习前几周学习的动作；<br>2. 进一步讲解示范和练习骗马动作；<br>3. 学习新动作：拉月 | 1. 完成本次课的新动作拉月时要注意安全，因为动作幅度比较大；<br>2. 加强对技术较差的同学进行个别辅导 |
| 9 | 1. 复习前几周学习的动作；<br>2. 练习骗马与拉月动作；<br>3. 学习新动作：上杆；<br>4. 身体素质练习：立定跳远 | 1. 强调捞月动作尽量连贯做；<br>2. 上杆动作杆部要与空竹轴垂直 |
| 10 | 1. 复习前几周学习的动作；<br>2. 练习骗马与拉月动作；<br>3. 继续学习上杆动作；<br>4. 身体素质考试 | 1. 重点练习本周项目，争取达到优秀；<br>2. 身体素质考试要认真记录成绩 |
| 11 | 1. 复习前几周学习的动作；<br>2. 学习新动作：背溜；<br>3. 对考试项目捞月动作进行巩固性练习 | 1. 学新动作背溜难度很大，应该多做示范，多做分析讲解；<br>2. 提高捞月动作的成功率 |
| 12 | 1. 复习前几周学习的动作；<br>2. 练习“背溜”动作；<br>3. 练习捞月（时间大约 30 分钟）；<br>4. 对捞月、上杆、骗马进行连贯不调整练习 | 1. 捞月的连贯练习，重点掌握捞月过程中的调整；<br>2. 按照考试要求对前三个动作进行连贯练习 |
| 13 | 1. 复习前几周学习的动作；<br>2. 对考试动作进行练习，并加强盘丝练习；<br>3. 学习新动作：跳跃 | 1. 前三个动作捞月、上杆、骗马连贯练习力争得到连贯的加分；<br>2. 新动作跳跃强调全身配合，眼睛要准确地盯住空竹的落点，加强准确度 |

续表

| 周次 | 教学内容 | 教学要求 |
|---|---|---|
| 14 | 1. 复习学过的所有动作；<br>2. 教师进行纠正和讲解；<br>3. 专项考试：捞月、上杆、骗马、盘丝；<br>4. 素质考试 | 1. 第一次专项考试：5个捞月、左右手上杆、2个骗马、一套盘丝（平盘、立盘、过顶、过腿）；<br>2. 素质考试要记好成绩 |
| 15 | 1. 复习已学动作；<br>2. 专项考试：捞月、上杆、骗马、盘丝；<br>3. 素质或专项考试补考；<br>4. 踢毽子或球类活动 | 1. 空竹考试共有四次考试机会，取最好成绩；<br>2. 加强学生的心理素质的培养 |
| 16 | 1. 对本学期进行总结；<br>2. 提供空竹的其他信息 | 1. 认真总结并听取学生的意见；<br>2. 加强最后一次课的考勤 |

## （二）空竹高级教学进度

表6-10-2　空竹高级教学进度

| 周次 | 教学内容 | 教学要求 |
|---|---|---|
| 1 | 1. 编班，开课导言；<br>2. 空竹介绍；<br>3. 空竹最新的发展概况及本学期学习的动作；<br>4. 身体素质练习：跳绳 | 1. 介绍空竹发展概况及锻炼价值；<br>2. 介绍本学期的教学内容及考试内容 |
| 2 | 1. 学习各种捞月：侧捞月、交叉捞月；<br>2. 学习新动作：侧捞月、交叉捞月；<br>3. 身体素质练习：踢毽子 | 1. 强调捞月动作的重要性；<br>2. 教师加强示范、讲解 |
| 3 | 1. 复习：侧捞月、交叉捞月；<br>2. 学习倒捞月、背后捞月；<br>3. 身体素质练习：800米跑、1000米跑 | 1. 本节课学习和复习四种捞月动作，背后捞月难度大，需多示范；<br>2. 加强示范，告诫学生不要急躁 |
| 4 | 1. 学习单头空竹的组合捞月动作；<br>2. 学习新动作：盘丝组合动作云天；<br>3. 身体素质练习：引体向上 | 捞月动作争取把几种捞月连贯做 |
| 5 | 1. 复习各种捞月动作；<br>2. 复习盘丝组合动作云天；<br>3. 学习新动作：四绕；<br>4. 身体素质练习：引体向上 | 1. 加强捞月动作的成功率；<br>2. 介绍云天、组合捞月考试的评分标准 |

续表

| 周次 | 教学内容 | 教学要求 |
| --- | --- | --- |
| 6 | 1. 复习空竹各种捞月动作、盘丝组合动作云天、体前四绕；<br>2. 趣味练习：踢毽子、跳大绳；<br>3. 身体素质练习：俯卧撑 | 1. 主要复习巩固已学动作，按照考试要求练习；<br>2. 素质练习：俯卧撑提高上肢力量 |
| 7 | 1. 复习前六周学习的动作；<br>2. 学习新动作：腿下四绕；<br>3. 柔韧性练习：压腿、踢腿、纵横向分腿练习 | 1. 由于腿下四绕动作比较难掌握，多做示范；<br>2. 加强柔韧性练习有助于动作的完成 |
| 8 | 1. 复习前几周学习的动作；<br>2. 进一步讲解示范腿下四绕动作；<br>3. 学习新动作：玉带缠身 | 1. 完成本次课的动作腿下四绕时要注意安全，因为动作幅度比较大；<br>2. 加强对技术较差的同学进行个别辅导 |
| 9 | 1. 复习前几周学习的动作；<br>2. 按照考试要求练习全套考试动作；<br>3. 学习新动作：大鹏展翅；<br>4. 身体素质练习：引体向上、仰卧起坐 | 1. 强调考试动作的连贯性；<br>2. 大鹏展翅要求放松，注意安全 |
| 10 | 1. 复习前几周学习的动作；<br>2. 练习腿下四绕；<br>3. 继续学习大鹏展翅、玉带缠身；<br>4. 身体素质考试 | 1. 重点练习本周项目，争取达到优秀；<br>2. 身体素质考试要认真记录成绩 |
| 11 | 1. 复习前几周学习的动作；<br>2. 学习新动作：背溜；<br>3. 对考试项目动作进行巩固性练习 | 1. 学新动作背溜难度很大，应该多做示范，多做分析讲解；<br>2. 提高考试动作完成的成功率 |
| 12 | 1. 复习前几周学习的动作；<br>2. 练习“背溜”动作及双背溜；<br>3. 练习各项考试动作；<br>4. 对动作难点进行细致分析讲解 | 1. 双背溜动作难度大，多做示范讲解；<br>2. 按照考试要求对组合捞月、盘丝云天、腿下四绕进行练习 |
| 13 | 1. 复习前几周学习的动作；<br>2. 对考试动作进行练习，并加强腿下四绕的练习；<br>3. 身体素质练习：俯卧撑 | 1. 重点讲解示范腿下四绕动作的第三、第四绕动作；<br>2. 新动作跳跃强调全身配合，眼睛要准确地盯住空竹的落点，加强准确度 |

续表

| 周次 | 教学内容 | 教学要求 |
| --- | --- | --- |
| 14 | 1. 复习学过的所有动作；<br>2. 教师进行纠正和讲解；<br>3. 专项考试：组合捞月、盘丝云天、腿下四绕；<br>4. 素质考试 | 1. 第一次专项考试：共有四次考试机会，取最好成绩；<br>2. 素质考试要记好成绩 |
| 15 | 1. 复习已学动作；<br>2. 专项考试：组合捞月、盘丝云天、腿下四绕；<br>3. 素质或专项考试补考；<br>4. 踢毽子或球类活动 | 1，空竹考试共有四次考试机会，取最好成绩；<br>2. 加强学生的心理素质的培养 |
| 16 | 1. 对本学期进行总结；<br>2. 提供空竹的其他信息 | 1. 认真总结并听取学生的意见；<br>2. 加强最后一次课的考勤 |

# 第十一节　跆拳道

## 一、项目简介

跆拳道（Taekwondo），是现代奥运会正式比赛项目之一，是一种主要使用手及脚进行格斗或对抗的运动。“跆拳道”一词，是1955年由韩国的崔泓熙将军命名的。崔泓熙将军早年在留学日本时，学习了日本松涛馆流空手道，并将其与韩国传统武技跆跟、手搏等技术融入到跆拳道中去。跆拳道是经过东亚文化发展的一项韩国武术，以“始于礼，终于礼”的武道精神为基础。其脚法占70%。跆拳道的套路共有25套；另外还有兵器、擒拿、摔锁、对拆自卫术及10余种基本功夫等。跆拳道于1988年奥运会时成为示范项目；1992年的巴塞罗那奥运会开始跆拳道成为试验比赛项目；到2000年的悉尼奥运会成为正式比赛项目。跆拳道在全世界的组织主要分为两个体系，分别为：国际跆拳道联盟（ITF）和世界跆拳道联盟（WTF）。奥运会采用的是WTF体系。

## 二、教学目标

通过跆拳道课，使学生喜爱跆拳道运动并积极参与跆拳道锻炼，掌握跆拳道的基本知识、技术动作，了解跆拳道竞赛规则、裁判法及在实战中的运用。通过学习跆拳道礼仪，内修精神、性情，外修技术、身体，培养勇猛、善战、敢打敢拼的素质。学会科学锻炼身体的方法，养成自觉锻炼的好习惯。

## 三、教学基本要求

### 1.课程重点

跆拳道课的重点是使学生掌握跆拳道技能和技巧，正确掌握横踢、后踢、下劈等技术动作。培养学生挑战自我的一种精神。从而培养当代大学生在现实生活中的困境面前，保持一种积极乐观的态度。

### 2.课程难点

跆拳道课程的难点是帮助学生了解各种步法与踢法等技术动作在实战中的运用。

### 3.能力培养要求

掌握跆拳道的基本知识和基本技术，提高学生身体的力量、耐力，增强学生体质，培养顽强的意志品质，让学生逐渐树立自信，勇敢面对挑战，渐渐地忘记恐惧和胆怯，体验学习过程的艰辛和成功后的愉悦。

## 四、教学内容与学时

### （一）第一学期内容与学时

课堂教学。

#### 1.理论部分

（1）跆拳道的发展。

（2）重点技术的技术分析。

（3）跆拳道的礼仪。

（4）竞技跆拳道的竞赛规则、裁判法。

## 2.跆拳道步法

（1）实战姿势、前滑步、前跳步。

（2）撤步、跳换步。

（3）左滑步、右滑步。

## 3. 跆拳道脚法

（1）前踢、横踢（如图6-11-1所示）。

（2）前踢的空击、击靶练习。

图6-11-1　横踢

## 4. 跆拳道防守

（1）格挡。

（2）拍档。

图6-11-2　集体练习

5.结课

（1）学期总结。

## （二）第二学期内容与学时

课堂教学。

1.复习上学期内容

（1）复习上学期的基本步法、腿法、防守。

2.进一步学习跆拳道步法

（1）实战姿势、前滑步、前跳步。

（2）撤步、跳换步。

（3）左滑步、右滑步。

3. 跆拳道脚法

（1）前踢、横踢。

（2）前踢的空击、击靶练习。

（3）后悬踢（如图6-11-3所示）。

图6-11-3　后悬踢

（4）下劈（如图6-11-4所示）。

图6-11-4　下劈

4.跆拳道防守

（1）格挡。

（2）拍档。

5.身体素质练习

（1）腿部力量练习。

（2）耐力练习。

（3）腰背力量练习。

6.结课

（1）学期总结。

## 五、教材与参考书

### （一）教材

（1）高谊、张惠欣著，《 普通高校跆拳道课程教材 》，南开大学出版社，2011年，第1版。

（2）徐晓涛主编，《 跆拳道》，湖南大学出版社，2004年，第1版。

### （二）参考书

（1）刘燕主编，《 跆拳道 》，中国人民大学出版社，2012年，第1版。

（2）陈筑，汪爱平、杨庆辞主编，《跆拳道》，北京师范大学出版社，2011 年，第 1 版。

（3）金基喆著，《跆拳道专业教程》，河北大学出版社，2013年，第1版。

## 六、考核方式

### （一）第一学期

（1）平时成绩：对学生的考勤和学习态度进行评定，分值为10分。

（2）身体素质考核：

①男生1000米跑、女生800米跑10分；

②男女生均为立定跳远10分。

（3）理论成绩：教师对理论试卷进行评定打分，满分10分。

（4）专项技术考核：60分。以完成跆拳道专项技术评定以及前踢和横踢组合技术评定为技术考核部分。两者各占30分。保护技术为必考项目，不加分，但每出现一次错误从总分中扣除2分，扣完为止。

### （二）第二学期

（1）平时成绩：对学生的考勤和学习态度进行评定，分值为10分。

（2）身体素质考核：

①男生1000米跑或女生800米跑15分；

②男女生均为50米跑15分。

（3）专项技术考核：60分。

# 七、教学进度

## （一）跆拳道初级教学进度

表6-11-1　跆拳道初级教学进度

| 周次 | 教学内容 | 教学要求 |
| --- | --- | --- |
| 1 | 1. 介绍跆拳道；<br>2. 柔韧练习 | 1. 讲解跆拳道的礼仪、跆拳道的历史及发展、上课的注意事项；<br>2. 跑步热身，身体素质练习（柔韧性练习） |
| 2 | 1. 实战姿势；<br>2. 基本步法 | 1. 学习跆拳道的实战姿势；<br>2. 基本步法：前滑步、前跳步，让学生放松完成；<br>3. 跳绳联系 |
| 3 | 1. 基本步法；<br>2. 腿部力量练习 | 1. 复习实战姿势、前滑步、前跳步；<br>2. 学习撤步、跳换步；<br>3. 腿部力量练习：蛙跳，立卧撑 |
| 4 | 1. 基本步法；<br>2. 耐力练习 | 1. 复习前滑步、前跳步、撤步、跳换步；<br>2. 学习左滑步、右滑步；<br>3. 身体素质练习（耐力练习） |
| 5 | 1. 学习前踢；<br>2. 柔韧练习 | 1. 复习步法；<br>2. 学习前踢，体会转髋动作；<br>3. 柔韧练习 |
| 6 | 1. 前踢练习；<br>2. 耐力练习 | 1. 复习步法，前踢动作；<br>2. 前踢的空击练习、击靶练习；<br>3. 耐力练习 |
| 7 | 1. 前踢防守；<br>2. 实战练习 | 1. 复习步法，前踢；<br>2. 学习前踢的防守：步法、下格挡；<br>3. 二人条件实战 |
| 8 | 1. 学习横踢；<br>2. 跳绳练习 | 1. 复习步法、前踢、格挡；<br>2. 学习后横踢；<br>3. 跳绳 |

续表

| 周次 | 教学内容 | 教学要求 |
| --- | --- | --- |
| 9 | 1. 横踢练习；<br>2. 耐力练习 | 1. 复习步法、前踢、横踢；<br>2. 横踢的空击练习、击靶练习；<br>3. 耐力练习：长跑计时 |
| 10 | 1. 横踢防守；<br>2. 实战练习 | 1. 复习步法、前踢、横踢、下格挡；<br>2. 学习横踢防守：步法、拍档；<br>3. 二人条件实战 |
| 11 | 1. 柔韧练习；<br>2. 学习下劈 | 1. 复习步法、前踢、横踢、格挡；<br>2. 柔韧练习，对下劈的辅助练习；<br>3. 学习下劈，空击练习 |
| 12 | 1. 练习下劈；<br>2. 腰背力量练习 | 1. 复习步法、前踢、横踢、下劈；<br>2. 下劈的空击练习、击靶练习；<br>3. 腰背力量练习 |
| 13 | 1. 下劈防守；<br>2. 实战练习 | 1. 复习步法、前踢、横踢、下劈、格挡；<br>2. 学习下劈的防守：步法、上格挡；<br>3. 二人条件实战 |
| 14 | 1. 组合腿法；<br>2. 身体素质考试 | 1. 复习步法、前踢、横踢、下劈、格挡；<br>2. 组合腿法：前踢、横踢、下劈的组合；<br>3. 进行身体素质考试 |
| 15 | 考试 | 考查学生对基本技术的掌握情况； |
| 16 | 1. 学期总结；<br>2. 宣布成绩 | 教师认真总结授课情况，听取学生对本课的建议，建立良好的教学秩序 |

## （二）跆拳道高级教学进度

表6-11-2　跆拳道高级教学进度

| 周次 | 教学内容 | 教学要求 |
| --- | --- | --- |
| 1 | 1. 介绍本学期上课内容、进度和目标；<br>2. 复习巩固上学期学习内容；<br>3. 学习腿法：横踢技术 | 1. 充分了解本学期教学目标和任务；<br>2. 重新强调课堂记录和师生互动要求；<br>3. 充分地感受到恢复训练的快感 |

续表

| 周次 | 教学内容 | 教学要求 |
|---|---|---|
| 2 | 1. 柔韧练习；<br>2. 学习：弓步格挡（上、中、下）；<br>3. 复习腿法：横踢技术（加强） | 1. 初步掌握动作要领；<br>2. 注重提高技术动作的连贯性和力量；<br>3. 身体素质练习：抱腿跳、高抬腿、俯卧撑 |
| 3 | 1. 基本步法；<br>2. 腿部力量练习 | 1. 复习实战姿势、前滑步、前跳步；<br>2. 学习撤步、跳换步；<br>3. 腿部力量练习：蛙跳，立卧撑 |
| 4 | 1. 基本步法；<br>2. 耐力练习 | 1. 复习前滑步、前跳步、撤步、跳换步；<br>2. 学习左滑步、右滑步；<br>3. 身体素质练习（耐力练习） |
| 5 | 1. 学习前踢；<br>2. 柔韧练习 | 1. 复习步法；<br>2. 学习前踢，体会转髋动作；<br>3. 柔韧练习 |
| 6 | 1. 前踢练习；<br>2. 耐力练习 | 1. 复习步法，前踢动作；<br>2. 前踢的空击练习、击靶练习；<br>3. 耐力练习 |
| 7 | 1. 复习提高上次课内容；<br>2. 腿法（攻防）练习的演练 | 1. 复习步法，前踢；<br>2. 学习前踢的防守：步法、下格挡；<br>3. 二人条件实战 |
| 8 | 1. 学习横踢；<br>2. 跳绳练习 | 1. 复习步法、前踢、格挡；<br>2. 学习后横踢；<br>3. 跳绳 |
| 9 | 1. 学习：垫步前腿横踢；<br>2. 腿法（攻防）练习的演练 | 1. 复习步法、前踢、横踢；<br>2. 垫步前腿横踢的空击练习、击靶练习；<br>3. 耐力练习：长跑计时 |
| 10 | 1. 横踢防守；<br>2. 实战练习 | 1. 复习步法、前踢、横踢、下格挡；<br>2. 学习横踢防守：步法、拍档；<br>3. 二人条件实战 |
| 11 | 1. 柔韧练习；<br>2. 学习下劈 | 1. 复习步法、前踢、横踢、格挡；<br>2. 柔韧练习，对下劈的辅助练习；<br>3. 学习下劈，空击练习 |
| 12 | 1. 练习下劈；<br>2. 腰背力量练习 | 1. 复习步法、前踢、横踢、下劈；<br>2. 下劈的空击练习、击靶练习；<br>3. 腰背力量练习 |

续表

| | | |
|---|---|---|
| 13 | 1. 介绍考试的要求和重点；<br>2. 充分做好考试前复习；<br>3. 专项技术第一次考试 | 1. 强调考试要求和有关事项；<br>2. 注意技术动作要求和攻防意识；<br>3. 注意品势练习的动作标准和力度 |
| 14 | 1. 组合腿法；<br>2. 身体素质考试 | 1. 复习步法、前踢、横踢、下劈、格挡；<br>2. 组合腿法：前踢、横踢、下劈的组合；<br>3. 进行身体素质考试 |
| 15 | 考试 | 考查学生对基本技术的掌握情况 |
| 16 | 1. 学期总结；<br>2. 宣布成绩 | 教师认真总结授课情况，听取学生对本课的建议，建立良好的教学秩序 |

# 第十二节　柔　道

## 一、项目简介

柔道是一种以摔法和地面技为主的格斗术。日本素有“柔道之国”的称号。柔道是日本武术中特有的一项运动，是由柔术演变发展而来的。柔道通过把对手摔倒在地而赢得比赛，它是奥运会比赛中唯一的允许使用窒息或扭脱关节等手段来制服对手的项目。柔道是一种对抗性很强的竞技运动，它强调选手对技巧掌握的娴熟程度，而非力量的对比。

## 二、教学目标

柔道是一种两人徒手较量的竞技运动，是一种能最有效地使用身心力量获得最大效用的日本武道。通过柔道课的学习，使学生喜爱柔道运动并积极参与柔道锻炼，掌握柔道的基本知识、技术、竞赛规则、裁判法，并运用到实战中。提高学生的竞赛能力。通过学习柔道礼仪，使同学们在日常生活中做到互相谦让、互相协作、携手并进。提高学生身体的力量、速度、耐力、协调、柔韧、灵敏、反应、等多项素质，培养学生顽强的意志品质和竞争意识，学会科学锻炼身体的方法，养成自觉锻炼的好习惯。

## 三、教学基本要求

1.课程重点

柔道课的重点是使学生掌握柔道技能和技巧，对每个柔道技术都深入理解。使学生喜爱柔道运动并积极参与柔道锻炼，培养学生挑战自我、不畏艰险的一种精神。

2.课程难点

柔道课的难点是技术动作的连接。以及如何将柔道技术运用于实际中。

3.学生能力的培养

掌握柔道的基本知识和基本技术，提高学生身体的力量、速度、耐力、协调、柔韧、灵敏、反应、等多项素质。培养学生顽强的意志品质和竞争意识，学会科学锻炼身体的方法，养成自觉锻炼的好习惯。

## 四、教学内容与学时

### （一）初级班

课堂教学。

1.理论部分

（1）柔道的发展史。

（2）柔道技术分类。

（3）柔道的礼法。

（4）柔道比赛规则。

2.基本技术

（1）后、侧、前受身。

（2）一本背负投技术（如图6-12-1所示）。

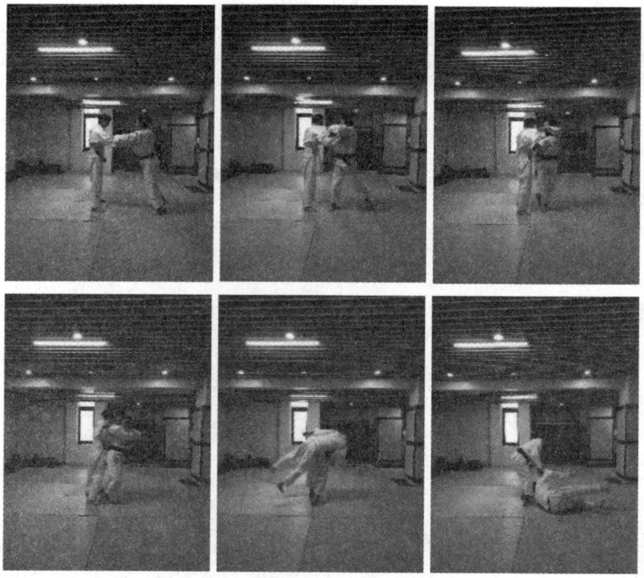

图6-12-1　一本背负投

（3）大外刈技术（如图6-12-2所示）。

图6-12-2　大外刈

（4）大内刈技术。

（5）前滚翻、后滚翻。

（6）大腰技术（如图6-12-3所示）。

图6-12-3　大腰技术

3. 基本战术

（1）规则战术。

（2）进攻战术。

4. 身体素质练习

（1）臂力练习。

（2）腰腹力量练习。

（3）男生引体向上；女生仰卧起坐。

5. 结课

学期总结。

## （二）提高班

课堂教学。

### 1.复习上学期内容

（1）各种受身技巧（如图6-12-4所示）。

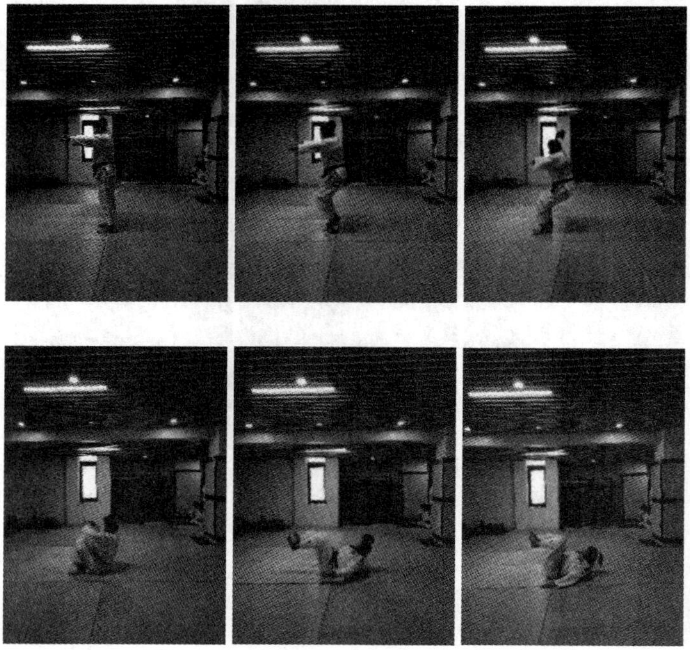

图6-12-4 受身

（2）实战姿势。

（3）一本背负投、大外刈技术。

（4）大腰技术。

### 2.寝技

（1）寝技（固技袈裟固）。

（2）寝技（横四方固、上四方固）。

（3）寝技（肩固）。

（4）寝技（绞技）。

（5）寝技（关节技）。

3.联络技

（1）联络技（大内刈+一本背负投、大内刈+大外刈）。

（2）联络技（大外刈+一本背负投）。

（3）投寝联络技（一本背负投+横四方固）。

（4）联络技（大外刈+袈裟固、大腰+腕搓十字固）。

4.身体素质练习

（1）腰腹力量练习。

（2）下肢力量练习：扛人蹲起。

（3）下肢力量练习：半蹲推手。

5.结课

学期总结。

## 五、教材与参考书

### （一）教材

（1）刘卫军主编，《柔道运动教程》，北京体育大学出版社，2004年，第1版。

（2）吉林体育学院阳光体育运动丛书编写组编，《柔道》，吉林出版社，2008年，第1版。

### （二）参考书

（1）中国柔道协会审定，《柔道竞赛规则》，人民体育出版社，2003年，第1版。

（2）张文杰著，《 大学生体育素质教育：柔道文化与实践 》，北京体育大学出版社，2016年，第1版。

（3）王德英、王洪哉著，《金牌跤师教柔道》，北京体育大学出版社，2014年，第1版。

## 六、考核方法

### （一）初级班

（1）平时成绩：对学生的考勤和学习态度进行评定，分值为10分。

（2）身体素质考核：

①男生1000米跑、女生800米跑10分；

②男生引体向上、女生仰卧起坐10分。

（3）理论成绩：教师对理论试卷进行评定打分，满分10分。

（4）专项技术考核：60分。以投技（一本背负投、大外刈）和受身技巧（侧受身、后受身）两项为技术考核部分。两者各占30分。

### （二）高级班

（1）平时成绩：对学生的考勤和学习态度进行评定，分值为10分。

（2）身体素质考核：

①男生1000米跑或女生800米跑15分；

②男生引体向上。女生仰卧起坐15分。

（3）专项技术考核： 60分。投技与投技的联络（自己选择得意技）和投接寝联络（大腰接腕挫十字固）两项，各30分。

## 七、教学进度

### （一）柔道初级教学进度

表6-12-1　柔道初级教学进度

| 周次 | 教学内容 | 教学要求 |
| --- | --- | --- |
| 1 | 1. 编班，开课导言：<br>（1）介绍本课教学内容及考核方法；<br>（2）柔道概述；<br>2. 柔道礼法；<br>3. 柔韧性练习 | 1. 宣布课堂常规，提高学生练习的自觉性和纪律性；<br>2. 通过讲解柔道运动概述和发展史，提高学生的学习兴趣；<br>3. 学习中高度紧张注意学生安全 |
| 2 | 1. 柔道的倒地法（又称受身）；<br>2. 学习后受身；<br>3. 学习侧受身；<br>4. 柔韧性练习 | 1. 初步了解受身技巧；<br>2. 提高学生自我保护意识；<br>3. 初步掌握后受身、侧受身技巧要领 |
| 3 | 1. 复习后受身、侧受身；<br>2. 学习前受身；<br>3. 学习步法和实战姿势；<br>4. 臂力练习 | 1. 改善后受身、侧受身技术；<br>2. 掌握熟练后受身和侧受身动作要领；<br>3. 初步了解掌握柔道步法 |
| 4 | 1. 复习前受身和步法及实战姿势；<br>2. 学习一本背负投技术；<br>3. 介绍使用规则；<br>4. 灵活性练习 | 1. 熟练掌握前受身、步法、实战姿势；<br>2. 初步掌握一本背负投要领及使用规则；<br>3. 了解一本背负投使用规则 |
| 5 | 1. 复习一本背负投技术；<br>2. 学习大外刈技术；<br>3. 柔韧性练习 | 1. 提高一本背负投的熟练性；<br>2. 初步掌握大外刈技术要领；<br>3. 加强柔韧性 |
| 6 | 1. 复习大外刈技术；<br>2. 复习背负投技术；<br>3. 学习大内刈技术；<br>4. 腰腹力量练习 | 1. 熟练掌握大外刈、背负投技术；<br>2. 提高大外刈、背负投技术速度；<br>3. 初步掌握大内刈技术要领 |

续表

| 周次 | 教学内容 | 教学要求 |
|---|---|---|
| 7 | 1. 复习大内刈技术；<br>2. 复习步法；<br>3. 身体素质考试：男生 1000 米跑；女生 800 米跑 | 1. 熟练掌握大内刈和步法，提高熟练性；<br>2. 按考试要求进行身体素质考试 |
| 8 | 1. 学习前滚翻、后滚翻；<br>2. 学习大腰技术；<br>3. 身体素质练习：男生引体向上、女生仰卧起坐 | 1. 初步掌握前滚翻、后滚翻技巧；<br>2. 初步了解掌握大腰技术要领；<br>3. 精力集中避免伤病 |
| 9 | 1. 复习前滚翻、后滚翻；<br>2. 复习大腰技术；<br>3. 学习侧手翻前倒；<br>4. 身体素质练习：男生俯卧撑、女生仰卧起坐 | 1. 改进前滚翻、后滚翻技巧和熟练大腰技术；<br>2. 提高技术规范性；<br>3. 初步掌握侧手翻前倒技巧要领 |
| 10 | 1. 复习所学过的技术；<br>2. 介绍柔道比赛裁判知识；<br>3. 两人条件性对抗；<br>4. 身体素质练习：男生俯卧撑、女生仰卧起坐 | 1. 熟练掌握所学技术；<br>2. 增强运用能力；<br>3. 了解柔道比赛裁判知识，体会技术运用感觉 |
| 11 | 1. 复习考试内容；<br>2. 讲解技术运用规则；<br>3. 两人条件性对抗；<br>4. 身体素质练习：男生俯卧撑、女生仰卧起坐 | 1. 进一步改进考试技术，提高动作质量；<br>2. 了解技术运用规则；<br>3. 体会技术运用感觉 |
| 12 | 1. 复习专项技术考试内容；<br>2. 身体素质考试：男生俯卧撑、女生仰卧起坐 | 1. 熟练掌握考试技术；<br>2. 按考试要求进行身体素质考试 |
| 13 | 1. 一本背负投和大外刈技术考试；<br>2. 复习侧、后受身 | 1. 通过技术考试，检验学生的学习效果 ；<br>2. 考试中注意自我保护意识和互相保护意识；<br>3. 复习前、后受身，为下次课考试做准备 |
| 14 | 1. 侧受身、后受身技巧考试；<br>2. 得意技练习 | 1. 通过技术考试，检验学生的学习效果；<br>2. 注意安全；<br>3. 根据自己得意技练习打入、投入 |

续表

| 周次 | 教学内容 | 教学要求 |
| --- | --- | --- |
| 15 | 1. 各项补考；<br>2. 得意技练习 | 1. 没有完成考试内容的同学进行补考；<br>2. 没有补考任务的同学进行得意技练习；<br>3. 加强得意技的运用能力 |
| 16 | 期末总结 | 教师认真总结授课情况，听取学生对本课的建议，建立良好的教学秩序 |

## （二）柔道高级教学进度

表6-12-2　柔道高级教学进度

| 周次 | 教学内容 | 教学要求 |
| --- | --- | --- |
| 1 | 1. 编班，开课导言，介绍本课教学内容及考核方法；<br>2. 熟悉步法练习；<br>3. 体能体力 | 1. 宣布课堂常规，端正学习态度，提高学生练习的自觉性和纪律性；<br>2. 了解学生情况，以便实施教法；<br>3. 熟悉所学内容 |
| 2 | 1. 复习各种受身技巧；<br>2. 复习实战姿势；<br>3. 复习一本背负投、大外刈技术；<br>4. 柔韧性练习 | 1. 通过强调动作要领，帮助无基础学生学习初步掌握技术要领；<br>2. 有基础的同学熟练复习所学技术；<br>3. 根据学生实际情况安排教学 |
| 3 | 1. 复习大内刈、大外刈技术；<br>2. 复习大腰技术；<br>3. 学习寝技（固技袈裟固）；<br>4. 灵活性练习 | 1. 提高大外刈、大内刈、大腰应用能力；<br>2. 初步掌握寝技（固技袈裟固）技术要领；<br>3. 注意安全 |
| 4 | 1. 复习寝技（袈裟固）；<br>2. 学习寝技（横四方固、上四方固）；<br>3. 柔韧性练习 | 1. 提高袈裟固控制能力；<br>2. 初步掌握横四方固、上四方固技术要领；<br>3. 加强柔韧性 |
| 5 | 1. 复习寝技（横四方固、上四方固、袈裟固）；<br>2. 学习寝技（肩固）；<br>3. 学习寝技（绞技）；<br>5. 腰腹力量练习 | 1. 改进寝技（横四方固、上四方固、袈裟固）技术，提高控制能力；<br>2. 初步掌握寝技、绞技要领；<br>3. 加强腰腹力量 |

续表

| | | |
|---|---|---|
| 6 | 1. 复习寝技（绞技）；<br>2. 学习寝技（关节技）；<br>3. 学习联络技（自己连续进攻的联络技），大内刈 + 一本背负投大内刈 + 大外刈；<br>4. 灵活性练习 | 1. 熟练寝技绞技、掌握寝技关节技和联络技的要领与控制能力；<br>2. 初步掌握联络技的联络时机；<br>3. 加强身体灵活性 |
| 7 | 1. 复习寝技（关节技）；<br>2. 复习联络技（大内刈 + 一本背负投、大内刈 + 大外刈）；<br>3. 讲解联络技在实战中的运用时机；<br>4. 身体素质考试：男生 1000 米，女生 800 米跑 | 1. 通过讲解运用时机让学生快速提高技战术水平；<br>2. 按考试要求进行身体素质考试 |
| 8 | 1. 学习联络技（大外刈 + 一本背负投）；<br>2. 学习投寝联络技（一本背负投 + 横四方固）；<br>3. 柔韧性练习 | 1. 初步掌握投技与投技联络的要领，体会投技与寝技联络时身体的控制力；<br>2. 初步学习联络技的联络时机；<br>3. 加强柔韧性练习 |
| 9 | 1. 复习联络技（大外刈 + 一本背负投）；<br>2. 复习联络技（一本背负投 + 横四方固）；<br>3. 学习联络技（大外刈 + 袈裟固、大腰 + 腕 搓十字固）；<br>4. 介绍联络技在比赛中的运用；<br>5. 下肢力量练习：半蹲推手 | 1. 通过学习联络技，提高学生在实战运用中的应变能力；<br>2. 初步掌握（大外刈 + 袈裟固、大腰 + 腕 搓十字固）的技术要领；<br>3. 初步理解联络技在比赛中的应用；<br>4. 增强下肢力量 |
| 10 | 1. 讲解比赛中裁判用语及手势；<br>2. 教学比赛（学生裁判实习）；<br>3. 柔韧性练习 | 1. 从教学比赛中，提高学生综合运用所学技战术的能力；<br>2. 注意互相保护；<br>3. 进一步提高柔韧性 |
| 11 | 1. 复习考试技术；<br>2. 教学比赛（学生裁判实习）；<br>3. 下肢力量练习：扛人蹲起 | 1. 通过教学比赛加深对柔道规则的理解；<br>2. 培养学生精力善用、自他共荣的精神；<br>3. 注意安全，互相保护；<br>4. 加强腿部力量 |
| 12 | 1. 复习考试技术；<br>2. 身体素质考试：引体向上 | 1. 熟练掌握考试技术；<br>2. 按考试要求进行身体素质考试 |

续表

| 周次 | 教学内容 | 教学要求 |
|---|---|---|
| 13 | 1. 自由联络技组合考试；<br>2. 复习投寝联络技术（大腰＋腕搓十字固） | 1. 通过技术考试，检验学生的学习效果；<br>2. 复习投寝联络技术（大腰＋腕搓十字固），为下次课考试做准备 |
| 14 | 1. 投寝联络技术（大腰＋腕搓十字固）考试；<br>2. 得意技练习 | 1. 通过技术考试，检验学生的学习效果；<br>2. 得意技打入、投入练习；<br>3. 规范熟练得意技 |
| 15 | 1. 各项补考；<br>2. 自由组合对抗练习 | 1. 没有完成考试内容的同学进行补考；<br>2. 没有补考任务的同学进行自由对抗；<br>3. 注意安全，互相保护 |
| 16 | 期末总结 | 教师认真总结授课情况，听取学生对本课的建议，建立良好的教学秩序 |

# 第十三节　武术——散打

## 一、项目简介

散打，又称散手，是两人按照一定的规则，并运用传统武术中的踢、打、摔等攻防技法制服对方的、徒手对抗的格斗项目，它是中国武术的重要竞赛形式。分为古传散手、现代散打。古传散手作为散打的最早发展，主要是对抗单人和兵器或多人的格斗，用头、指、掌、拳、肘、肩、膝、腿、胯、臂等部位攻击，主要的技法为打、踢、拿、跌、摔等，其中还有肘膝等技法，在格斗中讲究出其不意，不讲究花法只讲究打赢实用。现代散打就是常见的以直拳、摆拳、抄拳、鞭拳、鞭腿、蹬腿、踹腿、摔法等技法组成的以踢、打、摔结合的攻防技术。

## 二、教学目标

散手又称散打，古称相搏、手搏、手战等，是由中国古代打擂台演化而来的一种徒手搏击技术，是武术的重要组成部分。通过散打课的学习，使学生喜爱散打运动并积极参与锻炼，掌握散打运动的基本知识、技术、竞赛规则、裁判法，并运用到散打实战中。提高学生身体的力量、速度、耐力、协调、柔韧、灵敏、反应等多项素质，培养学生顽强的意志品质和健身防身技能，学会科学锻炼身体的方法，养成自觉锻炼的好习惯。

## 三、教学基本要求

### 1.课程重点

散打课的重点是使学生掌握散打技能和技巧，培养大学生勇敢果断的品质，塑造学生积极向上的人生态度，提高学生的自卫能力。

### 2.课程难点

散打课的难点是如何提高学生的柔韧性、实战中多项技术的综合运用能力以及克服畏惧的心理能力。

### 3.能力培养要求

初级进度掌握散打的基本站位、基本拳法、基本腿法、基本摔法及基本身体素质练习；中级进度掌握拳法间、腿法间、拳腿间、拳腿摔的组合打法，培养学生顽强的意志品质和竞争意识，学会科学锻炼身体的方法，养成自觉锻炼的好习惯。

### 4.考试内容技术要领及特点

（1）直拳：蹬转以腰带臂顺肩发力，旋臂直线冲拳，快速弹回护头。

（2）摆拳：蹬转以腰带臂转肩发力，抬肘摆臂侧击，快速收回护头。

（3）勾拳：蹬转以腰带臂转肩发力，屈肘进身勾击，快速收回护头。

（4）蹬腿：提膝勾脚尖正蹬送髋力达脚跟或前掌。

（5）边腿：侧转身膝领转髋小腿加速横摆侧击力达脚背。

（6）踹腿：屈膝侧抬腿勾脚尖展宽伸膝力达脚掌或脚跟。

（7）实战：勇敢沉着，战术技术运用合理，综合能力全面。

## 四、教学内容与学时

### （一）初级教学内容与学时

课堂教学。

1.理论部分

（1）课程介绍。

（2）武德教育。

（3）一般知识。

（4）战术理论。

2.腿法及拳法

（1）跟进步、跳步、滑步、交叉步。

（2）正蹬腿及蹬靶、外摆腿。

（3）侧踹腿、滑步侧踹及踹靶。

（4）直拳打靶。

（5）原地摆（掼）拳及打靶。

（6）里合转身外摆腿组合。

（7）摆拳配合步法打靶。

（8）蹬、踹组合及打靶。

（9）摆拳打靶。

（10）蹬、边腿组合及打靶。

（11）原地勾（抄）拳及打靶。

（12）低、高边腿组合及打靶。

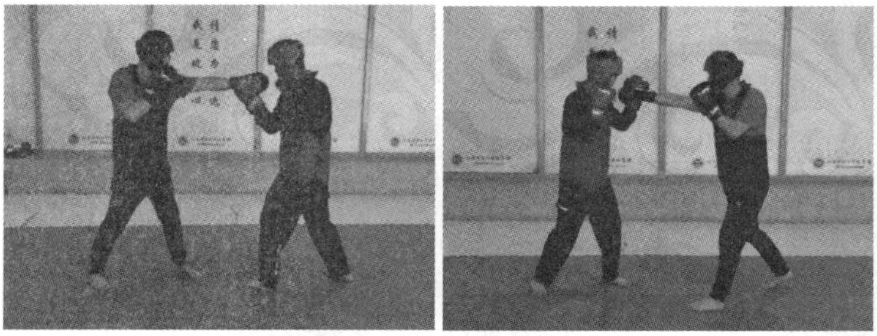

图6-13-1　左右直拳

图6-13-2　左右摆拳

图6-13-3　左右勾拳

图6-13-4　左右蹬腿

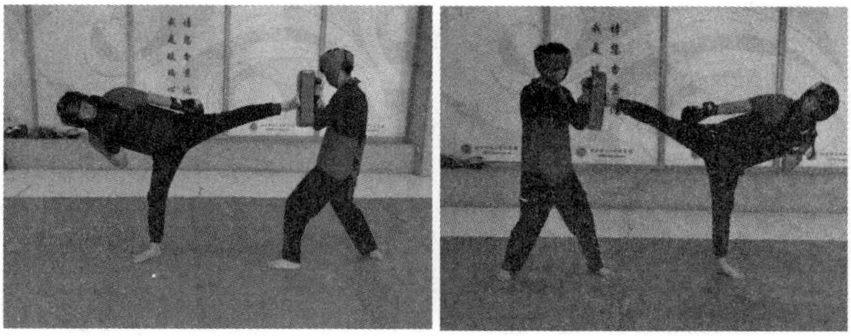

图6-13-5　左右踹腿

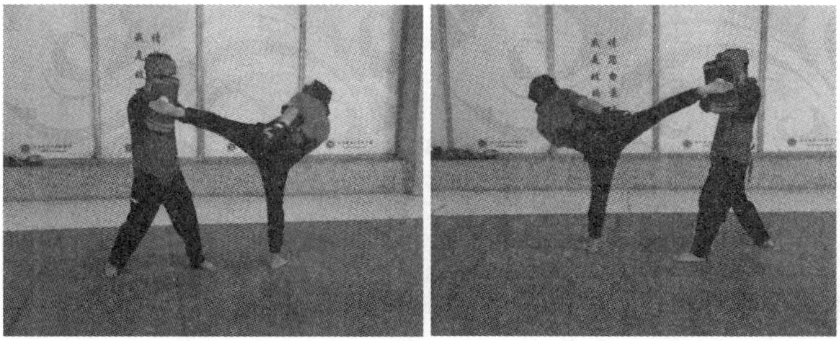

图6-13-6　左右边腿

### 3. 摔法

（1）夹颈过背摔；抱腿前顶摔。

（2）抱腿别腿摔；撞胸别髋摔。

图6-13-7　侧摔

图6-13-8　夹颈摔

4. 身体素质练习

（1）俯卧撑、蛙跳。

（2）立卧撑、引体向上。

（3）1分钟单摇跳绳。

（4）8–12分钟跑、2000米变速跑。

（5）仰卧起坐、收腹举腿。

5. 结课

学期总结。

## （二）高级教学内容与学时

课堂教学。

1.理论部分

（1）课程介绍。

（2）武德教育。

（3）一般知识。

（4）战术理论。

2. 复习上学期内容

（1）复习步法。

（2）复习拳法。

3.腿法及拳法

（1）旋风腿。

（2）鞭拳。

4. 摔法

（1）抱腿制腿；抱腿打腿；接腿勾踢。

5. 防守

（1）双手架挡；左、右拍挡；后闪身；下潜身。

（2）左右格挡；后闪身；低头下潜身。

（3）下压、贴身搂抱、后撤步。

（4）弹腿；蹬腿；踹腿；里合腿。

6.身体素质练习

（1）俯卧撑、蛙跳。

（2）立卧撑、引体向上。

（3）1分钟单摇跳绳。

（4）8~12分钟跑、2000米变速跑。

（5）仰卧起坐、收腹举腿。

6.结课

学期总结。

## 五、教材与参考书

### （一）教材

（1）全国体育学院教材委员会编，《体育学院通用教材：武术》，人民体育出版社，2007年，第1版。

（2）全国体育院校教材委员会审定，《中国武术教程》，人民体育出版社，2004年，第1版。

### （二）参考书

（1）曾于久著，《武术散打训练新论》，人民体育出版社，2013 年，第 1 版。

（2）佟庆辉著，《武术散打技法》，北京体育学院出版社，1987年1，第1版。

（3）周争蔚著，《散打教学与训练》，北京体育大学出版社，2010年，第1版。

## 六、考核方式

### （一）初级班

（1）平时成绩：对学生的考勤和学习态度进行评定，分值为10分。

（2）身体素质考核：

1000米跑（男）、800米跑（女）和引体向上（男）、仰卧起坐（女）各15分。

（3）专项技术考核：60分。以柔韧性达标和拳腿组合技评为技术考核部分。两者各占30分。

### （二）高级班

（1）平时成绩：对学生的考勤和学习态度进行评定，分值为10分。

（2）身体素质考核：

1000米跑（男）、800米跑（女）和引体向上（男）、仰卧起坐（女）各15分。

（3）专项技术考核： 60分。以拳打移动靶和散手实战为技术考核部分。两者各占30分。

注：有理论考试的学期，两项素质考试各占10%即20分；理论占10%即10分。

# 七、教学进度

## （一）散打初级教学进度

表6-13-1　散打初级教学进度

| 周次 | 教学内容 | 教学要求 |
| --- | --- | --- |
| 1 | 1. 编班，开课导言：<br>（1）重申体育课常规及要求；<br>（2）介绍本学期考试内容及标准；<br>2. 武德教育；<br>3. 学习散手预备式 | 1. 教师要认真、全面地讲解，要求学生明确学习武术散手目的和意义，端正其学习态度；<br>2. 学武先学德；<br>3. 基本掌握散手预备式 |
| 2 | 1. 复习上周学过内容；<br>2. 散手基本步法：<br>（1）跟进步、跳步；<br>（2）滑步、交叉步；<br>3. 身体素质练习：俯卧撑、蛙跳 | 1. 复习改进技术动作；<br>2. 步法示范清楚，移动时身体重心要跟上；<br>3. 认真完成多组练习 |
| 3 | 1. 复习上周学过内容；<br>2. 散手基本腿法：<br>（1）正弹踢腿及踢靶；<br>（2）正踢腿；<br>3. 散手基本拳法：原地直（冲）拳及打靶；<br>4. 身体素质练习：仰卧起坐、引体向上 | 1. 复习重在改进；<br>2. 弹踢如弹簧，快去快收；<br>3. 直拳走直线，快去快回；<br>4. 要求学生按引体向上标准练习 |
| 4 | 1. 复习上周学过内容；<br>2. 散手基本腿法：<br>（1）正蹬腿及蹬靶；<br>（2）里合腿；<br>3. 散手基本拳法：直拳配合步法打靶；<br>4. 身体素质练习：1 分钟单摇跳绳 | 1. 复习重在改进；<br>2. 正蹬腿力达脚跟；<br>3. 里合腿时先上踢再里摆；<br>4. 出拳与步法衔接紧密 |
| 5 | 1. 复习上周学过内容；<br>2. 散手基本腿法：<br>（1）后撩腿及撩靶；<br>（2）外摆腿；<br>3. 散手基本拳法：直拳打靶；<br>4. 身体素质练习：1200 米跑 | 1. 撩击时、大腿带小腿；<br>2. 外摆时，先上踢再外摆；<br>3. 要求学生坚持跑完全程 |

续表

| 周次 | 教学内容 | 教学要求 |
|---|---|---|
| 6 | 1. 复习上周学过内容；<br>2. 散手基本腿法：<br>侧踹腿、滑步侧踹及踹靶；<br>3. 散手基本拳法：原地摆（掼）拳及打靶；<br>4. 身体素质练习：1600 米变速跑 | 1. 屈腿伸髋要充分；<br>2. 滑步要快而低；<br>3. 要求学生变速明显 |
| 7 | 1. 复习上周学过内容；<br>2. 散手基本腿法：里合转身外摆腿组合；<br>3. 散手基本拳法：摆拳配合步法打靶；<br>4. 素质考试：1000 米跑（男），800 米跑（女） | 1. 里合腿要突然迅速、保持好平衡；<br>2. 外摆转身时腰、头领先，以腰带腿；<br>3. 要求学生注意跑步方法及考试纪律；<br>4. 注意学生跑后的身体状况 |
| 8 | 1. 复习上周学过内容；<br>2. 散手基本腿法：蹬、踹组合及打靶；<br>3. 散手基本拳法：摆拳打靶；<br>4. 素质练习：仰卧起坐、收腹举腿 | 1. 两种腿法方法要正确；<br>2. 注意摆拳幅度及小臂内旋度，保证击打面要正确 |
| 9 | 1. 复习上周学过内容；<br>2. 散手基本腿法：蹬、边腿组合及打靶；<br>3. 散手基本拳法：原地勾（抄）拳及打靶；<br>4. 素质考试：引体向上（男）、仰卧起坐（女） | 1. 要求蹬、边衔接快而协调；<br>2. 边腿外展要充分，用脚背打击；<br>3. 勾拳注意手臂的角度；<br>4. 记录好素质考试成绩 |
| 10 | 1. 复习上周学过内容；<br>2. 散手基本腿法：低、高边腿组合及打靶；<br>3. 散手基本拳法：勾拳配合步法打靶 | 1. 要求体会低、高边腿的虚实变化；<br>2. 注意上步与出拳的配合及与打击目标的距离感 |
| 11 | 1. 复习上周学过内容；<br>2. 散手基本摔法：<br>（1）夹颈过背摔<br>（2）抱腿前顶摔；<br>3. 散手基本拳法：勾拳打靶；<br>4. 身体素质练习：跳绳 | 1. 布置好摔跤垫，保障学生倒地安全；<br>2. 体会勾拳时，肩关节的用力以及蹬地转腰发力 |
| 12 | 1. 复习上周学过内容；<br>2. 散手基本摔法：<br>（1）抱腿别腿摔<br>（2）撞胸别髋摔；<br>3. 散手基本拳法：组合拳打靶 | 1. 布置好摔跤垫，保障学生倒地安全；<br>2. 介绍直、摆组合；直、勾组合 |

续表

| 周次 | 教学内容 | 教学要求 |
| --- | --- | --- |
| 13 | 柔韧基本功考试：横竖劈叉、吻靴压腿 | 要求学生明确考试方法，遵守考试纪律。教师考试认真、公正，成绩记录准确 |
| 14 | 基本技术考试：三拳三腿综合打靶技评 | 要求学生明确考试方法，遵守考试纪律教师考试认真、公正，成绩记录准确 |
| 15 | 1. 考试补测；<br>2. 机动内容 | 1. 安排已完成考试学生的自由练习；<br>2. 组织好部分学生个别项目的补测工作 |
| 16 | 1. 学期总结；<br>2. 希望要求 | 1. 对本学期情况全面总结，征求学生对体育课意见；<br>2. 介绍下学期教学内容及选课情况。对学生体育锻炼提出希望和要求 |

## 表6-13-2　散打高级教学进度

| 周次 | 教学内容 | 教学要求 |
| --- | --- | --- |
| 1 | 1. 编班，开课导言：<br>（1）重申体育课常规及要求；<br>（2）介绍本学期考试内容及标准；<br>2. 武德教育；<br>3. 复习散手预备式 | 1. 教师要认真、全面地讲解，要求学生明确学习武术散手的目的、意义，端正其学习态度；<br>2. 习武先立德 |
| 2 | 1. 复习步法：跨步、闪步、跳换步等；<br>2. 复习拳法：直拳、摆拳、勾拳；<br>3. 学习腿法：旋风腿；<br>4. 身体素质练习：慢跑 800 米 | 1. 要求步法变换灵活；<br>2. 要求拳法动作规范；<br>3. 要求旋风腿平稳落地 |
| 3 | 1. 学习拳法：鞭拳；<br>2. 结合步法，练习拳法与腿法组合；<br>3. 复习摔法；<br>4. 身体素质练习：俯卧撑 | 1. 鞭拳时转身要快；<br>2. 二者衔接紧密；<br>3. 注意摔法的倒地方法 |
| 4 | 1. 复习步法、拳法、腿法；<br>2. 学习摔法：<br>（1）抱腿制腿；<br>（2）抱腿打腿；<br>（3）接腿勾踢；<br>3. 身体素质练习：蛙跳 | 1. 要求动作舒展、有力；<br>2. 抱腿要稳，下腿要准 |

续表

| 周次 | 教学内容 | 教学要求 |
|---|---|---|
| 5 | 1. 直拳的防守练习：（1）双手架挡；（2）左、右拍挡防守；（3）后闪身；（4）下潜身；<br>2. 综合打靶；<br>3. 素质练习：800 米跑 | 1. 认真学习、体会、记忆；<br>2. 注意打靶节奏 |
| 6 | 1. 摆拳的防守练习<br>（1）左右格挡防守；<br>（2）后闪身；<br>（3）低头下潜身；<br>2. 组合拳打靶；<br>3. 素质练习：引体向上、仰卧起坐 | 1. 认真学习、体会、记忆；<br>2. 身法移动要合理 |
| 7 | 1. 勾拳的防守练习；下压、贴身搂抱、后撤步练习；<br>2. 组合腿踢沙袋；<br>3. 身体素质练习：跳绳 | 1. 认真学习、体会、记忆；<br>2. 打沙袋时，注意动作方法，以免受伤 |
| 8 | 1. 结合步法练习拳法；<br>2. 结合步法练习腿法；<br>3. 素质考试：1000 米跑（男）、800 米（女） | 1. 注意步法与拳法、腿法的协调配合；<br>2. 讲解考试要领及要求；<br>3. 注意身体差的学生 |
| 9 | 1. 结合步法，练习拳法与腿法组合；<br>2. 腿法的防守练习：（1）弹腿；（2）蹬腿；（3）踹腿；（4）里合腿；<br>3. 素质考试：引体向上（男）、仰卧起坐（女） | 1. 注意步、拳、腿三者的协调组合；<br>2. 要求不同的腿法，采取不同的手法；<br>3. 安排学生合理分工 |
| 10 | 1. 学习散手比赛规则；<br>2. 拳法实战练习 | 1. 要求认真听讲，强调禁打部位；<br>2. 穿戴好全套护具，选择体重、力量、技术相当的二人进行实战练习 |
| 11 | 1. 进一步熟悉散打规则；<br>2. 腿法实战练习 | 1. 掌握新学内容；<br>2. 强调禁打部位，穿戴好全套护具，选择体重、力量、技术相当的二人进行实战练习 |
| 12 | 1. 强调摔法规则要求；<br>2. 摔法实战练习 | 1. 要求摔法的多样性；<br>2. 铺好垫子，安全练习 |
| 13 | 打移动靶考试 | 1. 拳腿的速度、力量和节奏感；<br>2. 二名学生配合的默契度 |

续表

| 周次 | 教学内容 | 教学要求 |
|---|---|---|
| 14 | 实战考试 | 全面、合理运用各项技术，比赛时注意力集中，发扬勇敢、顽强、拼搏精神 |
| 15 | 1. 实战考试；<br>2. 补考 | 部分学生因伤或病未考或未过，再给一次补考机会 |
| 16 | 1. 期末总结；<br>2. 希望与要求 | 1. 全面总结一个学期的教学、纪律、学风情况；<br>2. 征求学生对课程的意见；<br>3. 对学生课余锻炼提出要求 |

# 第十四节　武术——长拳

## 一、项目简介

武术是古代军事战争一种传承的技术。习武可以强身健体，亦可以防御敌人进攻。习武之人以“制止侵袭”为技术导向、引领修习者进入认识人与自然、社会客观规律的传统教化（武化）方式，是人类物质文明的导向和保障。武术，拥有消停战事、维护和平的实力。中国传统武术伴随着中国历史与文明发展，走过了几千年的风雨历程，成为维系这个民族生存和发展的魂以及承载中华儿女基因构成的魄，止戈为武。武，是拥有维护自身安全和权益的实力。我们修习武术，是让我们从身到心、由魂而魄得到提升而充满安全感，精壮神足，具有安然自胜的实力。这是我族历代沉淀而成、安魂守魄的法宝。

## 二、教学目标

继承和发扬中华民族传统武术文化，培养爱国主义情操，高尚的思想品质、体育道德；使学生较系统地了解和掌握武术的基本理论与技术；较熟练地掌握大纲规定的教材内容；发展学生速度、力量、耐力 、灵敏、协调等身体素质，并使学生掌握科学的锻炼方法和手段；培养学生的沟通、合作方面的能力，注重心理、社会适应性的培养。

## 三、教学基本要求

### 1.课程重点

武术课的重点是使学生掌握各种手形、手法、步型、步法。使学生体会到武术带来的快乐。

### 2.课程难点

武术课的难点是套路演练风格、节奏性的把握，以及技击的实用性的大小。

### 3.能力培养要求

掌握武术的基本知识和基本技术，发展学生速度、力量、耐力 、灵敏、协调等身体素质，并使学生掌握科学的锻炼方法和手段；培养学生的沟通、合作方面的能力，注重心理、社会适应性的培养。

## 四、教学内容与学时

课堂教学。

### 1.理论部分

武术的起源与发展；武术的内容与分类；武术的特点、作用及锻炼身体的价值；武术比赛的基本规则及裁判法；武术与欣赏。

### 2.实践部分

（1）基本技术：包括基本手形和步型；基本手法和步法；腿法和跳跃练习。

（2）初级“一段”长拳套路动作。

图6-14-1　预备势

第一节

①马步双劈拳 ②拗弓步冲拳 ③蹬腿冲拳 ④马步冲拳

⑤马步双劈拳 ⑥拗弓步冲拳 ⑦蹬腿冲拳 ⑧马步冲拳

图6-14-2 图解动作

第二节

①弓步推掌 ②拗弓步推掌 ③弓步搂手砍掌 ④弓步搂手推拿

⑤弓步推掌 ⑥拗弓步推掌 ⑦弓步搂手砍掌 ⑧弓步搂手推拿

图6-14-3 图解动作

第三节

①虚步上架 ②马步下压 ③拗弓步冲拳 ④马步冲拳

⑤虚步上架 ⑥马步下压 ⑦拗弓步冲拳 ⑧马步冲拳

图6-14-4　图解动作

第四节

①弓步双摆掌 ②弓步穿掌 ③推掌弹踢 ④弓步上架推掌

⑤弓步双摆掌 ⑥弓步穿掌 ⑦推掌弹踢 ⑧弓步上架推掌

图6-14-5　图解动作

图6-14-6 收势

（3）初级剑套路动作。

预备势

第一段

①弓步直刺 ②回身后劈 ③弓步平抹 ④弓步左撩

⑤提膝平斩 ⑥回身下刺 ⑦挂剑直刺 ⑧虚步架剑

第二段

①虚步平劈 ②弓步下劈 ③带剑前点 ④提膝下截

⑤提膝直刺 ⑥回身平崩 ⑦歇步下劈 ⑧提膝下点

第三段

①并步直刺 ②弓步上挑 ③歇步下劈 ④右截腕

⑤左截腕 ⑥跃步上挑 ⑦仆步下压 ⑧提膝直刺

第四段

①弓步平劈 ②回身后撩 ③歇步上崩 ④弓步斜削

⑤进步左撩 ⑥进步右撩 ⑦坐盘反撩 ⑧转身云剑

收势

## 3.身体素质练习

男生1000米跑和引体向上，女生800米跑和仰卧起坐。

## 五、教材与参考书

### （一）教材

（1）全国体育学院教材委员会编，《武术》，人民体育出版社，2007年，第1版。

（2）王建华、高嵘著，《学校武术》，北京体育大学出版社，2006年，第1版。

### （二）参考书

（1）王建华等编，《民族传统体育》，人民教育出版社，2007年，第1版。

（2）王建华等编，《武术对抗与健身》，人民体育出版社，2006 年，第 1 版。

（3）中国武术教材编委会等编，《中共武术教程》，人民体育出版社，2004年，第1版。

## 六、考核方式

### （一）考核内容

（1）平时成绩：对学生的考勤和学习态度进行评定，分值为10分。

（2）身体素质考核：

1000 米跑（男）、800 米（女）和引体向上（男）、仰卧起坐（女）各 15 分。

（3）专项技术考核：60分。

| 评分标准 | 分值（分） |
|---|---|
| 全套动作规格完全正确，演练水平高；很好体现套路的风格、节奏、劲力 | 60 ~ 55 |
| 全套动作规格比较正确，演练水平高；较好体现套路的风格、节奏、劲力 | 55 ~ 50 |
| 全套动作规格正确，有个别错误；演练水平一般；套路的风格、节奏、劲力表现一般 | 50 ~ 45 |

续表

| 评分标准 | 分值（分） |
|---|---|
| 能独立完成套路动作，但全套动作规格与要求部分不符；演练水平，劲力、协调、精神、节奏较差 | 45 ~ 40 |
| 不能独立完成套路动作，或套路动作错误太多 | 40 以下 |

注：有理论考试的学期，两项素质考试各占 10% 即 20 分；理论占 10% 即 10 分。

## 七、教学进度

### （一）武术初级教学进度

表6-14-1　武术初级教学进度

| 周次 | 教学内容 | 教学要求 |
|---|---|---|
| 1 | 1. 编班，开课导言；<br>2. 学习武术的基础理论知识；<br>3. 慢跑 | 1. 介绍课堂常规、教学制度、考勤办法、注意事项及本学期的教学内容；<br>2. 让学生理解武术锻炼的意义 |
| 2 | 1. 长拳的基本功练习；<br>2. 身体素质练习：10 ~ 15 分钟耐力跑 | 1. 培养学生对长拳的兴趣爱好；<br>2. 武术基本功练习；<br>3. 提高学生耐力及协调性 |
| 3 | 1. 长拳的基本功练习；<br>2. 学习初级长拳第一段前四个动作；<br>4. 身体素质练习：跳绳 | 1. 使学生初步掌握武术长拳的手形、手法、步型、步法；<br>2. 初步掌握长拳第一段前四个动作 |
| 4 | 1. 长拳的基本功练习：<br>复习初级长拳第一段前四个动作；<br>2. 学习初级长拳第一段后四个动作；<br>3. 身体素质练习：10 ~ 15 分钟耐力跑 | 1. 熟练掌握长拳第一段前四个动作，初步掌握后四个动作；<br>2. 注意精气神和攻防动作意识的培养 |
| 5 | 1. 长拳的基本功练习及复习；<br>2. 复习初级长拳第一段；<br>3. 功力练习和攻防练习；<br>4. 身体素质练习：10 ~ 15 分钟耐力跑 | 1. 提高专项综合素质；<br>2. 熟练掌握长拳第一段；<br>3. 注意精气神和攻防动作意识的培养；<br>4. 培养学生对武术的认识和积极的学习态度 |
| 6 | 1. 长拳的基本功练习；<br>2. 复习长拳第一段；<br>3. 学习初级长拳第二段前四个动作；<br>4. 考试：1000 米 /800 米 | 1. 初步熟练长拳第二段前四个动作；<br>2. 注意精气神和攻防动作意识的培养；<br>3. 测试学生的身体素质 |

续表

| 周次 | 教学内容 | 教学要求 |
| --- | --- | --- |
| 7 | 1. 长拳的基本功练习；<br>2. 复习初级长拳第二段前四个动作；<br>3. 学习初级长拳第二段后四个动作；<br>4. 功力练习和攻防练习 | 1. 初步掌握长拳第二段全部的动作；<br>2. 注意精气神和攻防动作意识的培养；<br>3. 提高专项综合素质 |
| 8 | 1. 长拳的基本功练习；<br>2. 复习长拳第一、二段；<br>3. 教学比赛；<br>4. 身体素质练习：上肢力量练习 | 1. 进一步熟练长拳第一、二段全部的动作；<br>2. 重点培养武术套路的风格、节奏、精气神，以及攻防动作意识；<br>3. 通过比赛提高学生学习的兴趣 |
| 9 | 1. 学习初级长拳第三段前四个动作；<br>2. 考试身体素质：男生俯卧撑；女生仰卧起坐 | 1. 初步掌握第三段前四个动作；<br>2. 完成身体素质考试 |
| 10 | 1. 复习初级长拳第三段前四个动作；<br>2. 学习初级长拳第三段后四个动作 | 1. 熟练掌握第三段前四个动作；<br>2. 初步掌握第三段后四个动作的方法、路线 |
| 11 | 1. 复习初级长拳第三段所有动作；<br>2. 学习初级长拳第四段前四个动作；<br>3. 功力练习和攻防练习 | 1. 熟练掌握第三段全部动作，复习第一、二段的动作；<br>2. 初步掌握第四段前四个动作的方法、路线；<br>3. 提高专项综合素质 |
| 12 | 1. 复习初级长拳第四段前四个动作；<br>2. 学习初级长拳第四段后四个动作；<br>3. 身体素质练习 | 1. 熟练掌握第四段前四个动作；<br>2. 初步掌握第四段后四个动作的方法、路线；<br>3. 发展学生的体能 |
| 13 | 1. 复习初级长拳的全部四段；<br>2. 教学比赛 | 1. 熟练掌握初段拳的全部动作；<br>2. 要求演练中体现武术套路的风格、节奏、精气神，以及攻防动作意识 |
| 14 | 1. 考试：初级长拳；<br>2. 球类活动或游戏 | 1. 各门考试项目补测；<br>2. 全面身体练习 |
| 15 | 1. 补考；<br>2. 武术理论知识学习 | 1. 进行相关项目的补考；<br>2. 通过多媒体学习武术理论知识 |
| 16 | 本学期教学总结 | 对本学期的教学情况进行总结 |

## （二）武术高级教学进度

表6-14-2 武术高级教学进度

| 周次 | 教学内容 | 教学要求 |
| --- | --- | --- |
| 1 | 1. 编班，开课导言；<br>2. 学习武术的基础理论知识；<br>3. 慢跑 | 1. 介绍课堂常规、教学制度、考勤办法、注意事项及本学期的教学内容；<br>2. 让学生理解武术锻炼的意义 |
| 2 | 1. 剑术的基本功练习；<br>2. 身体素质练习：10 ~ 15 分钟耐力跑 | 1. 培养学生对剑术的兴趣爱好；<br>2. 剑术基本功练习；<br>3. 提高学生耐力及协调性 |
| 3 | 1. 剑术的基本功练习；<br>2. 学习初级剑第一段前四个动作；<br>3. 身体素质练习：跳绳 | 1. 使学生初步掌握剑术的基本动作；<br>2. 初步掌握剑术第一段前四个动作 |
| 4 | 1. 复习初级剑第一段前四个动作；<br>2. 学习初级剑第一段后四个动作；<br>3. 身体素质练习：10 ~ 15 分钟耐力跑 | 1. 熟练掌握初级剑第一段前四个动作，初步掌握后四个动作；<br>2. 注意精气神和攻防动作意识的培养 |
| 5 | 1. 剑术的基本功练习；<br>2. 复习初级剑第一段；<br>3. 功力练习和攻防练习；<br>4. 身体素质练习：10 ~ 15 分钟耐力跑 | 1. 提高专项综合素质；<br>2. 熟练掌握初级剑第一段；<br>3. 注意精气神和攻防动作意识的培养；<br>4. 培养学生对武术的认识和积极的学习态度 |
| 6 | 1. 剑术的基本功练习；<br>2. 复习初级剑第一段；<br>3. 学习初级剑第二段前四个动作；<br>4. 考试：1000 米 /800 米 | 1. 初步掌握第二段前四个动作；<br>2. 注意精气神和攻防动作意识的培养；<br>3. 测试学生的身体素质 |
| 7 | 1. 剑术的基本功练习；<br>2. 复习初级剑第二段前四个动作；<br>3. 学习初级剑第二段后四个动作；<br>4. 功力练习和攻防练习 | 1. 初步掌握剑术第二段全部的动作；<br>2. 注意精气神和攻防动作意识的培养；<br>3. 提高专项综合素质 |
| 8 | 1. 剑术的基本功练习；<br>2. 复习剑术第一、二段；<br>3. 教学比赛；<br>4. 身体素质练习：上肢力量练习 | 1. 进一步熟练学习剑术第一、二段全部的动作；<br>2. 重点培养武术套路的风格、节奏、精气神，以及攻防动作意识；<br>3. 通过比赛提高学生学习的兴趣 |
| 9 | 1. 学习初级剑第三段前四个动作；<br>2. 考试身体素质：立定跳远 | 1. 初步掌握第三段前四个动作；<br>2. 完成身体素质考试 |

续表

| 周次 | 教学内容 | 教学要求 |
| --- | --- | --- |
| 10 | 1. 复习初级剑第三段前四个动作；<br>2. 学习初级剑第三段后四个动作 | 1. 熟练掌握第三段前四个动作；<br>2. 初步掌握第三段后四个动作的方法、路线 |
| 11 | 1. 复习初级剑第三段所有动作；<br>2. 学习初级剑第四段前四个动作；<br>3. 功力练习和攻防练习 | 1. 熟练掌握第三段全部动作，复习第一、二段的动作；<br>2. 初步掌握第四段前四个动作的方法、路线；<br>3. 提高专项综合素质 |
| 12 | 1. 复习初级剑第四段前四个动作；<br>2. 学习初级剑第四段后四个动作；<br>3. 身体素质练习 | 1. 熟练掌握第四段前四个动作；<br>2. 初步掌握第四段后四个动作的方法、路线；<br>3. 发展学生的体能 |
| 13 | 1. 复习初级剑的全部技术动作；<br>2. 教学比赛；<br>3. 体会学习武术攻防技巧 | 1. 熟练掌握初段拳的全部动作；<br>2. 要求演练中体现武术套路的风格、节奏、精气神，以及攻防动作意识 |
| 14 | 1. 复习初级剑的全部技术动作；<br>2. 考试：初级剑 | 1. 各门考试项目补测；<br>2. 全面身体练习 |
| 15 | 1. 补考；<br>2. 武术理论知识学习 | 1. 进行相关项目的补考；<br>2. 通过多媒体学习武术理论知识 |
| 16 | 本学期教学总结 | 对本学期的教学情况进行总结 |

# 第十五节　武术——太极拳

## 一、项目简介

太极拳，国家级非物质文化遗产，是以中国传统儒、道哲学中的太极、阴阳辩证理念为核心思想，集颐养性情、强身健体、技击对抗等多种功能为一体，结合易学的阴阳五行之变化、中医经络学、古代的导引术和吐纳术形成的一种内外兼修、柔和、缓慢、轻灵、刚柔相济的中国传统拳术。1949年后，被国家体委统一改编作为强身健体的体操运动。中国改革开放后，部分还原本来面貌，从而再分为比武用的太极拳、体操运动用的太极操和太极推手。传统太极拳门派众多，常见的太极拳流派有陈式、杨式、武式、吴式、孙式、和式等派别，各派既有传承关系，相互借鉴，也各有自己的特点，呈百花齐放之态。由于太极拳是近代形成的拳种，流派众多，群众基础广泛，因此是中国武术拳种中非常具有生命力的一支。2006年，太极拳被列入中国首批国家非物质文化遗产名录。2018年3月来自河南代表团的李光宇等33名全国人大代表向十三届全国人大一次会议提交了《关于加快推进太极拳申遗工作进一步弘扬太极文化的建议》，将该项目的申遗紧迫性写进了提案。

## 二、教学目标

太极拳是一种既可技击防身，又能增强体质、防治疾病的中国传统体育项目。它历史悠久，流派众多，传播广泛，深受人们的喜爱，集练意、练气、健身、养生、防身、修身养性于一体。通过太极拳课的学习，使学生喜爱此项运动并能积极参与，掌握太极拳运动的基本知识、技术动作，进而使学生达到增强体质、提高免疫力、心情愉快、摆脱病态心理、防治疾病和终身体育的效果。

## 三、教学基本要求

### 1.课程重点

太极拳课的重点是使学生喜爱此项运动并能积极参与，掌握太极拳运动的基本健身知识、技术动作，掌握太极拳的演练风格。

### 2.课程难点

太极拳课的难点是如何解决运动中动作规范性、动作韵律和身体重心较高的问题。

### 3.能力培养要求

掌握太极拳的基本知识和基本动作，提高学生对呼吸、节奏、动作规范性的把控。进而使学生增强体质、提高免疫力、防治疾病、愉悦心情。

4.太极拳的技术要领、特点

虚领顶劲、含胸拔背、松肩坠肘、舒展拔背、松活自然、中正竖直、屈伸平稳、上下相随、内外合一、行云流水、用意不用力；心静意领，呼吸自然；中正安逸，连贯轻柔；全身协调，关节圆活；刚柔相随，松顺沉稳。

## 四、教学内容与学时

**初级教学进度内容与学时。**

课堂教学。

1.理论部分

（1）介绍太极拳运动。

（2）武德教育。

（3）一般知识。

2.太极拳基本功

（1）柔韧练习。

（2）五种步型。

（3）三种手形。

3.基本技术

（1）野马分鬃。

（2）云手。

（3）搂膝拗步。

4.太极拳套路

二十四式简化太极拳（如图6-15-1，图6-15-2所示）。

①起势；②左右野马分鬃；③白鹤亮翅；④左右搂膝拗步；⑤手挥琵琶；⑥左右倒卷肱；

⑦左揽雀尾；⑧右拦雀尾；⑨单鞭；⑩云手；⑪单鞭；⑫高探马；⑬右蹬脚；⑭双峰贯耳；

⑮转身左蹬脚；⑯左下势独立；⑰右下势独立；⑱左右穿梭；⑲海底针；⑳闪通臂；

㉑转身搬拦捶；㉒如封似闭；㉓十字手；㉔收势。

图6-15-1　二十四式简化太极拳（1）

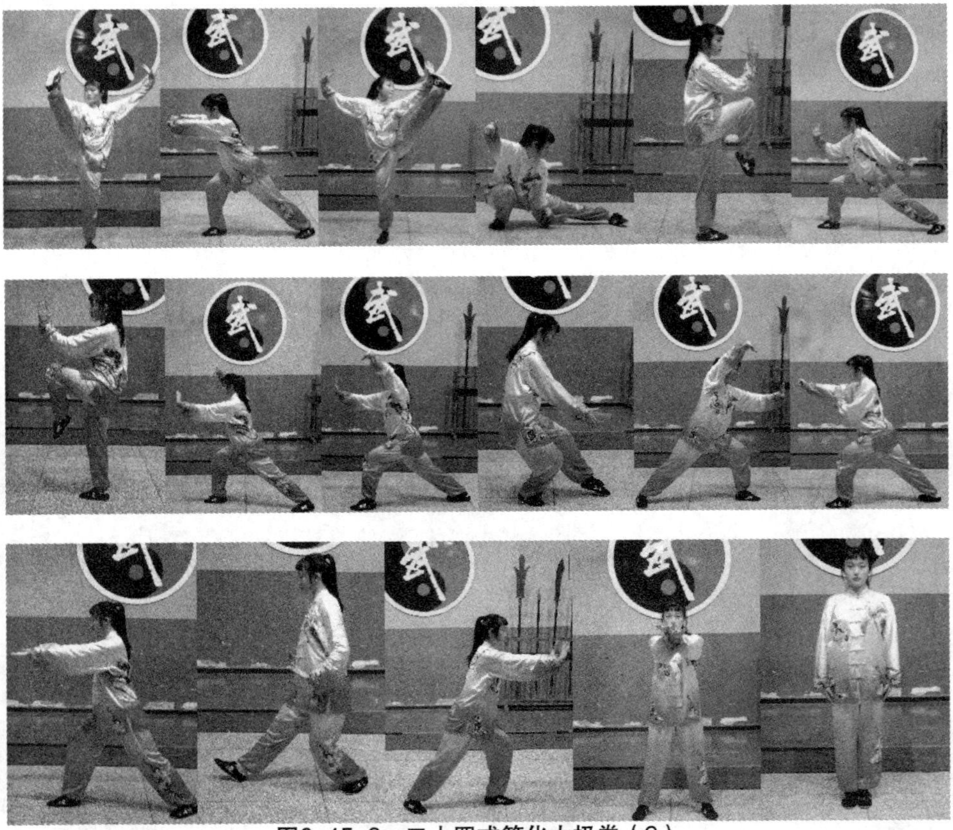


图6-15-2　二十四式简化太极拳（2）

5. 结课

学期总结。

**高级教学进度内容与学时。**

课堂教学。

1.理论部分

（1）介绍太极拳运动。

（2）武德教育。

（3）一般知识。

### 2.太极拳基本功

（1）柔韧练习。

（2）五种步型。

（3）三种手形。

### 3.基本技术

（1）野马分鬃。

（2）云手。

（3）搂膝拗步。

（4）捋挤式。

### 4.太极拳套路

四十八式太极拳。

起势：

第一段：①白鹤亮翅；②左搂膝拗步；③左单鞭；④左琵琶势；⑤捋挤势；⑥左搬拦捶；⑦左搠捋挤按。

第二段：⑧斜身靠；⑨肘底捶；⑩倒卷肱；⑪转身推掌；⑫右琵琶势；⑬搂膝栽捶。

第三段：⑭白蛇吐信；⑮拍脚伏虎；⑯左撇身捶；⑰穿拳下势；⑱独立撑掌；⑲右单鞭。

第四段：⑳右云手；㉑左右分鬃；㉒高探马；㉓右蹬脚；㉔双峰贯耳；㉕左蹬脚；㉖掩手撩拳；㉗海底针；㉘闪通背。

第五段：㉙左右分脚；㉚搂膝拗步；㉛上步擒打；㉜如封似闭；㉝左云手；㉞右撇身捶；㉟左右穿梭；㊱退步穿掌。

第六段：㊲虚步压掌；㊳独立托掌；㊴马步靠㊵;转身大捋；㊶撩掌下势；㊷上步七星；㊸独立跨虎；㊹转身摆莲；㊺弯弓射虎；㊻右搬拦捶；㊼右搠捋挤

按；㊽十字手收势。

5. 身体素质练习

6. 结课

学期总结。

## 五、教材与参考书

### （一）教材

（1）体育院系教材编审委员会编，《 体育系通用教材——武术 》，人民体育出版社，1984年3月，第8版。

（2）中国武术教程编写委员会编，《中国武术教程 》，人民体育出版社，2004年1月，第1版。

### （二）参考书

（1）李德印编，《 24式太极拳——教与学》，北京体育大学出版社，2008年1月1日，第1版。

（2）邱慧芳编，《 24 式太极拳详解 》，江苏科学技术出版社，2011 年 10 月，第 1 版。

（3）李德印编，《 48式太极拳——教与学》，北京体育大学出版社，1998年8月1日，第1版。

## 六、考核方式

### （一）初级教学进度

（1）平时成绩：对学生的考勤和学习态度进行评定，分值为10分。

（2）身体素质考核：

①男生跑1000米跑、女生800米跑15分；

②男生引体向上、女生仰卧起坐占15分。

（3）专项技术考核：60分。以完成二十四式太极拳技术评定为技术考核部分。占总评分60%。

### （二）高级教学进度

（1）平时成绩：对学生的考勤和学习态度进行评定，分值为10分。

（2）身体素质考核：

①男生1000米跑、女生800米跑占15分；

②男生引体向上、女生仰卧起坐占15分。

（3）专项技术考核： 60分。以完成四十八式太极拳技术评定为技术考核部分。占总评分60%。

注：有理论考试的学期，两项身体素质考试各占10%即20分；理论占10%即10分。

## 七、教学进度

### （一）太极拳初级教学进度

表6-15-1　太极拳初级教学进度

| 周次 | 教学内容 | 教学要求 |
| --- | --- | --- |
| 1 | 1．开课导言：<br>（1）提出体育课常规及要求；<br>（2）介绍本学期考试内容及标准；<br>2．简化太极拳<br>（1）简述太极拳的起源与发展；<br>（2）起式—左右野马分鬃 | 1．教师要认真、全面地讲解；要求学生明确学习太极拳的目的、意义，端正学习态度，建立终身锻炼身体的意识；<br>2．了解太极拳的起源与发展 |
| 2 | 1．简化太极拳：（1）复习 1~2 式；<br>（2）学习白鹤亮翅；<br>（3）学习左右搂膝拗步；<br>2．慢跑 | 1．复习、改进；<br>2．在学习左右搂膝拗步时可采用上下肢分解教学 |

续表

| 周次 | 教学内容 | 教学要求 |
| --- | --- | --- |
| 3 | 1. 简化太极拳：<br>（1）复习 1~4 式；<br>（2）学习手挥琵琶；<br>（3）学习左右倒卷肱；<br>2. 素质练习：引体向上、仰卧起坐 | 1. 复习、改进；<br>2. 在学习手挥琵琶时，讲解攻防含义，学生练习体会 |
| 4 | 1. 简化太极拳：<br>（1）复习 1~6 式；<br>（2）学习左揽雀尾；<br>（3）学习右揽雀尾；<br>2. 踢毽 | 1. 复习、改进；<br>2. 基本掌握新学内容；<br>3. 教会学生在学习中举一反三 |
| 5 | 1. 简化太极拳：<br>（1）复习 1~8 式；<br>（2）学习单鞭—云手；<br>（3）学习单鞭—高探马；<br>2. 踢毽 | 1. 复习、改进；<br>2. 基本掌握新学内容；<br>3. 要求学生注意动作规范 |
| 6 | 1. 简化太极拳：<br>（1）复习 1~12 式；<br>（2）学习右蹬脚；<br>（3）学习双峰贯耳—转身左蹬脚；<br>2. 踢毽 | 1. 复习、改进；<br>2. 基本掌握新学内容；<br>3. 蹬脚时注意保持身体平衡 |
| 7 | 1. 简化太极拳：<br>（1）复习 1~15 式；<br>（2）学习左下势独立；<br>（3）学习右下势独立；<br>2. 素质练习：1200 米跑 | 1. 复习、改进；<br>2. 基本掌握新学内容；<br>3. 下式时要移动到低位 |
| 8 | 1. 简化太极拳：<br>（1）复习 1~17 式<br>（2）学习左右穿梭<br>（3）学习海底针<br>2. 男生 1000 米跑、女生 800 米跑考试 | 1. 复习、改进，基本掌握新学内容；<br>2. 做海底针时身体重心要低；<br>3. 讲解考试纪律要求及体力分配和呼吸方法；<br>4. 登记好成绩，注意体弱学生 |
| 9 | 1. 简化太极拳：<br>（1）复习 1~19 式；<br>（2）学习闪通臂；<br>（3）转身搬拦捶；<br>2. 男生 1000 米跑、女生 800 米跑补测 | 1. 复习、改进；<br>2. 基本掌握新学内容；<br>3. 注意左右穿梭的方向；<br>4. 认真完成补测 |

续表

| 周次 | 教学内容 | 教学要求 |
|---|---|---|
| 10 | 简化太极拳：<br>（1）复习 1~21；<br>（2）学习如风似闭；<br>（3）学习十字手—收势 | 1. 通过反复练习熟练动作；<br>2. 基本掌握本课学习内容 |
| 11 | 1. 简化太极拳：<br>（1）复习全套动作；<br>（2）辅导与纠正；<br>2. 素质考试：引体向上、仰卧起坐 | 1. 复习全套动作；<br>2. 集体纠正与个别辅导 |
| 12 | 1. 简化太极拳：<br>（1）复习全套动作；<br>（2）辅导与纠正；<br>2. 俯卧撑 | 1. 强调全套动作的演练速度；<br>2. 个别辅导 |
| 13 | 1. 二十四式太极拳考试；<br>2. 仰卧起坐 | 1. 完整复习；<br>2. 独立完成考试 |
| 14 | 1. 二十四式太极拳考试；<br>2. 素质练习 | 1. 完整复习；<br>2. 独立完成考试 |
| 15 | 1. 补考；<br>2. 机动 | 1. 给考试未通过者补考一次；<br>2. 反复练习 |
| 16 | 1. 太极拳完整练习；<br>2. 期末总结 | 1. 全套练习；<br>2. 对学生的学习态度、纪律等情况全面总结；<br>3. 征求学生对体育课意见 |

## （二）太极拳高级教学进度

### 表6-15-2　太极拳高级教学进度

| 周次 | 教学内容 | 教学要求 |
|---|---|---|
| 1 | 1. 开课导言：<br>（1）提出体育课常规及要求；<br>（2）介绍本学期考试内容及标准；<br>2. 四十八式太极拳<br>（1）起式；<br>（2）白鹤亮翅—左搂膝拗步 | 1. 教师要认真、全面地讲解；<br>2. 要求学生明确学习太极拳的目的、意义，端正其学习态度，建立安全锻炼意识；<br>3. 讲解与示范；<br>4. 领做及要点提示 |

续表

| 周次 | 教学内容 | 教学要求 |
| --- | --- | --- |
| 2 | 1. 四十八式太极拳<br>（1）复习；<br>（2）左单鞭—左琵琶势；<br>（3）捋挤势；<br>2. 身体素质练习：引体向上 | 1. 复习、改进；<br>2. 在学习手挥琵琶时，讲解攻防含义 |
| 3 | 1. 四十八式太极拳<br>（1）复习；<br>（2）左搬拦捶— 左棚捋挤按；<br>（3）斜身靠—肘底捶；<br>2. 素质练习、引体向上、仰卧起坐 | 1. 复习、改进；<br>2. 讲解与示范；<br>3. 领做及要点提示 |
| 4 | 1. 四十八式太极拳<br>（1）复习；<br>（2）倒卷肱—转身推掌；<br>（3）右琵琶势—搂膝栽捶；<br>2. 身体素质练习：俯卧撑 | 1. 复习、改进；<br>2. 基本掌握新学内容；<br>3. 教会学生在学习中举一反三 |
| 5 | 1. 四十八式太极拳：<br>（1）复习；<br>（2）白蛇吐信—拍脚伏虎；<br>（3）左撇身捶—穿拳下势；<br>2. 身体素质练习：蛙跳 | 1 复习、改进；<br>2. 基本掌握新学内容；<br>3. 要求学生注意动作规范 |
| 6 | 1. 四十八式太极拳：<br>（1）复习；<br>（2）独立撑掌—右单鞭；<br>（3）右云手—左右分鬃；<br>2. 素质练习：1200 米跑 | 1. 复习、改进；<br>2. 作云手时注意手脚协调配合 |
| 7 | 1. 四十八式太极拳<br>（1）复习；<br>（2）高探马—右蹬脚；<br>（3）双峰贯耳—左蹬脚；<br>2. 身体素质练习 | 1. 复习、改进；<br>2. 基本掌握新学内容；<br>3. 蹬脚时要维持好身体平衡 |
| 8 | 1. 四十八式太极拳：<br>（1）复习；<br>（2）掩手撩拳—海底针；<br>（3）闪通臂—左右分脚 ；<br>2. 男生 1000 米跑、女生 800 米跑考试 | 1. 复习、改进；<br>2. 注意分脚与蹬脚的区别；<br>3. 讲解要领及纪律要求；<br>4. 注意体弱学生，记好成绩 |

续表

| 周次 | 教学内容 | 教学要求 |
| --- | --- | --- |
| 9 | 1. 四十八式太极拳：<br>（1）复习；<br>（2）搂膝拗步—上步擒打；<br>（3）如封似闭—左云手；<br>2. 男生 1000 米跑、女生 800 米跑补测 | 1. 复习巩固与纠正；<br>2. 注意手脚协调配合 |
| 10 | 1. 四十八式太极拳：<br>（1）复习；<br>（2）右撇身拳—左右穿梭；<br>（3）退步穿掌—虚步压掌；<br>2. 身体素质练习：俯卧撑 | 1. 复习巩固与纠正；<br>2. 注意左右穿梭的角度 |
| 11 | 1. 四十八式太极拳<br>（1）复习；<br>（2）独立托掌—马步靠；<br>（3）转身大捋—撩掌下势上步十字手；<br>2. 素质考试：引体向上、仰卧起坐 | 1. 复习巩固与纠正；<br>2. 注意转身大捋的转动角度；<br>3. 强调考试标准 |
| 12 | 1. 四十八式太极拳<br>（1）复习；<br>（2）独立跨虎—转身摆莲；<br>（3）弯弓射虎—右搬拦捶；<br>2. 素质补测：引体向上、仰卧起坐 | 1. 复习巩固与纠正；<br>2. 注意转身摆腿的转动角度 |
| 13 | 1. 四十八式太极拳<br>（1）复习；<br>（2）右棚捋挤按—十字手；<br>2. 完整练习及考试 | 1. 熟记全套动作；<br>2. 体会慢速匀速运动特点 |
| 14 | 1. 四十八式太极拳<br>2. 考试 | 1. 介绍考试方法；<br>2. 提出考试要求 |
| 15 | 1. 四十八式太极拳考试；<br>2. 个别学生素质和太极拳补考 | 1. 强调考试要求；<br>2. 认真进行考试 |
| 16 | 1. 学期总结；<br>2. 希望要求 | 1. 个别补考；<br>2. 对学生的学习态度、纪律等情况全面总结；<br>3. 征求学生对体育课的意见 |

# 第十六节 瑜 伽

## 一、项目简介

瑜伽（Yoga），最早是从印度梵语而来，其含意为“一致”“结合”或“和谐”。瑜伽源于古印度，是古印度六大哲学派别中的一系，探寻“梵我合一”的道理与方法。而现代人所称的瑜伽则主要是一系列的修身养性的方法。

瑜伽姿势运用古老而易于掌握的技巧，改善人们生理、心理、情感和精神方面的能力，是一种达到身体、心灵与精神和谐统一的运动方式。

## 二、教学目标

（1）通过教学让学生了解和掌握瑜伽运动的基本知识及练习方法。

（2）增强体质、改善形体，发展自我调节身心平衡的能力，舒缓精神压力，调节身心，促进人体健康。

（3）培养学生体育兴趣和锻炼习惯，以及克服困难的信心、恒心和毅力。

（4）在教学过程中让学生掌握瑜伽的基本技能，建立良好的身体姿态，并发展提高学生的协调、柔韧、力量、平衡等身体素质，达到提高身体素质、塑造完美形体、缓解压力、保健强身、修炼身心、增进健康的目的。

## 三、教学基本要求

### 1.课程重点

课程教学的重点是让学生学会瑜伽练习的正确方法，并能在课后自行练习。

### 2.课程难点：

课程的难点就是教会学生将正确的呼吸方法应用于体位练习中，掌握每个体位正确的发力方式，在体式练习的过程中控制好自己的身体。

3.能力培养要求：

（1）初级班。

①培养对瑜伽运动的兴趣。

②掌握瑜伽的基本知识及练习时的注意事项。

③初步掌握瑜伽的基本体位，呼吸，冥想及放松姿势。

（2）提高班。

①通过练习，学会体位练习正确的发力方式，能更好地控制自己的身体。

②掌握瑜伽初级拜日式的序列练习。

③课后能自行练习。

## 四、教学内容与学时

课堂教学。

1.理论部分。

瑜伽的起源与发展，瑜伽的特点及锻炼价值，课程要求及注意事项。

2.实践部分

（1）瑜伽。

（1）呼吸方法。

（2）瑜伽的体位练习。

（3）瑜伽初级拜日式。

（4）瑜伽放松功。

（2）身体素质练习。

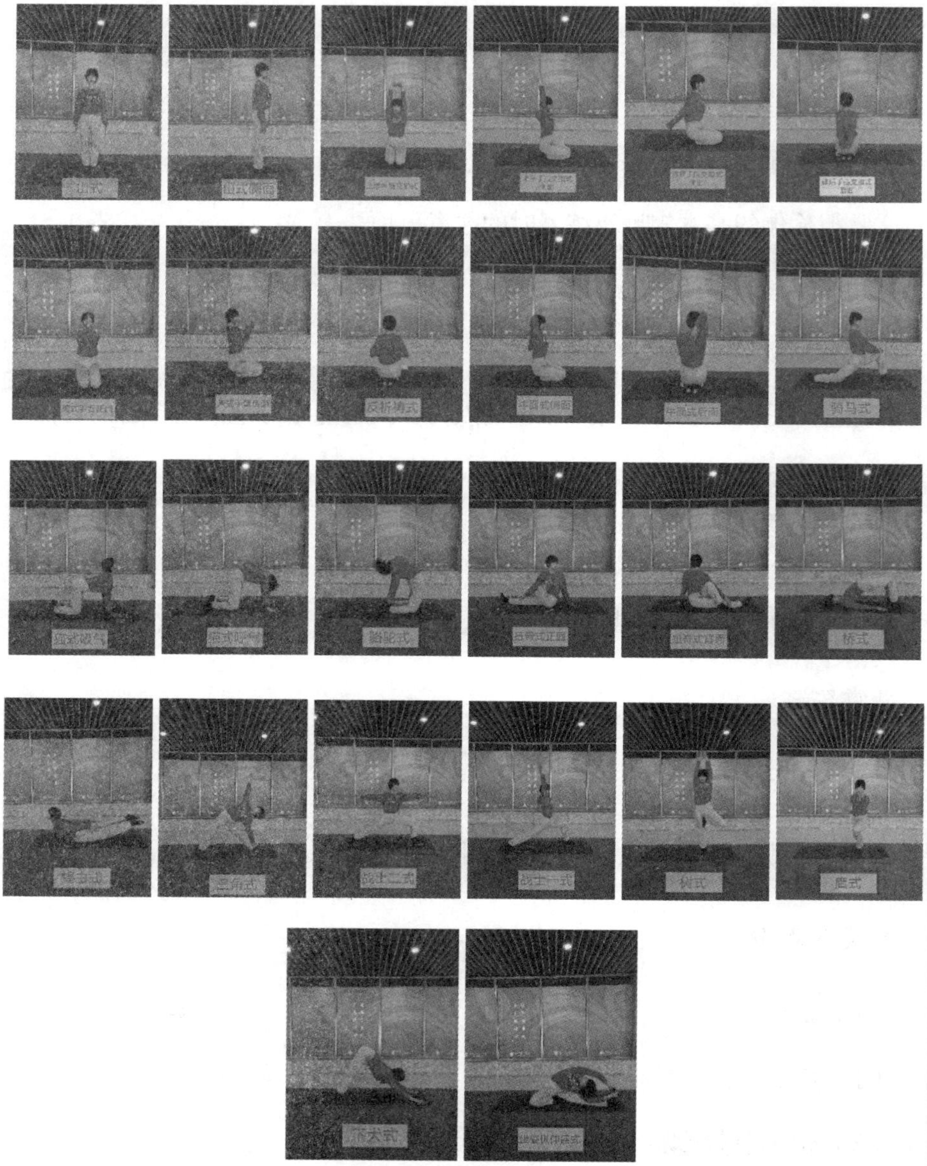

图6-16-1　瑜伽的体位练习

## 五、教材与参考书

### （一）教材

（1）［印］吉塔·S.艾扬格著，《艾扬格瑜伽入门教程》，江苏凤凰美术出版社，2015年，第1版。

（2）魏云花，《大学瑜伽教程》，浙江大学出版社，2010年，第1版。

### （二）参考书

（1）［印］艾扬格著，《瑜伽之光》，世界图书出版公司，2006年，第2版。

（2）［美］雷斯利·卡米诺夫，《瑜伽解剖学》，人民邮电出版社，2016年，第1版。

（3）［印］斯瓦米·库瓦拉亚南达，《瑜伽体位法》，中国青年出版社，2017年，第1版。

## 六、考核方式

考试以小组形式（4~6人）进行，每个小组按要求从学期所学体位中选择5~6个体位进行考核。

### （一）考核内容

#### 1.初级班

（1）平时成绩：学生的考勤和学习态度占总成绩的10%。

（2）身体素质考核：800米跑和仰卧起坐各占总分的10%。

（3）专项技术考核：瑜伽体位考试占总分的60%。

（4）理论成绩：体育理论试卷占总成绩的10%。

#### 2.提高班

（1）平时成绩：学生的考勤和学习态度占总成绩的10%。

（2）身体素质考核：800米跑和仰卧起坐各占总分的15%。

（3）专项技术考核：瑜伽体位考试占总分的60%。

### （二）评分标准

表6-16-1　瑜伽体位考试评分标准

| 评分标准 | 分值（分） |
|---|---|
| 动作准确，熟练，舒展，节奏好，呼吸配合好 | 54~60 |
| 动作准确，熟练，节奏较好，呼吸配合较好 | 48~53 |
| 动作比较准确，熟练，节奏一般，呼吸配合一般 | 42~47 |
| 动作能完成，但熟练度，节奏不好，呼吸配合不好 | 36~41 |
| 不能独立完成动作 | 36 以下 |

## 七、教学进度

### （一）瑜伽初级教学进度

表6-16-2　瑜伽初级教学进度

| 周次 | 教学内容 | 教学要求 |
|---|---|---|
| 1 | 1. 开课导言<br>（1）课堂常规；<br>（2）本学期的教学内容；<br>2. 介绍瑜伽起源、特点和锻炼价值以及练习瑜伽需要注意的问题；<br>3. 身体素质练习：恢复体力 | 1. 明确课堂纪律，了解教学内容；<br>2. 初步了解瑜伽的相关知识与注意事项，提高学习兴趣；<br>3. 中长跑恢复体力 |
| 2 | 1. 学习瑜伽坐姿；<br>2. 瑜伽呼吸练习：学习腹式呼吸；<br>3. 体位学习；<br>4. 放松功；<br>5. 素质练习：10 分钟耐力跑 | 1. 初步学习瑜伽呼吸法；<br>2. 体会在体位练习中呼吸的配合；<br>3. 使学生恢复体力 |
| 3 | 1. 瑜伽呼吸练习：腹式呼吸；<br>2. 复习上节课体位；<br>3. 体位学习；<br>4. 放松功；<br>5. 素质练习：1200 米耐力跑 | 1. 逐步学会瑜伽呼吸法；<br>2. 继续体会体位练习中呼吸的配合；<br>3. 逐步掌握瑜伽练习的节奏；<br>4. 提高学生的心肺功能 |

续表

| 周次 | 教学内容 | 教学要求 |
| --- | --- | --- |
| 4 | 1. 瑜伽呼吸练习：腹式呼吸；<br>2. 复习上节课体位；<br>3. 体位学习；<br>4. 放松功；<br>5. 素质练习：1200 变速跑 | 1. 逐步掌握体位练习中呼吸的配合；<br>2. 逐步掌握瑜伽练习的节奏；<br>3. 提高学生的心肺功能 |
| 5 | 1. 瑜伽呼吸练习：腹式呼吸；<br>2. 复习上节课体位；<br>3. 体位学习；<br>4. 放松功；<br>5. 素质练习：800 匀速跑 | 1. 逐步掌握体位练习中呼吸的配合；<br>2. 逐步掌握瑜伽练习的节奏；<br>3. 逐步学会在体位练习中听从身体感受控制练习的强度 |
| 6 | 1. 瑜伽呼吸练习：学习胸式呼吸；<br>2. 复习上节课体位；<br>3. 体位学习；<br>4. 放松功；<br>5. 素质练习：800 米计时跑 | 1. 逐步掌握体位练习中呼吸的配合；<br>2. 逐步掌握瑜伽练习的节奏；<br>3. 逐步学会在体位练习中听从身体感受控制练习的强度；<br>4. 完成 800 米全程跑 |
| 7 | 1. 瑜伽呼吸练习：胸式呼吸；<br>2. 复习上节课体位；<br>3. 体位学习；<br>4. 放松功；<br>5.800 米测试 | 1. 逐步掌握体位练习中呼吸的配合；<br>2. 逐步掌握瑜伽练习的节奏；<br>3. 逐步学会在体位练习中听从身体感受控制练习的强度；<br>4. 检查学生 800 米水平 |
| 8 | 1. 瑜伽呼吸练习：胸式呼吸 ；<br>2. 复习上节课体位；<br>3. 体位学习；<br>4. 放松功；<br>5.800 米补测 | 1. 逐步掌握体位练习中呼吸的配合；<br>2. 逐步掌握瑜伽练习的节奏；<br>3. 逐步学会在体位练习中听从身体感受控制练习的强度 |
| 9 | 1. 瑜伽呼吸练习：学习完全式呼吸；<br>2. 复习上节课体位；<br>3. 体位学习；<br>4. 放松功；<br>5. 素质练习：仰卧起坐 | 1. 逐步掌握体位练习中呼吸的配合；<br>2. 逐步掌握瑜伽练习的节奏；<br>3. 逐步学会在体位练习中听从身体感受控制练习的强度 |
| 10 | 1. 瑜伽呼吸练习：完全式呼吸；<br>2. 复习上节课体位；<br>3. 体位学习；<br>4. 放松功；<br>5. 素质练习：仰卧起坐 | 1. 逐步掌握体位练习中呼吸的配合；<br>2. 逐步掌握瑜伽练习的节奏；<br>3. 逐步学会在体位练习中听从身体感受控制练习的强度 |

续表

| 周次 | 教学内容 | 教学要求 |
|---|---|---|
| 11 | 1. 瑜伽呼吸练习：完全式呼吸；<br>2. 复习上节课体位；<br>3. 体位学习；<br>4. 放松功；<br>5. 素质练习：仰卧起坐 | 1. 掌握体位练习中呼吸的配合；<br>2. 掌握瑜伽练习的节奏；<br>3. 学会在体位练习中听从身体感受控制练习的强度 |
| 12 | 复习本学期所学全部体位 | 通过复习熟练掌握所学的体位，为体位的考核做准备 |
| 13 | 1. 素质考核：仰卧起坐；<br>2. 分组自行复习 | 测试一分钟仰卧起坐 |
| 14 | 瑜伽体位考核 | 检查瑜伽体位掌握的情况 |
| 15 | 机动补考 | 根据本班具体情况安排活动 |
| 16 | 学期总结 | 对本学期的教学情况进行总结 |

## （二）瑜伽高级教学进度

表6-16-3　瑜伽高级教学进度

| 周次 | 教学内容 | 教学要求 |
|---|---|---|
| 1 | 1. 开课导言<br>（1）课堂常规；<br>（2）本学期的教学内容；<br>2. 介绍练习瑜伽需要注意的问题；<br>3. 身体素质练习：恢复体力 | 1. 明确课堂纪律，了解教学内容；<br>2. 初步了解瑜伽的相关知识与注意事项，提高学习兴趣；<br>3. 中长跑恢复体力 |
| 2 | 1. 瑜伽调息冥想练习；<br>2. 学习瑜伽初级拜日式；<br>3. 体位学习；<br>4. 放松功；<br>5. 素质练习：10 分钟耐力跑 | 1. 体会在体位练习中呼吸的配合；<br>2. 使学生恢复体力 |
| 3 | 1. 瑜伽调息冥想练习；<br>2. 学习瑜伽初级拜日式；<br>3. 体位学习；<br>4. 放松功；<br>5. 素质练习：1200 米耐力跑 | 1. 继续体会体位练习中呼吸的配合；<br>2. 逐步掌握瑜伽练习的节奏；<br>3. 提高学生的心肺功能 |

续表

| 周次 | 教学内容 | 教学要求 |
|---|---|---|
| 4 | 1. 瑜伽调息冥想练习；<br>2. 学习瑜伽初级拜日式；<br>3. 体位学习；<br>4. 放松功；<br>5. 素质练习：1200 变速跑 | 1. 逐步掌握体位练习中呼吸的配合；<br>2. 逐步掌握瑜伽练习的节奏；<br>3. 提高学生的心肺功能 |
| 5 | 1. 瑜伽调息冥想练习；<br>2. 学习瑜伽初级拜日式；<br>3. 体位学习；<br>4. 放松功；<br>5. 素质练习：800 匀速跑 | 1. 逐步掌握体位练习中呼吸的配合；<br>2. 逐步掌握瑜伽练习的节奏；<br>3. 逐步学会在体位练习中听从身体感受控制练习的强度 |
| 6 | 1. 瑜伽调息冥想练习；<br>2. 瑜伽初级拜日式练习；<br>3. 体位学习；<br>4. 放松功；<br>5. 素质练习：800 米计时跑 | 1. 逐步掌握体位练习中呼吸的配合；<br>2. 逐步掌握瑜伽练习的节奏；<br>3. 逐步学会在体位练习中听从身体感受控制练习的强度；<br>4. 完成 800 米全程跑 |
| 7 | 1. 瑜伽调息冥想练习；<br>2. 瑜伽初级拜日式练习；<br>3. 体位学习；<br>4. 放松功；<br>5.800 米测试 | 1. 逐步掌握体位练习中呼吸的配合；<br>2. 逐步掌握瑜伽练习的节奏；<br>3. 逐步学会在体位练习中听从身体感受控制练习的强度；<br>4. 检查学生 800 米水平 |
| 8 | 1. 瑜伽调息冥想练习；<br>2. 瑜伽初级拜日式练习；<br>3. 体位学习；<br>4. 放松功；<br>5.800 米补测 | 1. 逐步掌握体位练习中呼吸的配合；<br>2. 逐步掌握瑜伽练习的节奏；<br>3. 逐步学会在体位练习中听从身体感受控制练习的强度 |
| 9 | 1. 瑜伽调息冥想练习；<br>2. 瑜伽初级拜日式练习；<br>3. 体位学习；<br>4. 放松功；<br>5. 素质练习：仰卧起坐 | 1. 逐步掌握体位练习中呼吸的配合；<br>2. 逐步掌握瑜伽练习的节奏；<br>3. 逐步学会在体位练习中听从身体感受控制练习的强度 |
| 10 | 1. 瑜伽调息冥想练习；<br>2. 瑜伽初级拜日式练习；<br>3. 体位学习；<br>4. 放松功；<br>5. 素质练习：仰卧起坐 | 1. 逐步掌握体位练习中呼吸的配合；<br>2. 逐步掌握瑜伽练习的节奏；<br>3. 逐步学会在体位练习中听从身体感受控制练习的强度 |

续表

| 周次 | 教学内容 | 教学要求 |
| --- | --- | --- |
| 11 | 1. 瑜伽调息冥想练习；<br>2. 瑜伽初级拜日式练习；<br>3. 体位学习；<br>4. 放松功；<br>5. 素质练习：仰卧起坐 | 1. 掌握体位练习中呼吸的配合；<br>2. 掌握瑜伽练习的节奏；<br>3. 学会在体位练习中听从身体感受控制练习的强度；<br>4. 掌握在课后自行练习的方法 |
| 12 | 复习本学期所学全部体位 | 通过复习熟练掌握所学的体位，为体位的考核做准备 |
| 13 | 1. 素质考核：仰卧起坐；<br>2. 分组自行复习 | 测试一分钟仰卧起坐 |
| 14 | 瑜伽体位考核 | 检查瑜伽体位掌握的情况 |
| 15 | 机动补考 | 根据本班具体情况安排活动 |
| 16 | 学期总结 | 对本学期的教学情况进行总结 |

# 第十七节　有氧拉丁

## 一、项目简介

有氧拉丁采用传统的拉丁步伐为主，其音乐则较为舒缓，配合音乐节奏进行呼吸吐纳，能起到较好的健身效果。有氧拉丁最大的特点是在运动中洋溢着拉丁舞蹈特有的欢乐与激情。有氧拉丁可以增加健身趣味性，对于都市人释放压力、放松自己特别有好处。

## 二、教学目标

（1）使学生了解拉丁舞运动的发展概况、特点、功能和运动规律，学习拉丁风情舞的基础知识，掌握基本创编方法。

（2）掌握有氧拉丁的基本动作方法，合理应用拉丁风情舞运动技能，不断提高自己的运动能力，学会运用科学的健身方法手段增进健康。

（3）通过有氧拉丁练习培养学生勇于创新、持之以恒的精神，培养学生勇

续表

于表现、善于表现的现代意识，发展学生的个性，建立和谐的人际关系，具有良好的合作精神和体育道德。

（4）发展学生的心肺功能，促进学生的耐力、灵敏、力量、柔韧素质的提高，增强学生的协调能力。

## 三、教学基本要求

### 1.课程重点

教学的重点是：掌握准确的基本动作。

### 2.课程难点

教学的难点是：熟练且富有表现力和拉丁舞蹈感觉地完成成套动作。

### 3.能力培养要求

开始1~2节课为理论课，通过讲述国标拉丁和有氧拉丁的起源、发展、概念、分类、特点、作用及观看视频，启发学生学习兴趣。接下来的实践课，通过3次课对基本技术动作的学习，让学生充分感受有氧拉丁的自由随意、热情奔放等特点，培养学生的音乐感和协调性；通过复习课，提高动作套路的熟练程度和拉丁舞蹈的感觉。最后通过考试前的冲刺复习和考试，调动学生敢于和善于表现自己的欲望，培养学生自信、积极向上的优良品质。

## 四、教学内容与学时

课堂教学。

### 1.理论部分

（1）拉丁舞概述：起源、发展、概念、分类、特点及作用。

（2）有氧拉丁：概述，国内外流行健身热舞介及各种课程特点。

（3）有氧拉丁与科学锻炼：生理负荷、自我监督体系、科学锻炼方法、锻炼的营养与卫生。

（4）有氧拉丁音乐：音乐的特点和作用，音乐的选配，用音乐时的注意事项。

（5）拉丁舞运动欣赏。

2.实践部分

（1）有氧拉丁基本动作练习（如图6-17-1所示）。

图6-17-1　有氧拉丁基本动作练习

（2）有氧拉丁套路组合。

（3）辅助练习：芭蕾形体、瑜伽伸展，国标拉丁等。

（4）身体素质练习。

## 五、教材与参考书

### （一）教材

（1）吴东方编，《体育舞蹈》，高等教育出版社，2012年，第1版。

（2）姜桂萍编，《体育舞蹈》，高等教育出版社，2017年，第2版。

### （二）参考书

（1）梁凌编，《拉丁有氧塑身操》，大连音像出版社，2006年，第1版。

（2）卓文编，《有氧拉丁魅力塑身》，大连音像出版社，2009年，第1版。

（3）刘荃莉编，《时尚拉丁瘦身操》，成都时代出版社，2014年，第1版。

## 六、考核方式

### （一）考核内容

（1）平时成绩：对学生的考勤和学习态度进行评定，占总成绩的10%。

800米跑（男）、800米跑（女）和引体向上（男）、仰卧起坐（女）各15分。

（2）专项技术考核：个人规定拉丁组合和集体创编拉丁组合，每项各占30%。

注：有理论考试的学期，两项素质考试各占10%即20分；理论占10%即10分。

### （二）评分标准

个人考试内容为前八次上课准备部分的健身热舞的四个简单动作组合。团队有氧拉丁为3～6人不等，学生自由编排成不同的队形和造型进行考试，其动作以课堂上学习的有氧拉丁组合为主要内容，在此套路的开始和结尾分别需要学生编排两个八拍动作，鼓励有变化和创新动作，充分发挥同学们的想象和创作能力。

表6-17-1　个人操技术评分标准

| 等级 | 评分标准 | 分值（分） |
|---|---|---|
| 优秀 | 动作与音乐配合默契，动作流畅娴熟，幅度大，没有错误或遗漏，且动作充满表现力和活力，表情自然、轻松，有一定的力度。拉丁的风格和特点能够充分展现 | 27～30 |
| 良好 | 动作能够与音乐配合一致，动作非常流畅，没有出现遗漏或错误动作，且有一定的表现力和力度。拉丁的风格和特点能够很好展现 | 24～26 |
| 中等 | 动作能够与音乐配合一致，流畅地完成动作，没有出现遗漏或错误动作。拉丁的风格和特点能够较好展现 | 21～23 |
| 及格 | 按照音乐节奏能独立、比较流畅地完成整套动作组合，只出现1～2个错误动作。拉丁的风格和特点能够展现 | 18～20 |
| 不及格 | 不能独立完成套路动作，或套路动作错误太多。拉丁的风格和特点不能展现 | 18以下 |

表6-17-2　集体创编拉丁组合技术评分标准

| 等级 | 评分标准 | 分值（分） |
| --- | --- | --- |
| 优秀 | 整套动作编排新颖、有创造性，队形变换多且合理，集体之间配合默契，动作非常流畅娴熟，幅度大，表情自然、轻松，且动作充满表现力和活力，整套操给观众留下极深的印象 | 27 ~ 30 |
| 良好 | 整套动作编排新颖、有创造性，队形变换多且合理，集体之间配合默契，动作能够与音乐配合一致，动作很流畅，有一定的表现力和力度 | 24 ~ 26 |
| 中等 | 整套动作编排科学合理，队形变换较多，集体之间配合默契，动作能够与音乐配合一致，较流畅地完成动作 | 21 ~ 23 |
| 及格 | 整套动作编排基本科学合理，队形变换次数单调，集体之间配合缺少默契，按照音乐节奏比较流畅地完成整套动作组合 | 18 ~ 20 |
| 不及格 | 整套动作编排缺乏科学合理性，队形变换不足三次，集体之间配合不默契，动作与音乐配合不一致的次数较多，动作完成幅度、力度缺乏 | 18 分以下 |

## 七、教学进度

### （一）有氧拉丁初级教学进度

表6-17-3　有氧拉丁初级教学进度

| 周次 | 教学内容 | 教学要求 |
| --- | --- | --- |
| 1 | 1. 编班，开课导言；<br>2. 拉丁概述 | 1. 提出课堂常规、纪律要求等；<br>2. 讲述拉丁的起源、发展、概念、分类、特点、作用，启发学生学习兴趣 |
| 2 | 1. 健身热舞；<br>2. 有氧拉丁基本动作练习 | 1. 让学生感受有氧拉丁的奔放和热情，妩媚和浪漫等特点；<br>2. 培养学生乐感和协调性 |
| 3 | 1. 健身热舞；<br>2. 有氧拉丁基本、动作练习 | 1. 让学生感受有氧拉丁的奔放和热情，妩媚和浪漫等特点；<br>2. 培养学生乐感和协调性 |
| 4 | 1. 健身热舞；<br>2. 有氧拉丁基本动作练习 | 1. 让学生感受有氧拉丁的奔放和热情，妩媚和浪漫等特点；<br>2. 培养学生乐感和协调性 |

| 周次 | 教学内容 | 教学要求 |
|---|---|---|
| 5 | 1. 健身热舞；<br>2. 学习有氧拉丁组合一 | 1. 增进健康，改善体质，塑造优美体型；<br>2. 培养学生敢于克服学习中的困难，坚毅不放弃的精神品质 |
| 6 | 1. 健身热舞；<br>2. 复习有氧拉丁组合一 | 1. 通过复习，提高熟练程度和舞蹈感觉；<br>2. 培养学生敢于表现自己、自信、积极向上的优良品质 |
| 7 | 1. 健身热舞；<br>2. 学习有氧拉丁组合二 | 1. 培养学生的专注力；<br>2. 提高动作协调性 |
| 8 | 1. 健身热舞；<br>2. 复习有氧拉丁前两个组合 | 1. 通过复习，提高熟练程度和舞蹈感觉；<br>2. 培养学生敢于表现自己、自信、积极向上的优良品质 |
| 9 | 1. 学习有氧拉丁组合三；<br>2. 身体素质考试 | 1. 增进健康，改善体质，塑造优美体型；<br>2. 培养学生敢于克服学习中的困难，坚毅不放弃的精神品质 |
| 10 | 复习有氧拉丁前三个组合 | 1. 通过复习，提高熟练程度和舞蹈感觉；<br>2. 培养学生敢于表现自己、自信、积极向上的优良品质 |
| 11 | 学习有氧拉丁组合四 | 1. 增进健康，改善体质，塑造优美体型；<br>2. 培养学生敢于克服学习中的困难，坚毅不放弃的精神品质 |
| 12 | 学生自编一个组合 | 1. 培养学生的创编和想象能力；<br>2. 鼓励学生敢于挑战困难 |
| 13 | 1. 复习健身热舞；<br>2. 复习有氧拉丁 | 1. 通过复习，提高熟练程度和舞蹈感觉；<br>2. 培养学生的表现力、自信、积极向上的优良品质 |
| 14 | 1. 复习有氧拉丁；<br>2. 身体素质考试 | 1. 通过复习，提高熟练程度和舞蹈感觉；<br>2. 培养学生的表现力、自信、积极向上的优良品质 |
| 15 | 考试 | 考查学生对有氧拉丁的掌握情况 |
| 16 | 1. 学期总结；<br>2. 宣布成绩 | 教师认真总结授课情况，听取学生对本课的建议，建立良好的教学秩序 |

续表

# 第十八节　健美操

## 一、项目简介

健美操是一项深受广大群众喜爱的、普及性极强的，集体操、舞蹈、音乐、健身、娱乐于一体的体育项目。健美操中大量吸收了迪斯科舞、爵士舞、霹雳舞中的上下肢、躯干、头颈和足踩动作，特别是髋部动作，这给健美操增添了活力，同时也有利于减少臀部和腹部脂肪的堆积，有利于改善动作的协调性和灵活性。健美操是一种有氧运动，特征是持续一定时间的、中低强度的全身运动，主要锻炼练习者的心肺功能，是有氧耐力素质的基础。跳健美操有诸多好处，不仅能帮助我们有效地强身健体，而且还有减肥的功效，这种运动减肥方法集健美和健身于一体，特别适合女性，受到了广大女性同胞的喜爱。竞技健美操竞赛项目包括男子单人、女子单人、混合双人、三人（性别不限）、集体操、有氧舞蹈、有氧踏板、啦啦操等。

## 二、教学目标

（1）掌握健美操的基本技术动作，了解健美操的竞赛规则和编排方法，学会有氧成套动作组合，具备欣赏比赛和参加健美操表演的能力。

（2）提高学生的身体、心理、社会适应能力等方面的综合素质和用肢体语言表达思想感情的能力。

（3）培养学生的姿态美、形体美、动作美、气质美、表情美；体验健美操运动带来的美感和乐趣。

（4）使学生喜爱健美操运动，并能够运用健美操的手段强身健体。

## 三、教学基本要求

### 1.课程重点

使学生掌握健美操基本技术，培养学生优美的体态，塑造学生积极向上的人生态度，提高学生身体的协调性和动作表现力。

2.课程难点

掌握有氧成套动作技术，体会动作身体感觉变化，加强学生对身体的控制能力。

3.能力培养要求

使学生明确健美操的特点、锻炼价值和锻炼方法，提高学生学习健美操课的兴趣；再根据本课程教学内容，采用循序渐进的教学方法，从学习基本知识、技术到组合套路。此外，适量安排健美操表演和比赛的视频，提高学生欣赏比赛和创编健美操套路的能力。

## 四、教学内容与学时

课堂教学。

1.理论部分

（1）健美操概述，起源、发展和发展趋势。

（2）健美操比赛规则及裁判方法。

2.实践部分

（1）学习健美操基本动作、基本步伐。

（2）学习健美操组合套路。

（3）学习有氧成套组合动作。

（4）专项身体素质练习。

## 五、教材与参考书

### （一）教材

（1）王洪编，《健美操教程》，人民体育出版社，2001年1月，第1版。

（2）匡小红编，《高等学校教材健美操》，高等教育出版社，2011年10月，第1版。

### （二）参考书

（1）吴亚娟编，《大学健美操教程》，西北工业大学出版社，2014年8月，第1版。

（2）黄宽柔编，《艺术体操与健美操》，广东高等教育出版社，2003年11月，第1版。

（3）黄柔宽编，《健美操》，高等教育出版社，2008年6月，第1版。

## 六、考核方式

### （一）考核内容

1.初级班教学：

（1）平时成绩：学生的考勤和学习态度占总成绩的10%。

（2）身体素质考核：800米跑和仰卧起坐各占总分的10%。

（3）理论成绩：体育理论试卷占总成绩的10%。

（4）专项技术考核：大众二级健美操组合和有氧成套动作组合各占30%。

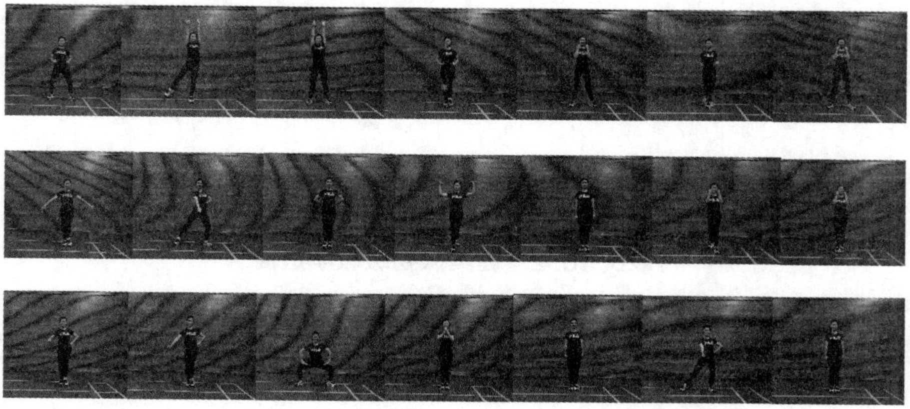

图6-18-1　大众二级健美操组合和有氧成套动作组合

2.提高班教学：

（1）平时成绩：学生的考勤和学习态度占总成绩的10%。

（2）身体素质考核：800米跑和仰卧起坐各占总分的15%。

（3）专项技术考核：大众三级健美操组合和有氧成套动作组合各占30%。

## （二）评分标准

表6-18-1　大众二、三级健美操组合和有氧成套动作组合评分标准

| 等级 | 评分标准 | 分值（分） |
|---|---|---|
| 优秀 | 动作准确、流畅、幅度大，节奏感强、姿态优美，具有较强的表现力和个人风格，动作与音乐配合准确，没有错误或遗漏 | 27 ~ 30 |
| 良好 | 能比较流畅的完成整套动作组合，在优秀的基础上欠缺一些；全套动作有 1~2 个错误，表现力一般，个人风格不突出 | 22 ~ 26 |
| 及格 | 动作不准确，无力度，不优美；全套动作基本可以与音乐不间断地完成，音乐与动作配合不好，缺乏表现力 | 18 ~ 21 |
| 不及格 | 不能独立完成套路动作，2/3 的音乐配合不上动作 | 18 以下 |

## 七、教学进度

本课程为全中文实践教学，教学不属于多媒体教学。

### （一）健美操初级教学进度

表6-18-2　健美操初级教学进度

| 周次 | 教学内容 | 教学要求 |
| --- | --- | --- |
| 1 | 1. 介绍本学期的教学内容、任务和要求；<br>2. 简介健美操运动的起源和锻炼价值；<br>3. 健美操的基本动作和基本步伐练习 | 1. 了解健美操课的内容及教学目标；<br>2. 明确健美操的特点和锻炼价值；<br>3. 初步掌握健美操的基本动作和步伐 |
| 2 | 1. 身体姿态练习；<br>2. 健美操基本步伐练习；<br>3. 学习大众健美操二级组合 1 正面动作 | 1. 提高控制身体姿态的能力；<br>2. 初步掌握组合动作要领 |
| 3 | 1. 健美操基本步伐练习；<br>2. 复习大众健美操二级组合 1 正面动作；<br>3. 学习大众健美操二级组合 1 反面动作；<br>4. 素质练习 | 1. 提高完成动作的准确性和规范性；<br>2. 树立正确的技术概念，纠正错误动作；<br>3. 增强学生身体素质，提高身体机能 |
| 4 | 1. 健美操基本步伐练习；<br>2. 复习大众健美操二级组合 1；<br>3. 学习大众健美操二级组合 2 正面动作；<br>4. 素质练习 | 1. 提高基本步伐动作质量和动作规格；<br>2. 完成组合动作，要求动作连贯、协调、舒展；<br>3. 进一步提高身体控制能力 |
| 5 | 1. 复习大众健美操二级组合 1、组合 2 正面动作；<br>2. 学习大众健美操二级组合 2 反面动作；<br>3. 核心素质练习 | 1. 进一步改进动作，提高动作质量；<br>2. 基本掌握组合 2 反面动作技术要领；<br>3. 提高腰腹部核心素质能力 |
| 6 | 1. 复习大众健美操二级组合 1、2；<br>2. 下肢力量、核心素质练习 | 1. 熟练掌握大众健美操二级成套动作要领，动作要与音乐节奏协调一致；<br>2. 加强学生身体素质，提高运动能力 |
| 7 | 1. 复习大众健美操二级组合 1、2；<br>2. 学习大众健美操二级组合 3 正面动作；<br>3. 耐力素质练习 | 1. 通过复习进一步熟悉动作要领，加强动作的节奏感；<br>2. 初步掌握所学新动作技术要领 |
| 8 | 1. 复习大众健美操二级组合 3 正面动作；<br>2.800 米跑测试 | 1. 进一步掌握动作要领，加强动作完成规范性；<br>2. 完成素质测试，提高学生体能 |

续表

| 周次 | 教学内容 | 教学要求 |
| --- | --- | --- |
| 9 | 1. 学习有氧成套动作组合；<br>2. 仰卧起坐考试 | 1. 通过练习不同风格的自编动作组合，提高学生学习健美操的兴趣；<br>2. 完成仰卧起坐素质测试，提高学生体能 |
| 10 | 1. 身体姿态练习；<br>2. 有氧成套动作组合练习；<br>3. 复习大众健美操二级组合 1、2、组合 3 正面动作；<br>4. 学习大众健美操二级组合 3 反面动作 | 1. 塑造形体，提高学生自信心；<br>2. 熟练完成有氧成套动作；<br>3. 加强完成动作上下肢协调配合，提高上下肢动作完成规格，巩固技术要领；<br>4. 初步掌握新动作技术要领 |
| 11 | 1. 身体姿态练习；<br>2. 有氧成套动作组合练习；<br>3. 复习大众健美操二级组合 1–3；<br>4. 学习大众健美操二级组合 4 正面动作 | 1. 熟练掌握大众健美操二级组合 1~3 动作要领，提高完成动作的流畅性与连贯性；<br>2. 有氧成套动作热身练习，提高动作完成质量；<br>3. 初步掌握大众健美操二级组合 4 正面动作要领 |
| 12 | 1. 复习大众健美操二级组合 1–3；<br>2. 有氧成套动作组合练习；<br>3. 学习大众健美操二级组合 4 反面动作；<br>4. 素质练习 | 1. 要求动作连贯、协调、伸展，提高动作完成质量；<br>2. 熟练掌握动作技术要领，加强动作完成规范性和流畅性，注意膝盖的弹动和缓冲；<br>3. 提高身体素质，塑造形体 |
| 13 | 1. 有氧成套动作组合练习；<br>2. 复习大众健美操二级成套动作 | 熟悉套路组合，提高动作完成质量 |
| 14 | 大众健美操二级成套动作、有氧成套动作组合考试 | 1. 按抽签顺序进行；<br>2. 充分表现，力争好成绩 |
| 15 | 专项技术补考 | 完成考核 |
| 16 | 学期末总结 | 教师认真总结，听取学生意见 |

## （二）健美操高级教学进度

表6-18-3　健美操高级教学进度

| 周次 | 教学内容 | 教学要求 |
|---|---|---|
| 1 | 1. 介绍本学期的教学内容、任务和要求；<br>2. 简介健美操运动的起源和锻炼价值；<br>3. 健美操的基本动作和步伐练习 | 1. 了解健美操课的内容及教学目标；<br>2. 明确健美操的特点和锻炼价值；<br>3. 初步掌握健美操的基本动作和步伐 |
| 2 | 1. 身体姿态练习；<br>2. 健美操基本步伐练习；<br>3. 学习大众健美操三级组合 1 正面动作 | 1. 提高控制身体姿态的能力；<br>2. 初步掌握组合动作要领 |
| 3 | 1. 健美操基本步伐练习；<br>2. 复习大众健美操三级组合 1 正面动作；<br>3. 学习大众健美操三级组合 1 反面动作；<br>4. 素质练习 | 1. 提高完成动作的准确性和规范性；<br>2. 树立正确的技术概念，纠正错误动作；<br>3. 增强学生身体素质，提高身体机能 |
| 4 | 1. 健美操基本步伐练习；<br>2. 复习大众健美操三级组合 1；<br>3. 学习大众健美操三级组合 2 正面动作；<br>4. 素质练习 | 1. 提高基本步伐动作质量和动作规格；<br>2. 完成组合动作，要求动作连贯、协调、舒展；<br>3. 进一步提高身体控制能力 |
| 5 | 1. 复习大众健美操三级组合 1、组合 2 正面动作；<br>2. 学习大众健美操三级组合 2 反面动作；<br>3. 核心素质练习 | 1. 进一步改进动作，提高动作质量；<br>2. 基本掌握组合 2 反面动作技术要领；<br>3. 提高腰腹部核心素质能力 |
| 6 | 1. 复习大众健美操三级组合；<br>2. 下肢力量、核心素质练习 | 1. 熟练掌握大众健美操三级成套动作要领，动作要与音乐节奏协调一致；<br>2. 加强学生身体素质，提高运动能力 |
| 7 | 1. 复习大众健美操三级组合 1、2；<br>2. 学习大众健美操三级组合 3 正面动作；<br>3. 耐力素质练习 | 1. 通过复习进一步熟悉动作要领，加强动作的节奏感；<br>2. 初步掌握所学新动作技术要领 |

续表

| 周次 | 教学内容 | 教学要求 |
|---|---|---|
| 8 | 1. 复习大众健美操三级组合 3 正面动作；<br>2.800 米跑测试； | 1. 进一步掌握动作要领，加强动作完成规范性；<br>2. 完成素质测试，提高学生体能 |
| 9 | 1. 学习有氧成套动作组合；<br>2. 仰卧起坐考试 | 1. 通过练习不同风格的自编动作组合，提高学生学习健美操的兴趣；<br>2. 完成仰卧起坐素质测试，提高学生体能 |
| 10 | 1. 身体姿态练习；<br>2. 有氧成套动作组合练习；<br>3. 复习大众健美操三级组合 1、2、组合 3 正面动作；<br>4. 学习大众健美操三级组合 3 反面动作 | 1. 塑造形体，提高学生自信心；<br>2. 熟练完成有氧成套动作；<br>3. 加强完成动作上下肢的协调配合，提高上下肢动作完成规格，巩固技术要领；<br>4. 初步掌握新动作技术要领 |
| 11 | 1. 身体姿态练习；<br>2. 有氧成套动作组合练习；<br>3. 复习大众健美操三级组合 1~3；<br>4. 学习大众健美操三级组合 4 正面动作 | 1. 熟练掌握大众健美操三级组合 1~3 动作要领，提高完成动作的流畅性与连贯性；<br>2. 有氧成套动作热身练习，提高动作完成质量；<br>3. 初步掌握大众健美操三级组合 4 正面动作要领 |
| 12 | 1. 复习大众健美操三级组合 1~3；<br>2. 有氧成套动作组合练习；<br>3. 学习大众健美操三级组合 4 反面动作；<br>4. 素质练习 | 1. 要求动作连贯、协调、伸展，提高动作完成质量；<br>2. 熟练掌握动作技术要领，加强动作完成规范性和流畅性，注意膝盖的弹动和缓冲；<br>3. 提高身体素质，塑造形体 |
| 13 | 1. 有氧成套动作组合练习；<br>2. 复习大众健美操三级成套动作 | 熟悉套路组合，提高动作完成质量 |
| 14 | 大众健美操三级成套动作、有氧成套动作组合考试 | 1. 按抽签顺序进行；<br>2. 充分表现，力争好成绩 |
| 15 | 专项技术补考 | 完成考核 |
| 16 | 学期末总结 | 教师认真总结，听取学生意见 |

# 第十九节　艺术体操

## 一、项目简介

艺术体操（Rhythmic Gymnastics）是一项新型的女子竞技体育项目，是奥运会、亚运会的比赛项目。别名新体操、韵律体操。它起源于19世纪末20世纪初的欧洲，并于20世纪50年代前经苏联传入中国。有团体赛、个人全能赛和个人单项赛等多种形式。由舞蹈、跳跃、平衡、波浪形动作及部分技巧运动动作组成。一般在音乐伴奏下进行，富有艺术性。

## 二、教学目标

（1）掌握艺术体操的基本技术动作，了解艺术体操的竞赛规则和编排方法，学会自编自创艺术体操组合，具备欣赏比赛和参加艺术体操表演的能力。

（2）提高学生的身体、心理、社会适应能力等方面的综合素质和用肢体语言表达思想感情的能力。

（3）培养学生的姿态美、形体美、动作美、气质美、表情美；体验艺术体操运动带来的美感和乐趣。

（4）使学生喜爱艺术体操运动，并能够运用艺术体操的手段强身健体。

## 三、教学基本要求

使学生掌握艺术体操的基本技术，培养学生优美的体态，塑造学生积极向上的人生态度，挺高学生身体的表现力协调性和创编能力。

### 1.课程难点

如何使学生掌握正确、优美的艺术体操基本动作，并能使身体动作与器械协调、完整的配合。

### 2.能力培养要求

提高学生学习艺术体操的兴趣；根据本课程教学内容，做到从学习基本知识、徒手技术、器械技术到组合套路的循序渐进地进行教学；此外，适量安排艺术体操表演和比赛的视频，提高学生欣赏比赛和创编艺术体操套路组合的能力。

## 四、教学内容与学时

课堂教学。

### 1.理论部分

（1）艺术体操概述，起源、发展和发展趋势。

（2）艺术体操比赛规则及裁判方法。

### 2.实践部分

（1）学习徒手基本练习和组合。

（2）学习绳操和球操的基本动作和组合。

（3）学习艺术体操组合动作的编排方法。

（4）专项素质练习。

## 五、教材与参考书

### （一）教材

（1）缑小燕编，《艺术体操运动教程》，北京体育大学出版社出版，2007年9月1日，第1版。

（2）洪小平编，《高等学校（一）教材：艺术体操 》，高等教育出版社，2014年8月1日，第1版。

（3）黄宽柔编，《艺术体操与健美操》，广东高等教育出版社，2003年11月，第1版。

### （二）参考书

（1）全国体育学院教材委员会编，《大众艺术体操》，人民体育出版社，2005年1月，第2版。

## 六、考核方式

### （一）考核内容

（1）平时成绩：学生的考勤和学习态度占总成绩的10%。

（2）身体素质考核：800米和仰卧起坐，各占15%。

（3）专项技术考核：初级教学部分是徒手操组合和绳操组合各占30%。

注：中级教学部分是徒手操组合和球操组合各占30%。

### （二）评分标准

表6-19-1　徒手操组合

| 等级 | 评分标准 | 分值（分） |
|---|---|---|
| 优秀 | 动作准确，流畅，幅度大，节奏感强，立踵高，跳步腾空高，姿态优美，表现力强，动作与音乐配合准确，没有错误或遗漏 | 27 ~ 30 |
| 良好 | 能比较流畅地完成整套动作组合，在优秀的基础上欠缺一些，全套动作有 1~2 个错误 | 22 ~ 26 |
| 及格 | 动作不到位，不熟练，音乐与动作配合不好，线路模糊，缺乏表现力 | 18 ~ 21 |
| 不及格 | 不能独立完成套路动作，2/3 的音乐配合不上动作 | 18 分下 |

表6-19-2　绳操组合

| 等级 | 评分标准 | 分值（分） |
| --- | --- | --- |
| 优秀 | 动作准确，流畅，幅度大，节奏感强，跳步腾空高，立踵高，姿态优美，表现力强；绳形好、抛接准确，没有错误或遗漏，动作与音乐配合准确 | 27 ~ 30 |
| 良好 | 能比较流畅地完成整套动作组合，在优秀的基础上欠缺一些，全套动作有 1~2 个错误 | 22 ~ 26 |
| 及格 | 动作不到位，不熟练，音乐与动作配合不好，线路模糊，缺乏表现力 | 18 ~ 21 |
| 不及格 | 不能独立完成套路动作， 2/3 的音乐配合不上动作 | 18 分以下 |

表6-19-3　球操组合

| 等级 | 评分标准 | 分值（分） |
| --- | --- | --- |
| 优秀 | 动作准确、流畅，幅度大，节奏感强、跳步腾空高，立踵高，姿态优美，表现力强；球感好、抛接准确，与身体配合好，没有错误或遗漏，动作与音乐配合准确 | 27 ~ 30 |
| 良好 | 能比较流畅地完成整套动作组合，在优秀的基础上欠缺一些，全套动作有 1~2 个错误 | 22 ~ 26 |
| 及格 | 动作不到位，不熟练，音乐与动作配合不好，线路模糊，缺乏表现力 | 18 ~ 21 |
| 不及格 | 不能独立完成套路动作， 2/3 的音乐配合不上动作 | 18 分以下 |

## 七、教学进度

### （一）艺术体操初级教学进度

表6-19-4　艺术体操初级教学进度

| 课次 | 教学内容 | 教学要求 |
| --- | --- | --- |
| 1 | 1. 介绍本学期的教学内容、任务和要求；<br>2. 简介艺术体操的锻炼价值和特点；<br>3. 基本姿态练习：手形和手臂摆动、绕环、脚位和站姿 | 1. 了解本学期的教学内容和考试标准；<br>2. 初步掌握身体的基本动作 |

续表

| 课次 | 教学内容 | 教学要求 |
|---|---|---|
| 2 | 1. 复习基本姿态；<br>2. 波浪练习：手臂波浪、身体波浪；<br>3. 步伐练习：柔软步、足尖步、滚动步、华尔兹 | 1. 提高动作的准确性、规范性；<br>2. 树立正确技术概念，纠正错误动作；<br>3. 基本掌握手位组合 |
| 3 | 1. 配乐复习上节课内容；<br>2. 学习变换步组合；<br>3. 学习平转；<br>4. 学习徒手操组合 1~3 节；<br>5. 素质练习 | 1. 手位组合要求动作与音乐节奏协调一致；<br>2. 掌握正确的技术动作与要领；<br>3. 转体准确、重心平稳 |
| 4 | 1. 复习上节课内容；<br>2. 学习后举腿跳；<br>3. 学习徒手操组合 4 节；<br>4. 素质练习 | 1. 进一步改进动作，提高动作质量；<br>2. 要求动作连贯、协调、伸展；<br>3. 掌握后举腿跳的技术动作要领，空中姿态正确 |
| 5 | 1. 复习上节课内容；<br>2. 学习徒手操组合第 5 节；<br>3. 素质练习 | 1. 熟练掌握成套动作要领；<br>2. 提高动作质量 |
| 6 | 1. 复习上节课内容；<br>2. 学习徒手操组合 6~7 节 | 1. 熟练掌握成套动作，动作要与音乐节奏协调一致；<br>2. 初步掌握所学新动作 |
| 7 | 1. 复习徒手操组合 1~7；<br>2. 学习徒手操组合 8 节；<br>3. 学习绳：握法、摆动、绕环、跳绳；<br>4.800 米跑考试 | 1. 动作要协调、连贯、柔和、步幅均匀等；<br>2. 掌握绳的基本动作要领；<br>3. 完成素质考试，提高学生体能 |
| 8 | 1. 复习徒手操组合；<br>2. 学习绳操 1~2 节；<br>3.800 米跑考试 | 1. 熟练、提高、巩固徒手操组合；<br>2. 初步掌握新动作；<br>3. 完成素质考试，提高学生体能 |
| 9 | 1. 徒手操组合考试；<br>2. 复习绳操 | 1. 熟练套路组合，提高动作质量；<br>2. 完成素质考试，提高学生体能 |
| 10 | 1. 复习绳操 1~2 节；<br>2. 学习绳操 3~5 节；<br>3. 素质练习 | 1. 熟练掌握全套动作；<br>2. 提高全套动作质量；<br>3. 绳和身体要协调配合 |
| 11 | 1. 复习绳操 1~5 节；<br>2. 学习绳操 6~7 节；<br>3. 素质练习 | 1. 熟练掌握全套动作；<br>2. 提高全套动作质量 |

续表

| 课次 | 教学内容 | 教学要求 |
|---|---|---|
| 12 | 1. 复习绳操 1~7 节；<br>2. 学习绳操 8 节；<br>3. 素质练习 | 1. 熟记套路，着重难点动作；<br>2. 提高器械和身体的配合能力 |
| 13 | 1. 绳操总复习；<br>2. 跳绳素质测验 | 1. 熟练套路组合，提高动作质量；<br>2. 完成素质考试，提高学生体能 |
| 14 | 绳操考试 | 1. 按抽签顺序进行；<br>2. 充分表现，力争好成绩 |
| 15 | 1. 介绍艺术体操的比赛规则；<br>2. 观看艺术体操表演和比赛的视频 | 1. 了解艺术体操的比赛方法；<br>2. 提高观赏艺术体操表演和比赛的能力 |
| 16 | 学期末总结 | 教师认真总结，学生提出教学建议 |

### （二）艺术体操高级教学进度

**表6-19-5　艺术体操高级教学进度**

| 课次 | 教学内容 | 教学要求 |
|---|---|---|
| 1 | 1. 介绍本学期的教学内容、任务和要求；<br>2. 恢复体力慢跑；<br>3. 手形和手臂摆动、绕环；脚位和基本站立姿态 | 1. 了解艺术体操课的内容及教学目标；<br>2. 初步掌握身体的基本动作 |
| 2 | 1. 波浪练习：手臂波浪、身体波浪；<br>2. 步伐练习：柔软步、足尖步、滚动步、华尔兹；<br>3. 学习后举腿跳 | 1. 提高动作的准确性、规范性；<br>2. 培养正确技术概念，纠正错误动作 |
| 3 | 1. 配乐复习上节课内容；<br>2. 学习平转、变换步组合；<br>3. 学习徒手操组合 1~2 节；<br>4. 素质练习 | 1. 动作与音乐节奏协调一致；<br>2. 掌握正确的技术动作与要领；<br>3. 转体动作准确、重心平稳 |
| 4 | 1. 复习上节课内容；<br>2. 学习交换腿转体 180 度跳；<br>3. 学习徒手操组合 3~4 节；<br>4. 素质练习 | 1. 要求动作连贯、协调、伸展；<br>2. 掌握跳步的技术动作要领，空中姿态准确 |

续表

| 课次 | 教学内容 | 教学要求 |
| --- | --- | --- |
| 5 | 1. 复习徒手操组合 1~4；<br>2. 学习大跨跳；<br>3. 学习徒手操组合 5~6 节；<br>4. 素质练习 | 1. 提高动作质量；<br>2. 掌握正确的技术动作与要领；<br>3. 要求动作连贯、协调、伸展；<br>4. 掌握跳步的技术动作要领，空中姿态优美 |
| 6 | 1. 复习上节课内容；<br>2. 学习徒手操组合 7~8 节；<br>3. 学习球：持球、拍球、摆动、绕环 | 1. 熟练掌握成套动作，动作要与音乐节奏协调一致；<br>2. 初步掌握所学新动作 |
| 7 | 1. 徒手操组合总复习；<br>2. 学习球的滚动、抛接；<br>3. 800 米跑考试 | 1. 动作要协调、连贯、柔和；<br>2. 熟悉球性，提高球和身体的感觉；<br>3. 完成素质考试，提高学生体能 |
| 8 | 1. 徒手操组合考试；<br>2. 复习球操 | 1. 按抽签顺序进行；<br>2. 认真完成考试，努力争创好成绩 |
| 9 | 1. 复习球操 1~3 节；<br>2. 素质练习 | 1. 熟练掌握全套动作；<br>2. 提高全套动作质量；<br>3. 提高球与身体的感觉 |
| 10 | 1. 复习球操 1~3 节；<br>2. 学习球操 4~5 节；<br>3. 素质练习 | 1. 熟记套路，着重难点动作；<br>2. 提高球和身体的协调配合 |
| 11 | 1. 复习球操 1~5 节；<br>2. 学习球操 6~7 节；<br>3. 素质练习 | 1. 熟记套路，着重难点动作；<br>2. 提高器械和身体配合的能力 |
| 12 | 1. 复习球操 1~7 节；<br>2. 学习球操 8 节；<br>3. 素质练习 | 1. 熟练掌握全套动作；<br>2. 提高全套动作质量；<br>3. 提高球与身体的感觉 |
| 13 | 1. 复习操球；<br>2. 仰卧起坐测验 | 1. 熟练套路组合，提高动作质量；<br>2. 完成素质考试，提高学生体能 |
| 14 | 球操考试 | 1. 按抽签顺序进行；<br>2. 充分表现，力争好成绩 |
| 15 | 1. 介绍艺术体操的比赛规则；<br>2. 观看艺术体操表演和比赛视频 | 1. 了解艺术体操的比赛方法；<br>2. 提高观赏艺术体操表演或比赛的能力 |

续表

| 课次 | 教学内容 | 教学要求 |
| --- | --- | --- |
| 16 | 学期末总结 | 教师认真总结，听取学生意见 |

# 第二十节　体育舞蹈

## 一、项目简介

体育舞蹈也称国际标准交谊舞，是体育运动项目之一。它是以男女为伴的一种步行式双人舞的竞赛项目，分两个项群，十个舞种。其中摩登舞项群含有华尔兹、维也纳华尔兹、探戈、狐步和快步舞，拉丁舞项群包括伦巴、恰恰、桑巴、牛仔和斗牛舞。每个舞种均有各自舞曲、舞步及风格。根据各舞种的乐曲和动作要求，组编成各自的成套动作。第二届全国青年运动会首设体育舞蹈项目。比赛共吸引了来自全国26个省市的56支代表队、401名运动员参加。

## 二、教学目标

（1）通过教学使学生了解体育舞蹈运动的发展概况、特点、功能和运动规律，学习拉丁舞和标准舞的基础知识，掌握基本创编方法。

（2）使学生掌握拉丁舞和标准舞的基本动作方法，不断提高自己的运动能力，学会运用科学的健身方法手段增进健康。

（3）通过体育舞蹈练习培养学生勇于创新、持之以恒的精神，培养学生勇于表现、善于表现的现代意识，发展学生的个性，建立和谐的人际关系，具有良好的合作精神和体育道德。

（4）发展学生的心肺功能，促进学生的耐力、灵敏、力量、柔韧素质的提高，增强学生的协调能力。

（5）掌握鉴赏体育舞蹈动作和音乐的方法，培育对正确与错误的体育舞蹈动作的分析能力。

（6）塑造人的形体美、舞蹈美、心灵美和个性美。在美的营造与熏陶中去培养和塑造人性美。

## 三、教学基本要求

### 1.课程重点

课程的教学重点是：掌握准确的基本动作。

### 2.课程难点

课程的教学难点是：熟练富有表现力和舞蹈感觉的完成成套动作。

### 3.能力培养要求

前三次课为基础破冰课，通过讲述体育舞蹈的起源、发展、概念、分类、特点及观看视频，以及学习一套简单有趣的双人基础舞蹈，达到引发学习兴趣和打破男女生之间的羞涩感的目的。接下来的实践课，通过前3次课对基本技术动作的学习，让学生充分感受体育舞蹈的规范、对动作技术细节要求较高及其热情奔放、妩媚浪漫等的特点，培养学生的音乐感、协调性及与舞伴之间的默契配合；通过复习课，提高动作套路的熟练程度和舞蹈的感觉。最后通过考试前的冲刺复习和考试，调动学生敢于和善于表现自己的欲望，培养学生自信、积极向上的优良品质。

## 四、教学内容与学时

课堂教学

### 1.理论部分

（1）体育舞蹈概述：起源、发展、概念、分类、特点及作用。

（2）体育舞蹈与科学锻炼：生理负荷、自我监督体系、科学锻炼方法、锻炼的营养与卫生。

（3）体育舞蹈音乐：音乐的特点和作用，音乐的选配，用音乐时的注意事项。

（4）拉丁舞运动欣赏。

2.实践部分

（1）拉丁舞基本动作练习。

（2）教师自编套路：根据体育舞蹈十支舞金、银、铜牌套路编排套路。

（3）辅助练习：芭蕾形体。

（4）身体素质练习。

## 五、教材与参考书

### （一）教材

（1）姜桂萍编，《体育舞蹈》，高等教育出版社，2017年，第2版。

（2）张晓萍编，《体育舞蹈》，大连理工大学出版社，2013年，第1版。

### （二）参考书

（1）吴晓亮编，《形体与体育舞蹈》，湖南大学出版社，2013年，第1版。

（2）刘光红编，《体育舞蹈读本》，人民体育出版社，2007年，第1版。

（3）王浩，陈向阳编，《体育舞蹈》，高等教育出版社，2005年，第1版。

## 六、考核方式

### （一）考核内容

1.初级进度

（1）平时成绩：对学生的考勤和学习态度进行评定，分值为10分。

（2）身体素质考核：

1000 米跑（男）、800 米跑（女）和引体向上（男）、仰卧起坐（女）各 15 分。

（3）专项技术考核：每学期考两支舞，每项考核各占30分。

2.中级进度

（1）平时成绩：对学生的考勤和学习态度进行评定，分值为10分。

（2）身体素质考核：

1000米跑（男）、800米跑（女）和引体向上（男）、仰卧起坐（女）各15分。

（3）专项技术考核：每学期考两支舞，每项考核各占30分。

注：有理论考试的学期，两项素质考试各占10%即20分；理论占10%即10分。

### （二）评分标准

表6-20-1　体育舞蹈

| 等级 | 技术标准 | 分值（分） |
|---|---|---|
| 优秀 | 完成动作表演流畅，舞蹈节奏与韵律准确，舞姿优美，能很好地表现出该舞蹈的风味与韵味 | 30 ~ 27 |
| 良好 | 完成动作表演较流畅，舞蹈节奏与韵律较准确，舞姿较优美，能较好地表现出该舞蹈的风味与韵味 | 26 ~ 24 |
| 中等 | 完成动作表演基本流畅，舞蹈节奏、韵律基本准确，舞姿基本优美、舞蹈的风味与韵味有所体现 | 23 ~ 21 |
| 及格 | 能完成动作表演，但全套动作规格与要求明显不符，舞蹈节奏，舞姿及舞蹈的风味与韵味较差 | 20 ~ 18 |
| 不及格 | 不能独立完成套路动作，或套路动作错误太多 | 18分以下 |

## 七、教学进度

### （一）体育舞蹈初级教学进度

表6-20-2　体育舞蹈初级教学进度

| 周次 | 教学内容 | 教学要求 |
|---|---|---|
| 1 | 1. 开课导言；<br>2. 体育舞蹈概述；<br>3. 恢复体力活动 | 1. 介绍课堂常规、教学制度、考勤方法、注意事项及本学期的教学内容；<br>2. 讲解体育舞蹈，启发学生兴趣 |

| 课次 | 教学内容 | 教学要求 |
| --- | --- | --- |
| 2 | 1.VCD 体育舞蹈欣赏；<br>2. 舞蹈的基本身体姿态练习 | 1. 通过观看体育舞蹈 VCD，引发学生学习兴趣；<br>2. 帮助学生形成良好的身体姿态 |
| 3 | 1. 学习伦巴音乐节奏和基本步练习；<br>2. 铜牌套路第一组动作 | 掌握伦巴的音乐节奏和基本步的特点，基本动作要领，培养舞伴之间的默契配合 |
| 4 | 1. 复习上节内容；<br>2. 学习伦巴铜牌套路第二组动作 | 进一步掌握伦巴的基本动作要点，提高协调性，培养优美的舞姿，节奏感，韵味及舞伴间的配合 |
| 5 | 1. 复习上节内容；<br>2. 学习伦巴铜牌套路第三组动作 | 进一步体会伦巴舞的节奏与韵味，加强基本功的练习 |
| 6 | 1. 复习上节内容；<br>2. 学习伦巴铜牌套路第四组动作；<br>3. 身体素质练习 | 1. 提高伦巴舞的基本技术和综合表演能力，加强乐感和基本功的练习；<br>2. 提高学生的协调性和柔韧性 |
| 7 | 1. 复习全部伦巴铜牌套路动作；<br>2. 身体素质考试 | 1. 熟练掌握伦巴铜牌套路动作并能独立完成；<br>2. 检查学生运动水平、磨砺学生意志 |
| 8 | 1. 恰恰恰概述；<br>2. 铜牌套路第一组动作 | 1. 了解恰恰恰的起源，特点和技术要领；<br>2. 掌握恰恰恰的基本动作要领、培养舞伴之间的默契配合 |
| 9 | 1. 复习上节内容；<br>2. 学习恰恰恰铜牌套路第二组 | 进一步掌握恰恰恰的基本动作要点，提高协调性，培养优美的舞姿、节奏感、韵味及舞伴间的配合 |
| 10 | 1. 复习上节内容；<br>2. 学习铜牌套路第三组 | 进一步体会恰恰恰舞的节奏与韵味，加强基本功的练习 |
| 11 | 1. 复习上节内容；<br>2. 学习恰恰恰铜牌套路第四组动作；<br>3. 身体素质练习 | 通过恰恰恰舞的基本技术的学习，加强学生对恰恰恰舞的领悟能力和协调性 |
| 12 | 复习全部恰恰恰铜牌套路动作 | 1. 熟练掌握恰恰恰铜牌套路动作并能独立完成；<br>2. 强化舞蹈感觉 |

续表

| 课次 | 教学内容 | 教学要求 |
|---|---|---|
| 13 | 1. 复习伦巴全部套路；<br>2. 复习恰恰恰全部套路 | 1. 熟练掌握两支舞铜牌套路动作并能独立完成；<br>2. 强化表现力和自信积极的态度 |
| 14 | 1. 复习伦巴全部套路；<br>2. 复习恰恰恰全部套路；<br>3. 身体素质考试 | 1. 强化舞伴间的配合和舞蹈的感觉；<br>2. 按考核标准进行考试 |
| 15 | 1. 伦巴铜牌套路考试；<br>2. 恰恰恰铜牌套路考试 | 检验学生两支舞全套技术动作 |
| 16 | 本学期小结 | 对本学期的教学完成情况进行总结，听取学生的反馈意见 |

## （二）体育舞蹈高级教学进度

**表6-20-3　体育舞蹈高级教学进度**

| 周次 | 教学内容 | 教学要求 |
|---|---|---|
| 1 | 1. 开课导言；<br>2. 体育舞蹈概述；<br>3. 恢复体力活动 | 1. 介绍课堂常规、教学制度、考勤方法、注意事项及本学期的教学内容；<br>2. 讲解体育舞蹈，启发学生兴趣 |
| 2 | 1.VCD 体育舞蹈欣赏；<br>2. 舞蹈的基本身体姿态练习。 | 1. 通过观看体育舞蹈 VCD，引发学生学习兴趣；<br>2. 帮助学生形成良好的身体姿态 |
| 3 | 1. 华尔兹音乐节奏和基本步练习；<br>2. 华尔兹铜牌套路第一组动作 | 掌握音乐节奏和基本步的特点，基本动作要领，培养舞伴之间的默契配合 |
| 4 | 1. 复习上节内容；<br>2. 学习华尔兹铜牌套路第二组动作 | 进一步掌握华尔兹的基本动作要点，提高协调性，培养优美的舞姿、节奏感、韵味及舞伴间的配合 |
| 5 | 1. 复习上节内容；<br>2. 学习华尔兹铜牌套路第三组动作 | 进一步体会华尔兹的节奏与韵味，加强基本功的练习 |
| 6 | 1. 复习上节内容；<br>2. 学习华尔兹铜牌套路第四组动作 | 1. 提高华尔兹的基本技术和综合表演能力，加强乐感和基本功的练习；<br>2. 提高学生的协调性和柔韧性 |
| 7 | 1. 复习华尔兹全部铜牌套路动作；<br>2. 身体素质考试 | 1. 熟练掌握华尔兹铜牌套路动作并能独立完成；<br>2. 检查学生运动水平、磨砺学生意志 |

续表

| 课次 | 教学内容 | 教学要求 |
|---|---|---|
| 8 | 1. 探戈概述；<br>2. 探戈铜牌套路第一组动作 | 1. 了解探戈的起源，特点和技术要领；<br>2. 掌握探戈的基本动作要领、培养舞伴之间的默契配合 |
| 9 | 1. 复习上节内容；<br>2. 学习探戈铜牌套路第二组 | 进一步掌握探戈的基本动作要点，提高协调性，培养优美的舞姿、节奏感、韵味及舞伴间的配合 |
| 10 | 1. 复习上节内容；<br>2. 学习探戈铜牌套路第三组 | 进一步体会探戈的节奏与韵味，加强基本功的练习 |
| 11 | 1. 复习上节内容；<br>2. 学习探戈铜牌套路第四组动作 | 通过探戈的基本技术的学习，加强学生探戈舞的领悟能力和协调性 |
| 12 | 复习全部探戈铜牌套路动作 | 1. 熟练掌握探戈铜牌套路动作并能独立完成；<br>2. 强化舞蹈感觉 |
| 13 | 1. 复习全部华尔兹套路；<br>2. 复习探戈全部套路 | 1. 熟练掌握两支舞铜牌套路动作并能独立完成；<br>2. 强化表现力和自信积极的态度 |
| 14 | 1. 复习华尔兹套路；<br>2. 复习探戈套路；<br>3. 身体素质考试 | 1. 强化舞伴间的配合和舞蹈的感觉；<br>2. 按考核标准进行考试 |
| 15 | 1. 华尔兹铜牌套路考试；<br>2. 探戈铜牌套路考试 | 检验学生两支舞全套技术动作 |
| 16 | 1. 本学期小结；<br>2. 宣布成绩 | 对本学期的教学完成情况进行总结，听取学生的反馈意见 |

# 第二十一节　形　体

## 一、项目简介

形体训练是一项比较优美、高雅的健身项目，主要通过舒展优美的舞蹈基础练习（以芭蕾为基础），结合古典舞、身韵、民族民间舞蹈进行综合训练，可塑造人们优美的体态，培养高雅的气质，纠正生活中不正确的姿态。可以说它是所有运动项目的基础。

## 二、教学目标

形体教学是向学生进行美育教育，塑造优美身体形态的一门课。通过形体课的学习与锻炼，使学生掌握形体练习的基本技术动作，改变学生形体、动作、乐感和气质的原始状态，培养良好的站、坐、走等姿态，提高学生的身体、心理和社会适应能力等方面的综合素质，逐步形成自觉锻炼的习惯和终身体育的意识。

## 三、教学基本要求

### 1.课程重点

形体教学的重点是基础性的练习，如把杆及基本动作、身体的姿态。

### 2.课程难点

形体教学的难点是基本的练习，如波浪动作、弹簧步、华尔兹。

### 3.能力培养要求

形体课程的设置，本着循序渐进的原则，注重全面的锻炼身体，使学生能系统的学习和掌握形体训练的基础知识、基本技能和基本技术，对学生进行美育教育，培养学生自信心和审美情趣，提高学生健康水平，修饰和矫正身体的不良姿态，塑造优美、挺拔的身体形态，增强肢体灵活性、协调性和表现能力，有效提高个人气质，造就富有魅力的形体。

## 四、教学内容与学时

课堂教学

1.理论部分

形体运动的概述，包括它的定义及形体训练的意义和价值、课程介绍、教学安排和注意事项。

2.实践部分

（1）把杆练习：压腿、擦地、蹲、吸腿、控腿、小踢腿、大踢腿、移重心、身体波浪、原地转体、小跳。

（2）基本步伐：柔软步、足尖步、滚动步、并步、变换步、弹簧步、华尔兹。

（3）组合练习：把杆练习组合、手臂基本动作组合、姿态组合、基本步伐组合、变换步组合、弹簧步组合、华尔兹组合。

（4）专项素质练习。

## 五、教材与参考书

### （一）教材

（1）张美江编，《形体美训练教程》，华东师范大学出版社，2009年，第1版。

（2）黄美林编，《艺术体操》，北京体育学院出版社，1985年，第1版。

### （二）参考书

（1）彭延春编，《形体训练教程》，中国轻工业出版社，2010年，第1版。

（2）谢三祥、袁丽丽编，《艺术体操基础》，北京师范大学出版社，1985年，第2版。

（3）王砾玉编，《形体基本功训练教程》，上海百家出版社，2009年，第1版。

## 六、考核方式

### （一）考核内容

1.初级教学

（1）平时成绩：对学生的考勤和学习态度进行评定占总成绩的10%。

（2）身体素质考核：800米跑、仰卧起坐各占总分的10%。

（3）理论成绩：理论试卷占总成绩的10%。

（4）专项技术考核：基本步伐、波浪组合各占总分的30%。

2.提高教学

（1）平时成绩：对学生的考勤和学习态度进行评定占总成绩的10%。

（2）身体素质考核：800米跑、仰卧起坐各占总分的15%。

（3）专项技术考核：姿态组合、华尔兹组合各占总分的30%。

### （二）评分标准

表6-21-1　形体组合考试评分标准

| 分值 | 30 ~ 27 分 | 26 ~ 24 分 | 23 ~ 21 分 | 20 ~ 19 分 | 18 分以下 |
|---|---|---|---|---|---|
| 评分标准 | 整套动作完成的准确、优美、流畅，音乐与动作完美结合，具有较强表现力 | 整套动作能准确、完成，音乐与动作能较好结合，具有一定的表现力 | 整套动作完成基本准确，幅度小，音乐与动作基本能结合 | 整套动作基本完成，不熟练，音乐与动作配合不好，缺乏表现力 | 整套动作不能完成。音乐与动作配不上 |

## 七、教学进度

### （一）形体初级教学进度

表6-21-2 形体初级教学进度

| 周次 | 教学内容 | 教学要求 |
| --- | --- | --- |
| 1 | 1. 编班，开课导言，介绍形体运动、形体训练的意义和价值；本学期教学内容、考试项目；课堂常规、考勤办法和要求；<br>2. 学习站立、脚位、手位、手臂基本动作；<br>3. 身体素质练习：7 ~ 12 分钟跑 | 1. 提出课堂常规和注意事项，使学生了解课的基本内容和相关规定；<br>2. 了解形体训练的意义及锻炼价值；<br>3. 初步掌握形体基本的姿态和动作 |
| 2 | 1. 把杆练习：（1）压腿、压肩；<br>（2）学习擦地；<br>（3）学习半蹲；<br>2. 徒手练习：（1）复习上次课内容；<br>（2）学习手臂基本动作；<br>（3）学习柔软步、足尖步；<br>3. 垫上练习 | 1. 把杆练习：手轻放在把杆上，身体保持站立的姿态；擦地练习，重心始终在主力腿上，出腿时方向要正，腿要伸直；半蹲时两膝对准脚尖，速度要缓慢均匀，脚跟不离地；<br>2. 徒手练习：保持身体姿态，基本步法练习重心平稳前移，两脚要走在一条直线上 |
| 3 | 1. 把杆练习：<br>（1）复习上次课内容；<br>（2）学习吸腿、控腿、移重心；<br>2. 徒手练习：<br>（1）学习手臂基本动作组合 1/2；<br>（2）复习柔软步、足尖步；<br>（3）学习滚动步；<br>3. 身体素质练习：1000 米跑 | 1. 把杆练习：吸腿、控腿注意脚尖绷直，控腿要求坚持一定时间，身体姿态不变；移重心动作过程中注意身体经蹲、移动、起立，重心移动平稳；<br>2. 徒手练习：滚动步在交换脚时必须要经双脚同时提踵立 |
| 4 | 1. 把杆练习：<br>（1）复习已学内容；<br>（2）学习小踢腿；<br>2. 徒手练习：<br>（1）学习手臂基本动作组合 2/2；<br>（2）学习基本步法组合；<br>3. 垫上练习 | 1. 把杆练习：小踢腿练习时踢腿要急速踢起，随即停顿；<br>2. 徒手练习：初步掌握手臂基本动作及基本步法组合动作 |
| 5 | 1. 把杆练习：<br>（1）复习已学内容；<br>（2）学习大踢腿；<br>2. 徒手练习：<br>（1）复习手臂基本动作组合；<br>（2）复习基本步法组合；<br>3. 身体素质练习：800 米计时跑 | 1. 把杆练习：大踢腿高度要求达到或超过 90°，同时保持身体姿态；<br>2. 徒手练习：巩固、提高手臂基本动作及基本步法组合动作 |

续表

| 周次 | 教学内容 | 教学要求 |
| --- | --- | --- |
| 6 | 1. 把杆练习：<br>（1）复习已学内容；<br>（2）学习身体前波浪；<br>2. 徒手练习：<br>（1）复习基本步法组合；<br>（2）学习并步；<br>（3）学习变换步（前、侧、后）；<br>3. 身体素质考试：800 米跑 | 1. 把杆练习：身体向前波浪要体会身体由下至上依次的屈、伸动作，动作连贯不断，柔软优美<br>2. 徒手练习：变换步先掌握脚的动作，再配合手臂动作；初步掌握三种变换步 |
| 7 | 1. 把杆练习：复习已学内容；<br>2. 徒手练习；<br>3. 考试：基本步法组合 | 考查学生对基本步法组合的掌握情况 |
| 8 | 1. 把杆练习：<br>（1）复习已学内容；<br>（2）学习身体侧波浪；<br>2. 徒手练习：<br>（1）复习已学内容；<br>（2）学习变换步组合 1/2；<br>3. 垫上练习 | 1. 把杆练习：身体向侧波浪要体会身体由下至上依次地向侧屈、伸，动作连贯不断，柔软优美；<br>2. 徒手练习：初步掌握变换步组合动作，注意方向的变化 |
| 9 | 1. 把杆练习：<br>（1）复习已学内容；<br>（2）学习小跳；<br>2. 徒手练习：<br>（1）学习变换步组合 2/2；<br>（2）学习身体旋波浪；<br>3. 身体素质练习：立卧撑 | 1. 把杆练习：小跳练习双手扶把，跳时注意头顶向上、立腰，落地要轻，控制好身体姿态；<br>2. 徒手练习：掌握变换步组合动作，注意方向的变化；身体旋波浪要正确体会身体旋转动作，连贯不断 |
| 10 | 1. 把杆练习：<br>（1）复习已学内容；<br>（2）学习转体（180°、360°）；<br>2. 徒手练习：<br>（1）复习变换步组合；<br>（2）学习波浪组合 1/4；<br>（3）学习卡洛泼；<br>3. 垫上练习： | 1. 把杆练习：转体时保持身体旋转轴要正，控制转动的角度，到位即停；<br>2. 徒手练习：初步掌握波浪组合 1/4 的动作；初步了解、掌握卡洛泼跳的动作 |
| 11 | 1. 把杆练习：复习已学内容；<br>2. 徒手练习：<br>（1）复习已学内容；<br>（2）学习波浪组合 2/4；<br>3. 身体素质练习：仰卧起坐 | 1. 把杆练习：巩固前课所学的波浪组合；<br>2. 徒手练习：初步掌握波浪组合 2/4 的动作 |

续表

| 周次 | 教学内容 | 教学要求 |
|---|---|---|
| 12 | 1. 把杆练习：复习已学内容；<br>2. 徒手练习：<br>（1）复习已学内容；<br>（2）学习波浪组合 3/4；<br>3. 垫上练习： | 1. 把杆练习：巩固前两次课所学的波浪组合；<br>2. 徒手练习：初步掌握波浪组合 3/4 的动作 |
| 13 | 1. 把杆练习：复习已学内容；<br>2. 徒手练习：<br>（1）复习已学内容；<br>（2）学习波浪组合 4/4；<br>3. 身体素质练习：仰卧起坐 | 1. 把杆练习：巩固三次课所学的波浪组合；<br>2. 徒手练习：初步掌握波浪组合 4/4 的动作 |
| 14 | 1. 把杆练习：复习已学内容；<br>2. 徒手练习：复习波浪组合；<br>3. 身体素质考试：仰卧起坐 | 熟练掌握波浪组合动作，同时提高动作质量 |
| 15 | 考试：波浪组合 | 考查学生对波浪组合的掌握情况 |
| 16 | 学期总结 | 教师认真总结授课情况，听取学生对本课的建议，建立良好的教学秩序 |

## 表6-21-3　形体高级教学进度

| 周次 | 教学内容 | 教学要求 |
|---|---|---|
| 1 | 1. 编班，开课导言；<br>2. 把杆练习：擦地、小踢腿、吸腿、压腿、压肩；<br>3. 徒手练习：<br>（1）站立、脚位、手位、手臂基本动作；<br>（2）柔软步、足尖步；<br>4. 身体素质练习：800~1000 米跑 | 1. 提出课堂常规和注意事项，使学生了解课的基本内容和相关规定；<br>2. 通过各种练习恢复体力；<br>3. 把杆、徒手的基本功练习，注意动作要点，控制身体姿态 |
| 2 | 1. 把杆练习：擦地、半蹲、大踢腿；<br>2. 徒手练习：<br>（1）站立、脚位、手位、手臂基本动作；<br>（2）波浪组合；<br>（3）柔软步、足尖步、滚动步、变换步；<br>3. 垫上练习 | 1. 把杆练习：正确体会动作，且准确到位，控制身体姿态；<br>2. 徒手练习：正确体会动作要点；身体波浪动作连贯不断，柔软优美；基本步法练习注意动作稳健、协调 |
| 3 | 1. 把杆练习：<br>（1）擦地、半蹲、移重心；<br>（2）学习全蹲；<br>2. 徒手练习：<br>（1）学习姿态组合 1/3；<br>（2）柔软步、足尖步、变换步；<br>（3）学习弹簧步（前、侧）；<br>3. 身体素质练习：1000 米跑 | 1. 把杆练习：全蹲练习在蹲的过程中，两脚跟应在被迫情况下逐渐提起；<br>2. 徒手练习：初步掌握弹簧步的基本动作，腿的屈和伸都应有弹性，起落的身体动作要稳 |

续表

| 周次 | 教学内容 | 教学要求 |
| --- | --- | --- |
| 4 | 1. 把杆练习：<br>（1）擦地、小踢腿、转体；<br>（2）复习全蹲；<br>2. 徒手练习：<br>（1）复习弹簧步（前、侧）；<br>（2）学习姿态组合 2/3；<br>3. 垫上练习 | 1. 把杆练习：基本功练习，动作要准确到位，控制身体姿态；<br>2. 徒手练习：初步掌握姿态组合的动作 |
| 5 | 1. 把杆练习：复习已学内容；<br>2. 徒手练习：<br>（1）学习姿态组合 3/3；<br>（2）学习弹簧步组合；<br>3. 身体素质练习：800 米计时跑 | 1. 把杆练习：基本功练习，动作要准确到位，控制身体姿态；<br>2. 徒手练习：初步掌握弹簧步组合动作 |
| 6 | 1. 把杆练习：复习已学内容；<br>2. 徒手练习：<br>（1）复习姿态组合；<br>（2）柔软步、足尖步、弹簧步组合；<br>（3）学习华尔兹（前、后）；<br>3、身体素质考试：800 米跑 | 1. 把杆练习：基本功练习，动作要准确到位，控制身体姿态；<br>2. 徒手练习：初步掌握华尔兹基本动作，动作协调连贯，重点是下肢动作 |
| 7 | 1. 把杆练习：复习已学内容；<br>2. 徒手练习：考试：姿态组合 | 考查学生对姿态组合的掌握情况 |
| 8 | 1. 把杆练习：学习把杆组合（一）；<br>2. 徒手练习：<br>（1）复习弹簧步组合；<br>（2）复习华尔兹（前、后）；<br>（3）学习华尔兹（侧）；<br>3. 垫上练习 | 1. 把杆练习：初步掌握把杆组合动作，控制身体姿态；<br>2. 徒手练习：初步掌握华尔兹基本动作，动作协调连贯 |
| 9 | 1. 把杆练习：复习把杆组合（一）；<br>2. 徒手练习：（1）复习华尔兹（前、后、侧）；<br>（2）学习华尔兹（转体）；<br>3. 身体素质练习：跳绳 | 1. 把杆练习：熟练掌握把杆组合动作，动作要准确到位，控制身体姿态；<br>2. 徒手练习：初步掌握转体华尔兹动作，上下肢动作协调配合 |
| 10 | 1. 把杆练习：学习把杆组合（二）；<br>2. 徒手练习：复习华尔兹；<br>3. 垫上练习： | 1. 把杆练习：初步掌握把杆组合动作，控制身体姿态；<br>2. 徒手练习：巩固、提高华尔兹的基本动作，注意动作连贯、上下肢协调配合 |

续表

| 周次 | 教学内容 | 教学要求 |
|---|---|---|
| 11 | 1. 把杆练习：复习把杆组合（二）；<br>2. 徒手练习：学习华尔兹组合 1/3；<br>3. 身体素质练习：立定跳远 | 1. 把杆练习：熟练掌握组合动作，动作要准确到位，控制身体姿态；<br>2. 徒手练习：初步掌握华尔兹组合动作 1/3，上下肢动作协调配合 |
| 12 | 1. 把杆练习：复习把杆组合（一、二）；<br>2. 徒手练习：学习华尔兹组合 2/3；<br>3. 垫上练习： | 1. 把杆练习：熟练掌握组合动作，动作要准确到位，控制身体姿态；<br>2. 徒手练习：初步掌握华尔兹组合 2/3 动作，上下肢动作协调配合 |
| 13 | 1. 把杆练习：复习把杆组合（一、二）；<br>2. 徒手练习：学习华尔兹组合 3/3；<br>3. 身体素质练习：仰卧起坐 | 1. 把杆练习：熟练掌握组合动作，动作要准确到位，控制身体姿态；<br>2. 徒手练习：初步掌握华尔兹组合 3/3 动作，上下肢动作协调配合 |
| 14 | 1. 把杆练习：复习已学内容；<br>2. 徒手练习：复习华尔兹组合；<br>3. 身体素质考试：仰卧起坐 | 1. 把杆练习：熟练掌握组合动作，动作要准确到位，控制身体姿态；<br>2. 徒手练习：熟练掌握华尔兹组合动作，动作协调、优美、舒展 |
| 15 | 考试：华尔兹组合 | 考查学生对华尔兹组合的掌握情况 |
| 16 | 学期总结 | 教师认真总结授课情况，听取学生对本课的建议，建立良好的教学秩序 |

# 第二十二节　健身街舞

## 一、项目简介

健身街舞的风格自然而狂放，不拘一格，突出个性表现。街舞动作中非常重视身体与步法的节奏变化，并增加了许多手臂组合，在随意、松弛的动作感觉之外，更强调动作的韵律感与爆发力。在动作的编排过程中，不同的HIP—HOP音乐会带给街舞教练员不同的灵感与发挥空间。学生在练习过程中除了学习到教练员的基本动作外，还可以在头部、手臂等部位做一些自己喜欢的简单变化，进行再创造，尽情体现自己的风格。

## 二、教学目标

（1）通过教学使学生了解健身街舞运动的发展概况，特点、功能和运动规律，学习健身街舞运动的基础知识，了解健身街舞的创编原则，掌握基本创编方法。

（2）培养学生的节奏感、韵律感，使学生掌握街舞的基本动作方法。

（3）培养学生勇于表现、善于表现的现代意识，发展学生的个性，具有良好的合作精神和体育道德。

（4）通过健身街舞练习可发展学生的心肺功能，促进学生的耐力、灵敏、力量、柔韧素质的提高，增强学生的协调能力。

（5）使学生学会运用健身街舞的手段科学的锻炼身体，达到健身健美的目的。

## 三、教学基本要求

### 1.课程重点

教学的重点是：掌握准确的基本动作和街舞的舞蹈感觉。

### 2.课程难点

教学的难点是：熟练富有表现力的完成成套动作。

### 3.能力培养要求

开始1~2节课为理论课，通过讲述街舞的起源、发展、概念、分类、特点、作用及观看视频，启发学生学习兴趣。接下来的实践课，通过3次课对基本技术动作的学习，让学生充分感受街舞的时尚、嘻哈、随意、个性张扬等特点，培养学生乐感和协调性；通过复习课，提高动作套路的熟练程度和街舞舞蹈的感觉。最后通过考试前的冲刺复习和考试，调动学生敢于和善于表现自己的欲望，培养学生自信、积极向上的优良品质。

## 四、教学内容与学时

课堂教学

1.理论部分

（1）街舞概述：起源、发展、概念、分类、特点及作用。

（2）健身街舞：概述，国内外流行健身健美操介及各种课程特点。

（3）健身街舞与科学锻炼：生理负荷、自我监督体系、科学锻炼方法、锻炼的营养与卫生。

（4）健身街舞音乐：音乐的特点和作用，音乐的选配，用音乐时的注意事项。

（5）街舞运动欣赏。

2.实践部分

（1）健身街舞基本动作练习。

（2）教师自编套路：青春活力健身街舞。

（3）身体素质练习。

图6-22-1　健身街舞基本动作练习

## 五、教材与参考书

### （一）教材

（1）王洪编，《健美操教程》，人民体育出版社，2007年，第1版。

（2）张秋艳编，《街舞理论与实践》，对外经济贸易大学出版社，2010年，第1版。

### （二）参考书

（1）王莹编，《街舞》，人民体育出版社，2009年，第1版。

（2）杨薇编，《街舞》，大连理工大学出版社，2013年，第1版。

（3）杨亮编，《街舞术语词典》，上海音乐出版社，2014年，第1版。

## 六、考核方式

### （一）考核内容

1.初级进度

（1）平时成绩：对学生的考勤和学习态度进行评定，分值为10分。

（2）身体素质考核：

1000米跑（男）、800米（女）和引体向上（男）、仰卧起坐（女）各15分。

（3）专项技术考核：考一支舞，但分两部分，个人和团队，个人侧重街舞技术，团队侧重配合和队形变化，各占30分。

注：有理论考试的学期，两项素质考试各占10%即20分；理论占10%即10分。

### （二）评分标准

分为团队健身街舞和个人健身街舞，个人考试内容为上课准备部分的健身热舞的四个简单动作组合。团队健身街舞为3～6人不等，学生自由编排成不同的队形和造型进行考试，其动作以课堂上学习的健身街舞为主要内容，在此套路的开始和结尾分别需要学生编排两个八拍动作，鼓励有变化和创新动作，充分发挥同学们的想象和创作能力。

表6-22-1　个人技术评分标准

| 等级 | 技术标准 | 分值（分） |
| --- | --- | --- |
| 优秀 | 动作与音乐配合默契，动作流畅娴熟，幅度大，没有错误或遗漏，且动作充满表现力和活力，表情自然、轻松，有一定的力度。街舞的风格和特点能够充分展现 | 27 ~ 30 |
| 良好 | 动作能够与音乐配合一致，动作非常流畅，没有出现遗漏或错误动作，且有一定的表现力和力度。街舞的风格和特点能够很好展现 | 24 ~ 26 |
| 中等 | 动作能够与音乐配合一致，流畅地完成动作，没有出现遗漏或错误动作。街舞的风格和特点能够较好展现 | 21 ~ 23 |
| 及格 | 按照音乐节奏能独立、比较流畅地完成整套动作组合，只出现 1 ~ 2 个错误动作。街舞的风格和特点能够展现 | 19 ~ 20 |
| 不及格 | 不能独立完成套路动作，或套路动作错误太多。街舞的风格和特点不能展现 | 18 分以下 |

表6-22-2　团队技术评分标准

| 等级 | 技术标准 | 分值（分） |
| --- | --- | --- |
| 优秀 | 整套动作编排新颖、有创造性，队形变换多且合理，集体之间配合默契，动作非常流畅娴熟，幅度大，表情自然、轻松，且动作充满表现力和活力，整套操给观众留下极深的印象 | 27 ~ 30 |
| 良好 | 整套动作编排新颖、有创造性，队形变换多且合理，集体之间配合默契，动作能够与音乐配合一致，动作很流畅，有一定的表现力和力度 | 24 ~ 26 |
| 中等 | 整套动作编排科学合理，队形变换较多，集体之间配合默契，动作能够与音乐配合一致，较流畅地完成动作 | 21 ~ 23 |
| 及格 | 整套动作编排基本科学合理，队形变换次数单调，集体之间配合缺少默契，按照音乐节奏比较流畅地完成整套动作组合 | 19 ~ 20 |
| 不及格 | 整套动作编排缺乏科学合理性，队形变换不足三次，集体之间配合不默契，动作与音乐配合不一致的次数较多，动作完成幅度、力度缺乏 | 18 分以下 |

## 七、教学进度

本课程为全中文实践教学，不属于多媒体教学。

表6-22-3 健身街舞初级教学进度

| 周次 | 教学内容 | 教学要求 |
| --- | --- | --- |
| 1 | 1. 编班，开课导言；<br>2. 街舞概述（理论课） | 1. 提出课堂常规、纪律要求等；<br>2. 讲述街舞的起源、发展、概念、分类、特点、作用，启发学生学习兴趣 |
| 2 | 1. 健身热舞；<br>2. 健身街舞基本动作练习 | 1. 让学生感受街舞的时尚、嘻哈、随意、个性张扬等特点；<br>2. 培养学生乐感和协调性 |
| 3 | 1. 健身热舞；<br>2. 健身街舞基本、动作练习 | 1. 让学生感受街舞的时尚、嘻哈、随意、个性张扬等特点；<br>2. 培养学生乐感和协调性 |
| 4 | 1. 健身热舞；<br>2. 健身街舞基本动作练习 | 1. 让学生感受街舞的时尚、嘻哈、随意、个性张扬等特点；<br>2. 培养学生乐感和协调性 |
| 5 | 学习健身街舞组合一 | 1. 增进健康，改善体质，塑造优美体型；<br>2. 培养学生克服困难，坚毅不放弃的精神品质 |
| 6 | 复习健身街舞组合一 | 1. 通过复习，提高熟练程度和舞蹈感觉；<br>2. 培养学生敢于表现自己、自信、积极向上的优良品质 |
| 7 | 学习健身街舞组合二 | 1. 培养学生的专注力；<br>2. 提高动作协调性 |
| 8 | 复习健身街舞前两个组合 | 1. 通过复习，提高熟练程度和舞蹈感觉；<br>2. 培养学生表现自己、自信、积极向上的优良品质 |
| 9 | 1. 学习健身街舞组合三；<br>2. 身体素质考试 | 1. 增进健康，改善体质，塑造优美体型；<br>2. 培养学生敢于克服学习中的困难，坚毅不放弃的精神品质 |
| 10 | 复习健身街舞前三个组合 | 1. 通过复习，提高熟练程度和舞蹈感觉；<br>2. 培养学生敢于表现自己、自信、积极向上的优良品质 |

续表

| 周次 | 教学内容 | 教学要求 |
| --- | --- | --- |
| 11 | 学习健身街舞组合四 | 1. 增进健康，改善体质，塑造优美体型；<br>2. 培养学生敢于克服学习中的困难，坚毅不放弃的精神品质 |
| 12 | 学生自编一个组合 | 1. 培养学生的创编和想象能力；<br>2. 鼓励学生敢于挑战困难 |
| 13 | 复习健身街舞 | 1. 通过复习，提高熟练程度和舞蹈感觉；<br>2. 培养学生的表现力、自信、积极向上的优良品质 |
| 14 | 1. 复习健身街舞；<br>2. 身体素质考试 | 1. 通过复习，提高熟练程度和舞蹈感觉；<br>2. 培养学生的表现力、自信、积极向上的优良品质 |
| 15 | 考试 | 考查学生对健身街舞的掌握情况 |
| 16 | 1. 学期总结；<br>2. 宣布成绩 | 教师认真总结授课情况，听取学生对本课的建议，建立良好的教学秩序 |

# 第二十三节　体育传统养生

## 一、项目简介

体育传统养生课以基础理论、基本方法和教学实践为主；另一方面又考虑到实用性，因而进行了一些具体的体育养生法功法的实践介绍，如太极拳养生法、五禽戏养生法、八段锦养生法、六字诀养生法等，掌握自我保健、防止伤病的知识，并运用到实际生活中，达到促进学生身心健康的目的，从而为自己的终生健康服务。使学生学会自我养生和防病的方法，树立终生体育观和终生健康观。

## 二、教学目标

本课程是专为保健班同学开设的课程。通过传统养生体育的学习，使学生了解中国传统养生体育文化是中国传统文化中的瑰宝，并继承和弘扬传统养生体育文化。掌握自我保健、防止伤病的知识，并运用到实际生活中，达到促进学生身心健康的目的，从而为自己的终生健康服务。使学生学会自我养生和防病的方法，树立终生体育观和终生健康观。

## 三、教学基本要求

### 1.课程重点

课程的重点是养生操的动作掌握及理论的理解。

### 2.课程难点

难点是如何培养终身体育锻炼的习惯。

### 3.能力培养要求

通过传统养生体育课的学习，改变亚健康以及疾病状态，使学生恢复健康。

## 四、教学内容与学时

课堂教学

### 1.理论部分

（1）课程介绍：八段锦概述、起源、发展、养生作用、特点、要领、机理；导引养生操概述、起源、发展、养生作用、机理。

### 2.实践部分

（1）基本项目：八段锦、导引养生操。

图6-23-1　八段锦、导引养生操（1）

图6-23-2　八段锦、导引养生操（2）

（2）分享：完成每个动作后，对每个动作的体悟进行讨论，提升项目的理念值。

## 五、教材与参考书

### （一）教材

（1）唐仁基编，《学体育教材》，中国铁道出版社，2000年，第1版。

（2）李文杰编，《大学体育教材》，武汉理工大学出版社，2006年，第1版。

### （二）参考书

（1）潘绍伟， 于可红编，《学校体育学》，高等教育出版社，2008年，第1版。

（2）施良方编，《课程理论》，教育科学出版社，1996年，第1版。

（3）季浏编，《体育课程标准解读》，湖北教育出版社，2002年，第1版。

## 六、考核方式

### （一）考核内容

（1）平时成绩：学生的考勤和学习态度进行评定，满分为20分。

（2）专项技术考核：导引操满分为35分。

（3）理论成绩：教师对理论试卷进行评定满分为20分。

### （二）评分标准

表6-23-1 导引养生操

| 等 级 | 导引操评分标准 | 分 值（分） |
|---|---|---|
| 优秀 | 动作准确、柔和缓慢、圆活连贯、松紧结合、动静相兼 | 32—35 |
| 良好 | 动作较准确、较柔和缓慢、圆活连贯、松紧结合、动静相兼 | 28—31 |
| 及格 | 动作不能完整连贯地做下来 | 25—27 |
| 不及格 | 动作做不下来 | 24 分以下 |

## 七、教学进度

### （一）体育传统养生初级教学进度

表6-23-2 体育传统养生初级教学进度

| 周次 | 教学内容 | 教学要求 |
|---|---|---|
| 1 | 1. 编班，开课导言；<br>2. 导引操 | 提出课堂常规和安全注意事项 |
| 2 | 导引操特点、起源 | 要求学生了解导引操特点、锻炼价值，体会性练习 |
| 3 | 第一式：调息吐纳 | 1. 树立正确技术概念，基本掌握动作；<br>2. 纠正错误动作 |
| 4 | 第二式：顺水推舟 | 提高动作的准确性、规范性，体会动作柔和缓慢、圆活连贯 |
| 5 | 第三式：肩担日月 | 1. 进一步提高动作的准确性、规范性，体会动作柔和缓慢、圆活连贯；<br>2. 及时纠正错误动作 |
| 6 | 第四式：鹏鸟展翅 | 1. 进一步提高动作的准确性、规范性，体会动作柔和缓慢、圆活连贯，提高练习效果；<br>2. 及时纠正辅导 |
| 7 | 第五式：力搬磐石 | 1. 要求动作准确、柔和缓慢、圆活连贯、松紧结合、动静相兼；<br>2. 能独立完成及时纠正辅导 |
| 8 | 第六式：推窗望月 | 1. 要求动作准确、柔和缓慢、圆活连贯、松紧结合、动静相兼；<br>2. 能独立完成，动作要与音乐协调一致及时纠正辅导 |

续表

| 周次 | 教学内容 | 教学要求 |
|---|---|---|
| 9 | 第七式：迎风掸尘 | 1. 要求动作准确、柔和缓慢、圆活连贯、松紧结合、动静相兼；<br>2. 能独立完成，动作要与音乐协调一致；<br>3. 以练习为主及时纠正辅导 |
| 10 | 第八式：老翁拂髯 | 1. 要求动作准确、柔和缓慢、圆活连贯、松紧结合、动静相兼；<br>2. 能独立完成，动作要与音乐节奏协调一致；<br>3. 以练习为主及时纠正辅导 |
| 11 | 1. 导引操复习；<br>2. 调身、调心、调息特点 | 1. 能独立完成，动作要与音乐节奏协调一致；<br>2. 以练习为主，体会动作要领，了解经络特点 |
| 12 | 1. 导引操复习；<br>2. 导引操总机理 | 体会动作要领及时纠正辅导，了解中医五行特点 |
| 13 | 导引操复习 | 以练习为主及时纠正辅导了解中医基础理论 |
| 14 | 导引操理论复习 | 1. 以练习为主及时纠正辅导；<br>2. 了解中医基础理论、中医养生 |
| 15 | 考试 | 导引操考试 |
| 16 | 1. 学期总结；<br>2. 宣布成绩 | 教师认真总结授课情况，听取学生对本课的建议，建立良好的教学秩序 |

## （二）体育传统养生高级教学进度

**表6-23-3　体育传统养生高级教学进度**

| 周 次 | 教学内容 | 教学要求 |
|---|---|---|
| 1 | 1. 编班，开课导言；<br>2. 八段锦 | 1. 提出课堂常规和安全注意事项。八段锦起源、发展、养生作用；<br>2. 功法特点 |
| 2 | 第一式：<br>两手托天理三焦<br>动作特点 | 1. 要求学生了解八段锦特点、锻炼价值；<br>2. 体会性练习 |
| 3 | 第二式：<br>左右开弓似射雕<br>动作特点 | 1. 树立正确技术概念，基本掌握动作；<br>2. 及时纠正辅导 |
| 4 | 第三式：<br>调理脾胃须单举<br>动作特点 | 1. 提高动作的准确性、规范性，体会动作柔和缓慢、圆活连贯；<br>2. 及时纠正辅导连贯 |

续表

| 周 次 | 教学内容 | 教学要求 |
|---|---|---|
| 5 | 第四式：<br>五劳七伤往后瞧<br>动作特点 | 1. 进一步提高动作的准确性、规范性，体会动作柔和缓慢、圆活连贯。初步学会“用力”；<br>2. 及时纠正辅导 |
| 6 | 第五式：<br>摇头摆尾去心火<br>动作特点 | 1. 进一步提高动作的准确性、规范性，体会动作柔和缓慢、圆活连贯，学会“用力”；<br>2. 及时纠正辅导 |
| 7 | 第六式：<br>两手攀足固肾腰<br>动作特点 | 1. 动作更加准确、柔和缓慢、圆活连贯、松紧结合、动静相兼；<br>2. 能独立完成；<br>3. 及时纠正辅导 |
| 8 | 第七式：<br>攒拳怒目增气力<br>动作特点 | 1. 以练习为主，提高动作质量；<br>2. 能独立完成，动作要与音乐协调一致；<br>3. 及时纠正辅导 |
| 9 | 第八式：<br>背后七颠百病消 | 1. 动作准确、柔和缓慢、圆活连贯、松紧结合、动静相兼，提高动作质量；<br>2. 能独立完成，动作要与音乐协调一致。以练习为主 |
| 10 | 八段锦复习：<br>1~2 式 功理作用 | 1. 动作准确、柔和缓慢、圆活连贯、松紧结合、动静相兼；<br>2. 能独立完成，动作要与音乐节奏协调一致；<br>3. 以练习为主及时纠正辅导 |
| 11 | 八段锦复习：<br>3~4 式 功理作用 | 1. 能独立完成，动作要与音乐节奏协调一致；<br>2. 以练习为主，体会动作要领，了解经络特点 |
| 12 | 八段锦复习：<br>5~6 式 功理作用 | 1. 体会动作要领要求动作准确、柔和缓慢、圆活连贯、松紧结合、动静相兼；<br>2. 及时纠正辅导，了解中医五行特点 |
| 13 | 八段锦复习：<br>7~8 式、收势 功理作用 | 1. 要求动作准确、柔和缓慢、圆活连贯、松紧结合、动静相兼；<br>2. 及时纠正辅导了解中医基础理论 |
| 14 | 八段锦复习 | 要求动作准确、柔和缓慢、圆活连贯、松紧结合、动静相兼 |
| 15 | 八段锦考试 | 八段锦考试 |
| 16 | 1. 学期总结；<br>2. 宣布成绩 | 教师认真总结授课情况，听取学生对本课的建议 |

# 第二十四节　高尔夫

## 一、项目简介

高尔夫，俗称小白球，是一种室外体育运动。个人或团体球员以不同的高尔夫球杆将一颗小球打进果岭的洞内。大部分的比赛有18洞，杆数最少的为优胜者。英国公开赛、美国公开赛、美国大师赛和美国职业高尔夫球协会锦标赛是高尔夫球界的四大大满贯赛事。高尔夫球普遍被视为苏格兰人的发明，今日的高尔夫球18洞制度亦由苏格兰制定，当地亦有全球最历史悠久的高球会，被视作苏格兰国粹。

## 二、教学目标

本课程是以教师为主导，学生为主体的互动行为，学生通过高尔夫球以各种身体练习为主要手段，通过自觉、刻苦、合理、科学的锻炼过程，达到增强体质，促进身心健康和提高综合素质的主要目的。

## 三、教学基本要求

1.教学重点：

（1）通过本课程的教学，掌握该项运动的基本技术、球场礼仪、比赛规则和裁判法。

（2）培养学生体育意识，提高学生体育兴趣，为体育生活化作理论和技术准备。

（3）通过学习和教学比赛以及适当增加相应身体素质练习，达到增强体质、娱乐身心、增进交往和友谊、学会做人的目的。

（4）透过高尔夫球诚信、自律、包容、进取的运动精神，促进学生优良品质的形成，以及全面素质的提升。

2.课程难点

初学者在练球初期一定要将重点集中在挥杆的动作标准上，打好坚实的基础后，再进行后续的练习。切记不要盲目地追求距离远而忽视了挥杆过程中的种种细节。把握每一次的挥杆机会，在挥杆的过程中注意站姿、上下杆动作的配合与动作的完整性，保持平衡使身体放松，这样练习就能慢慢提升击球距离。

3.能力培养要求

高尔夫课的设置本着循序渐进的原则使学生能系统的学习高尔夫球运动的技术及理论。掌握基本技、战术、竞赛规则及裁判法，并能坚持练习，为终身体育锻炼打下基础。

## 四、教学内容与学时

课堂教学。

1.理论部分

（1）高尔夫球运动的起源、发展。

（2）高尔夫球场器材介绍（如图6-24-1，图6-24-2，图6-24-3所示）。

图6-24-1　一号木杆

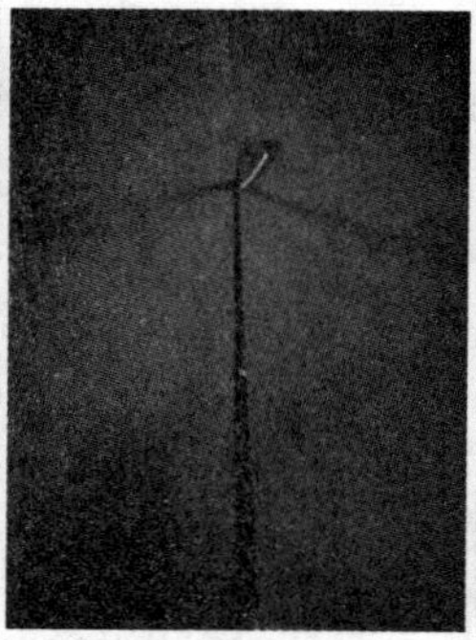

图6-24-2　七号铁杆

图6-24-3　推杆

（3）高尔夫球运动礼仪与规则介绍。

（4）高尔夫球比赛战术。

2.实践部分

**第一学期：**

（1）挥杆前技术准备。

①教学目的与要求。

通过挥杆前技术准备的学习，让学生初步掌握高尔夫技术中的握杆、站姿、瞄球。

②教学重点与难点。

重点：站姿的要求。

难点：握杆的手形。

③教学内容。

挥杆前技术准备：握杆、站姿、瞄球（如图6-24-4所示）。

图6-24-4　握杆站姿瞄球

（2）挥杆技术（上杆篇）。

①教学目的与要求。

通过上杆技术学习，让学生了解上杆的基本原理，在实践练习中掌握上杆技术。

②教学重点与难点。

重点：起杆技术、上杆技术。

难点：顶点。

③教学内容。

起杆技术、上杆技术、顶点。

（3）挥杆技术（下杆篇）。

①教学目的与要求。

通过下杆技术的学习，让学生了解下杆的基本原理，在实践练习中掌握下杆技术。

②教学重点与难点。

重点：下杆技术、释放技术。

难点：击球技术。

③教学内容。

下杆技术、释放技术、击球技术。

（4）挥杆技术（收杆篇）。

①教学目的与要求。

通过收杆技术的学习，让学生了解收杆的基本原理，在实践练习中掌握收杆技术。

②教学重点与难点。

重点：送杆技术、前挥技术。

难点：收杆技术。

③教学内容。

送杆技术、前挥技术、收杆技术、挥杆练习。

（5）全挥杆技术。

①教学目的与要求。

通过挥杆练习，让学生巩固高尔夫挥杆前技术姿势、全挥杆技术，从而提高高尔夫专业技术水平。

②教学重点与难点。

重点：巩固全挥杆技术。

难点：运用全挥杆技术。

③教学内容。

复习挥杆前的准备姿势。

合理运用全挥杆技术（如图6-24-5所示）。

图6-24-5　全挥杆技术

（6）推杆技术。

①教学目的与要求。

通过推杆技术，让学生掌握推杆技术，学会如何使用推杆，并能准确的控制推击距离和简单的判断推击线，从而提高高尔夫技术水平。

②教学重点与难点。

重点：推杆的基本技术、推杆推击距离的控制。

难点：推击线的判断。

③教学内容。

推杆的基本技术。

如何控制推杆的推击距离。

如何学会解读果岭，判断推击线。

图6-24-6　人工果岭

图6-24-7　推杆技术

（7）切击球技术。

①教学目的与要求。

通过本章的学习，让学生掌握切击球的基本技术，并了解切击球的弹道特点。

②教学重点与难点。

重点：切击球的基本技术。

难点：切击球的距离控制。

③教学内容。

切击球的基本技术。

切击球的距离控制 。

**第二学期：**

（1）劈击球技术。

①教学目的与要求。

通过本章的学习，让学生掌握臂击球的基本技术，并了解劈击球的弹道特点。

②教学重点与难点。

重点：劈击球的基本技术。

难点：劈击球的距离控制。

③教学内容。

劈击球的基本技术。

劈击球的距离控制。

（3）高吊球技术。

①教学目的与要求。

通过本章的学习，让学生掌握高吊球的基本技术，并了解高吊球的弹道特点。

②教学重点与难点。

重点：高吊球的基本技术。

难点：高吊球的距离控制。

③教学内容。

高吊球的基本技术

高吊球的距离控制

（3）沙坑球技术

①教学目的与要求。

通过本章的学习，让学生掌握沙坑球的基本技术，并了解沙坑球技术的弹道特点和距离控制要点。

②教学重点与难点。

重点：沙坑球的基本技术。

难点：沙坑球的准备姿势。

③教学内容。

沙坑球的击球原理。

沙坑球的基本技术介绍。

沙坑球的距离控制。

（4）挥杆练习。

①教学目的与要求。

通过挥杆练习，让学生巩固高尔夫推杆技术、切击球技术、劈击球技术、高吊球技术、沙坑球技术，从而全面提高高尔夫技术水平

②教学重点与难点。

重点：推杆技术。

难点：沙坑球技术。

③教学内容。

练习推杆技术。

练习特殊杆击球技术。

（5）常见错误的纠正方法。

①教学目的与要求

通过常见错误的纠正方法的学习，让学生学会自我调整挥杆技术并能简单指

导纠正别人的错误挥杆。

②教学重点与难点。

重点：各种错误挥杆的纠正方法。

难点：如何找出挥杆中的错误。

③教学内容。

a.握杆错误的纠正方法；

b.挥杆准备姿势错误的纠正访求；

c.瞄球方向错误的纠正方法；

d.球位错误的纠正方法；

e.上杆过分依赖手部动作的纠正方法；

f.上杆平面过于扁平的纠正方法；

g.身体旋转不够未完成上杆的纠正方法；

h.右膝位置不能固定的纠正方法；

i.重心逆转的纠正方法；

j.太陡或太平的挥杆平面的纠正方法；

k.由顶点抛杆击球的纠正方法；

l.重心转移错误的纠正方法；

m.击球姿势不正确的纠正方法；

n.过早释放杆头的纠正方法；

o.击球后未能继续错误收杆姿势的纠正方法；

p.伸展的纠正方法；

q.头部过分移动的纠正方法；

r.手臂与身体不能协调一致的纠正方法；

s.姿势过于柔软的纠正方法；

t.挥杆节奏错的纠正方法；

u.右曲球与左拉球的纠正方法；

v.左曲球与右推球的纠正方法；

w.右斜飞球的纠正方法；

x.剃头球、挖地球的纠正方法。

（6）各种困难球位打法。

①教学目的与要求。

通过各种困难球位打法的学习，让学生打球过程中，选择各种困难球击打的站位、挥杆平面、挥杆轨迹、击球角度等技术。

②教学重点与难点；

重点：上坡球和下坡球。

难点：长草球的打法。

③教学内容：各种困难球位打法 。

a.上坡球的打法；

b.下坡球的打法；

c.长草区中球的处理方法；

d.球道沙坑球的打法；

e.左曲球的打法；

f.右曲球的打法；

g.高飞球的打法；

h.低飞球的打法。

（7）高尔夫球运动欣赏。

## 五、教材与参考书

### （一）教材

（1）北京市大学生高尔夫协会审定，《大学高尔夫教程》，首都经济贸易大学出版社，2011年出版，第1版。

（2）星球工作室，《高尔夫技巧精解》，北京体育大学出版社，2007年出版，第1版。

### （二）参考书

（1）曾洪泉、杨亚著，《高尔夫球 》，成都时代出版社，第1版。

（2）袁运平著，《高尔夫球运动手册》，人民体育出版社，2005年5月，第1版。

（3）谭受清著，《高尔夫导论》，长沙国防科技大学出版社，2003年7月，第1版。

## 六、考核方式

### （一）考核内容

1.第一学期

①技术动作30%。

②7号铁杆30%。

③800米 15%。

④引体向上/仰卧起坐 15%。

⑤平时表现10%。

2.第二学期

①技术动作30%。

②7号铁杆30%。

③800米 15%。

④引体向上/仰卧起坐 15%。

⑤平时表现10%。

### （二）考核方法

1.技术考评内容：

①推杆考核：30分（其中技评占60%，进球质量占40%）。

模拟果岭推杆进洞，每人3球，距离洞口1米处推球，推球直接进洞得4分；球推在洞边10cm圈内得3分；30厘米圈内得2分；50厘米圈内得1分；50厘米圈外记0分。

评分标准：满分12分

| 进球质量（个） | 3 | 2 | 1 | <10 厘米 | <25 厘米 | <50 厘米 | > 50 厘米 |
|---|---|---|---|---|---|---|---|
| 得　分 | 12 分 | 8 分 | 4 分 | 3 分 | 2 分 | 1 分 | 0 分 |

技评标准：推杆从动作规范性、稳定性、流畅、力度并结合击球效果进行评价，满分18分。

| 等级 | 优 | 良 | 及格 | 不及格 |
|---|---|---|---|---|
| 得分 | 16~18 分 | 13~15 分 | 10~12 分 | 9 分以下 |
| 技评 | 动作完成正确，整体规范稳定，用力协调，动作连贯流畅，击球效果好。 | 动作完成基本正确，整体规范稳定较好，用力较协调，动作较连贯流畅，击球效果较好。 | 动作完成一般，用力不太协调，动作略显僵硬，击球效果一般。 | 动作不能完成，动作不规范，不能控制好击球力度，击球偏离方向较大，失误明显。 |

②七号铁杆考核：30分（技评占60%，打准占40%）。

在固定打位上打击靶布目标，每人3球，球打中靶心得4分；接近靶心区域30厘米内得3分，接近靶心区域60厘米内得2分，球直接上靶布边缘得1分，未到靶布上得0分。

评分标准：满分12分

| 目标区域 | 靶心 | <30 厘米 | <60 厘米 | 靶布边缘 | 未中靶布 |
|---|---|---|---|---|---|
| 得分 | 4 分 | 3 分 | 2 分 | 1 分 | 0 分 |

技评标准：推杆从动作规范性、稳定性、流畅性、力度并结合击球效果进行评价，满分18分。

| 等级 | 优 | 良 | 及格 | 不及格 |
|---|---|---|---|---|
| 得分 | 16~18 分 | 13~15 分 | 10~12 分 | 9 分以下 |
| 技评 | 动作完成正确，整体规范稳定，用力协调，击球出手方向、角度、力度控制很好，动作连贯流畅，击球效果好。 | 动作完成基本正确，动作规范稳定较好，用力较协调，击球出手方向、角度、力度控制较好，动作较连贯流畅，击球效果较好。 | 动作完成一般，用力不太协调，动作不太连贯，击球效果一般。 | 动作不能完成，手法不规范，不能控制好球，用力不顺，击球偏离方向较大，失误明显。 |

③理论考试（开卷）：高尔夫起源、发展历史及现状；高尔夫场地、器材知识；基本礼仪；简单的比赛规则；推杆、7号铁杆的技术要领等。

## 七、教学进度

本课程为全中文教学，教学不属于多媒体教学。

**表6-24-1　高尔夫初级教学进度**

**第一学期**

| 项目 | | | 时数 | 合计 | 百分比 % |
|---|---|---|---|---|---|
| 体育理论 | 体育基础理论 | | 1 | 2 | 5.6 |
| | 选项课理论 | | 1 | | |
| 实践部分 | 高尔夫技术 | 挥杆前技术准备 | 0.5 | 26 | 72.2 |
| | | 挥杆技术（上杆篇） | 2.5 | | |
| | | 挥杆技术（下杆篇） | 2.5 | | |
| | | 挥杆技术（收杆篇） | 2.5 | | |
| | | 挥杆练习 | 4 | | |
| | | 推　杆 | 2 | | |
| | | 切击球 | 2 | | |
| | | 常见错误的纠正方法 | 3 | | |
| | | 各种困难球位的打法 | 3 | | |
| | | 身体素质 | 4 | | |
| 其他 | 高尔夫球欣赏课 | | 2 | 8 | 22.2 |
| | 机动 | | 2 | | |
| | 考试 | | 4 | | |
| 合计 | | | 36 | 36 | 100 |

## 第二学期

<table>
<tr><th colspan="3">项目</th><th>时数</th><th>合计</th><th>百分比 %</th></tr>
<tr><td rowspan="2">体育理论</td><td colspan="2">体育基础理论</td><td>1</td><td rowspan="2">2</td><td rowspan="2">5.6</td></tr>
<tr><td colspan="2">选项课理论</td><td>1</td></tr>
<tr><td rowspan="7">实践部分</td><td rowspan="7">高尔夫技术</td><td>劈击球</td><td>3</td><td rowspan="7">26</td><td rowspan="7">72.2</td></tr>
<tr><td>高吊球</td><td>3.5</td></tr>
<tr><td>沙坑球</td><td>3</td></tr>
<tr><td>挥杆练习</td><td>3.5</td></tr>
<tr><td>常见错误的纠正方法</td><td>4.5</td></tr>
<tr><td>各种困难球位的打法</td><td>4.5</td></tr>
<tr><td>身体素质</td><td>4</td></tr>
<tr><td rowspan="3">其他</td><td colspan="2">高尔夫球欣赏课</td><td>2</td><td rowspan="3">8</td><td rowspan="3">22.2</td></tr>
<tr><td colspan="2">机动</td><td>2</td></tr>
<tr><td colspan="2">考试</td><td>4</td></tr>
<tr><td colspan="3">合计</td><td>36</td><td>36</td><td>100</td></tr>
</table>

# 第二十五节　跑射联项

## 一、项目简介

跑射联项（shoot-run）也称激光跑（laser-run），是国际现代五项联盟（UIPM）为所有年龄段的人们新打造的一项全民运动。比赛场地多样，在海边、城市、室内或郊外均可。它是国际现代五项联盟最新的原创项目，从2015年开始加入国际现代五项联盟的赛事大家庭。跑射联项是跑步（越野跑）与射击的完美结合。充分体现了项目动静结合的哲学思想。经常从事跑射联项运动，不仅可以有效地促进身体素质的全面发展，提升个人在面对重压时能够保持定力的生理能力，有利于心肺功能的改善与提高，而且更加能够培养、提高心理素质水平。通过学习与运动实践，体验勇敢、顽强、竞争、拼搏的进取精神，培养良好的团队作风。

## 二、教学目标

本课程主要学习激光手枪射击和短距离及中长距离跑的基本知识、基本技术，在掌握射击与跑步基本技术前提下，着重跑步与射击实战技术的结合，提高学生跑步射击的比赛实战能力；介绍跑射联项的基本规则，侧重实战体验，达到增进健康的目的。

## 三、教学基本要求

1.课程重点

（1）使学生熟练掌握激光枪的使用方法，使学生能够把跑步和射击有机地结合起来，提高自身身体机能的控制能力；掌握跑步运动中常见创伤的处置方法。

（2）使学生能测试和评价体质健康状况，掌握有效提高身体素质、全面发展体能的知识与方法；能合理选择人体需要的健康营养食品；养成良好的行为习惯，形成健康的生活方式；具有健康的体魄。

（3）使学生根据自己的能力设置体育学习目标；自觉通过跑射联项活动改善心理状态、提高心理稳定性，养成积极乐观的生活态度；运用适宜的方法调节自己的情绪；在运动中体验运动的乐趣和成功的感觉。

（4）使学生能够表现出良好的体育道德和合作精神；能够正确处理竞争与合作的关系。

2.课程难点

跑射联项运动初始阶段学生会由于激光枪的练习感到兴趣浓厚，甚而忽略了跑步能力的提高。随着课程的深入，跑步技术及能力的提高会直接影响整个运动项目的水平，如何克服困难、平衡两个内容的能力，需要学生在课上、课下努力练习、积累。

3.能力培养要求

使学生积极参与跑射联项活动并基于形成自觉锻炼的习惯，基本形成终身体育的意识，能够编制可行的个人锻炼计划，具有一定的跑射联项赛事文化欣赏能力。

## 四、教学内容与学时

课堂教学。

1.理论部分

（1）跑射联项运动发展概述。

（2）跑射联项竞赛规则、裁判法。

（3）体育与健康概述。

（4）体育锻炼的原则与方法、体育锻炼与卫生保健。

2.实践部分

（1）基本技术。

①激光枪射击技术：激光枪的安全使用及保养、据枪技术、瞄准技术、压稳技术、保持技术。

②短距及中长跑距离步技术：跑步过程中体能分配技术、跑步过程中呼吸控制技术。

（2）基本战术。

①跑步与射击的呼吸配合技术：跑步后射击前的呼吸配合、跑步和射击的时机配合、接力区配合、接力人员顺序。

②个人比赛：据枪动作比赛、个人密度射击比赛、个人耐力射击比赛、个人命中率射击比赛、短距离跑步射击比赛。

③团队比赛：团队密度射击比赛、团队耐力射击比赛、团队命中率射击比赛。团队短距离跑步接力射击比赛、团队折返跑接力射击比赛、400米比赛、800米比赛、2×400米比赛、2×800米比赛。

## 五、教材与参考书

### （一）教材

（1）国家体育总局青少年体育司、国家体育总局射击射箭运动管理中心编，《中国青少年现代五项训练教学大纲》，北京体育大学出版社，2016年，第1版。

（2）国家体育总局青少年体育司、国家体育总局射击射箭运动管理中心编，《中国青少年射击训练教学大纲》，北京体育大学出版社，2016年，第1版。

### （二）参考书

（1）王骏昇、尹军、齐光涛编，《射击运动员身体运动功能训练》，人民体育出版社，2016年，第1版。

（2）刘海萍编，《警察手枪射击训练新论》，吉林人民出版社，2012年，第1版。

（3）许海峰口述，《许海峰的枪》，金城出版社，2012年，第1版。

## 六、考核方式

### （一）考核内容

1.第一学期

（1）平时成绩：对学生的考勤和学习态度进行评定，分值为10分。

（2）身体素质：1000米跑和引体向上各10分。

（3）理论成绩：教师对理论试卷进行评定打分，10分。

（4）专项技能：个人50秒连续射击、16周课上20分钟以上跑步及课下跑步作业各30分。

2.第二学期

（1）平时成绩：对学生的考勤和学习态度进行评定，分值为10分。

（2）身体素质：1000米跑和引体向上各15分。

（3）专项技能：1×800米跑射联项比赛及16周课上20分钟以上跑步及课下跑步作业各30分。

3.第三、四学期

（1）平时成绩：对学生的考勤和学习态度进行评定，分值为10分。

（2）身体素质：1000米跑和引体线上各15分。

（3）专项技能：个人50秒连续射击、16周课上20分钟以上跑步及课下跑步作业各30分。1×800米跑射联项比赛及16周课上20分钟以上跑步及课下跑步作业各30分。

图6-25-1　跑步

图6-25-2　射击

## （二）评分标准

跑射联项课程考核模式采取百分制，考核内容包括专项技术和身体素质两部分，按其百分制比例构成如下表：

表6-25-1　跑射联项课程考核

| 考试内容 | 射击技术 | 跑步积累（团队竞赛） | 引体向上 | 1000（800）米 | 平时成绩 |
|---|---|---|---|---|---|
| 权重 | 30% | 30% | 15% | 15% | 10% |

1.专项技战术评价方法及标准（60%）

（1）个人50秒连续射击（30分）（第一学期）

要求：距离靶子5米距离射击，达到8环以上为有效射击区域，50秒内不限射击次数，记有效次数，标准见下表：

表6-25-2　专项技战术评价方法及标准

| 次数 | 4 | 5 | 6 | 7 | 8 | 9 | 10 | 12 |
|---|---|---|---|---|---|---|---|---|
| 分数 | 4 | 8 | 12 | 16 | 20 | 24 | 28 | 30 |

射击得分标准（击中8环以上）

（2）个人比赛30%（第二学期）

1×800米比赛（30分）

要求：以个人为单位进行比赛，根据比赛名次确定小组比赛成绩。每人1组800米跑步、1组射击，按照比赛成绩算出班级总排名。成绩与得分标准见下表：

表6-25-3 比赛成绩得分标准

| 名次 | 1 | 2 | 3 | 4 | 5 | 6 | 7 | 8 |
|---|---|---|---|---|---|---|---|---|
| 分数 | 20 | 18 | 16 | 14 | 12 | 12 | 10 | 9 |

## 七、教学进度

### （一）跑射联项初级教学进度

表6-25-2 跑射联项初级教学进度

| 周次 | 教学内容 | 教学要求 |
|---|---|---|
| 1 | 1. 编班，开课导言；<br>2. 宣讲跑射联项课程的教学内容、进度、考核 | 1. 完成编班及课堂常规要求；<br>2. 介绍讲解本课程项目内容及特点 |
| 2 | 1. 跑射联项跑竞赛规则、裁判法介绍；<br>2. 学习激光枪基本使用、保养要求；<br>3, 学习激光枪据枪技术 | 1. 了解比赛规则、裁判法；<br>2. 强调正确的使用保养方法；<br>3. 初步了解激光枪据枪技术 |
| 3 | 1. 复习据枪技术；<br>2. 学习激光枪瞄准技术；<br>3. 身体素质练习 | 1.强调正确据枪技术动作，理解动作口诀；<br>2. 初步掌握激光枪瞄准技术；<br>3. 提高有氧代谢能力 |
| 4 | 1. 复习瞄准技术；<br>2. 学习激光枪的稳压与保持技术；<br>3. 个人密度射击比赛 | 1. 认真完成基本技术练习；<br>2. 结合考试情况进行射击练习 |
| 5 | 1. 复习激光枪的稳压与保持技术；<br>2. 个人命中率射击比赛；<br>3. 身体素质练习 | 1. 重视基本技术练习；<br>2. 加强射击技术练习，提高命中率；<br>3. 加强有氧素质； |
| 6 | 1. 复习射击技术；<br>2. 学习 1000 米及 800 米跑体能分配技术；<br>3. 个人加速跑后射击练习 | 1. 加强射击技术练习，提高命中率；<br>2. 学习中距离跑体能分配；<br>3. 混氧能力水平提高 |
| 7 | 1.学习 1000 米及 800 米跑过程中呼吸控制技术；<br>2. 个人短距离跑步射击练习；<br>3. 学习射击前的呼吸调整 | 1. 有氧及混氧能力的提高；<br>2. 高心率负荷下的命中率提高；<br>3. 跑步、射击的衔接调整 |
| 8 | 1. 学习接力区配合技术；<br>2. 个人 200 米短距离跑步射击练习 | 1. 学习接力技术要求；<br>2. 加强跑步、射击衔接技术 |
| 9 | 1. 复习射击各项技术；<br>2. 个人跑步 400 米后射击练习；<br>3. 身体素质考试：引体向上（仰卧起坐） | 1. 基本射击技术练习；<br>2. 混氧能力结合射击命中率练习；<br>3. 严格考试要求 |

续表

| 周次 | 教学内容 | 教学要求 |
| --- | --- | --- |
| 10 | 1. 技术考试：50 秒连续射击；<br>2. 身体素质练习：1000 米跑 | 1. 根据考试标准评价成绩；<br>2. 提高身体素质考试能力水平 |
| 11 | 1. 复习射击各项技术；<br>2. 个人耐力跑 800 米射击练习 | 1. 提高射击命中率；<br>2. 提高专项能力 |
| 12 | 1. 复习射击各项技术；<br>2. 身体素质考试：1000（800）米跑 | 1. 提高射击命中率；<br>2. 严格考试要求 |
| 13 | 1. 复习射击各项技术；<br>2. 团队 2×400 米比赛 | 1. 根据比赛名次评定成绩；<br>2. 提高正式比赛能力 |
| 14 | 各项补考 | 完成补考工作 |
| 15 | 理论课 | 体育部统一安排 |
| 16 | 小结 | 1. 总结本学期教学情况；<br>2. 讲解下学期选课安排 |

## （二）跑射联项高级教学进度

**表6-25-3　跑射联项高级教学进度**

| 周次 | 教学内容 | 教学要求 |
| --- | --- | --- |
| 1 | 1. 编班，开课导言；<br>2. 宣讲跑射联项课程的教学内容、进度、考核 | 1. 完成编班及课堂常规要求；<br>2. 介绍讲解本课程项目内容及特点及本学期教学安排 |
| 2 | 1. 跑射联项跑竞赛规则、裁判法介绍；<br>2. 复习激光枪基本使用、保养要求；<br>3. 复习激光枪据枪技术 | 1. 了解比赛规则、裁判法；<br>2. 强调正确的使用保养方法 |
| 3 | 1. 复习据枪技术；<br>2. 复习激光枪瞄准技术；<br>3. 身体素质练习 | 1. 强调正确据枪技术动作，理解动作口诀；<br>2. 提高有氧代谢能力 |
| 4 | 1. 复习瞄准技术；<br>2. 复习激光枪的稳压与保持技术；<br>3. 个人密度射击练习 | 1. 认真完成基本技术练习；<br>2. 结合考试情况进行射击练习 |
| 5 | 1. 复习激光枪的稳压与保持技术；<br>2. 团队命中率射击比赛；<br>3. 身体素质练习 | 1. 重视基本技术练习；<br>2. 加强射击技术练习，提高团队命中率；<br>3. 加强有氧素质 |
| 6 | 1. 复习射击技术；<br>2. 复习 1000 米及 800 米跑体能分配技术；<br>3. 团队加速跑后射击练习 | 1. 加强射击技术练习，提高命中率；<br>2. 学习中距离跑体能分配；<br>3. 混氧能力水平提高 |

续表

| 周次 | 教学内容 | 教学要求 |
|---|---|---|
| 7 | 1. 学习1000米及800米跑过程中呼吸控制技术；<br>2. 团队400米跑步射击练习；<br>3. 学习射击前的呼吸调整 | 1. 有氧及混氧能力的提高；<br>2. 高心率负荷下的命中率提高；<br>3. 跑步、射击的衔接调整 |
| 8 | 1. 接力区配合技术；<br>2. 团队400米短距离跑步射击练习 | 1. 学习接力技术要求；<br>2. 加强跑步、射击衔接技术 |
| 9 | 1. 复习射击各项技术；<br>2. 团队400米后射击练习；<br>3. 身体素质考试：引体向上（仰卧起坐） | 1. 基本射击技术练习；<br>2. 混氧能力结合射击命中率练习；<br>3. 严格考试要求 |
| 10 | 技术考试：50秒连续射击；<br>身体素质练习：1000米 | 1. 根据考试标准评价成绩；<br>2. 提高身体素质考试能力水平 |
| 11 | 1. 复习射击各项技术；<br>（1）*800米射击练习 | 1. 提高射击命中率；<br>2. 提高专项能力 |
| 12 | 1. 复习射击各项技术；<br>2. 身体素质考试：1000（800）米跑 | 1. 提高射击命中率；<br>2. 严格考试要求 |
| 13 | 1. 复习射击各项技术；<br>2. 技术考试：800米团队比赛 | 1. 根据比赛名次评定成绩；<br>2. 提高正式比赛能力 |
| 14 | 各项补考 | 完成补考工作 |
| 15 | 理论课 | 体育部统一安排 |
| 16 | 小结 | 1. 总结本学期教学情况；<br>2. 讲解下学期选课安排 |

# 第二十六节　柔力球

## 一、项目简介

柔力球一般指太极柔力球。“太极”是这项运动的根本和生命。抛太极柔力球时圆弧轻划，看似轻松自在，实则力度拿捏、方位掌握均会产生很大运动量，一场球下来，汗流浃背。太极柔力球是一项比较新兴的运动，这项运动已经在大中城市开始发展起来，主要受众群除了有社区的老人，全国也已有数十所高校在教学中开展了此项目，许多学生特别是女学生开始接触并喜欢上这项运动了。太极柔力球的球拍类似于羽毛球拍，主要不同在于柔力球球拍的击球面不是网状结构而是薄布状，且印有太极图案，球却像网球，由外层的皮和里面的细沙组成。

不仅借鉴网球、羽毛球的场地、规则等要素，还融入了太极精髓，从而“提炼”形成了这项运动。

## 二、教学目标

（1）太极柔力球承接中国传统的太极阴阳理论，属于一种太极化的球类体育项目。使学生喜爱运动，积极参与柔力球活动，培养机智灵活、顽强拼搏的良好品质和竞争意识，逐步形成自觉锻炼的习惯和终身体育的意识。使运动者和观赏者都得到一个创造美、欣赏美的享受。

（2）掌握柔力球运动的基本知识、技术、战术、规则和裁判法，并能将这些知识和技能运用到实战中；具备组织和参加柔力球比赛的能力。

（3）学会柔力球运动中常见运动损伤的预防与处置方法。

（4）改善心理状态，养成积极乐观的生活态度，体验运动的乐趣和成功的感觉，掌握体育文化知识，培养良好的体育道德、合作精神，以及顽强拼搏的意志品质。不但能强健体魄，还能培养和锻炼良好的心理素质。

## 三、教学基本要求

### 1.课程重点

柔力球教学课程重点是采用由浅入深、循序渐进、逐步提高的原则。

### 2.课程难点

课程难点是如何将柔力球的知识、技术和技能运用到实战中。

### 3.能力培养要求

侧重于柔力球基本功教学和发展综合性身体能力；使学生掌握柔力球的套路，达到比较熟练地、独立配乐练习全套动作，为今后运用柔力球锻炼身体奠定基础。

## 四、教学内容与学时

课堂教学

### 1.理论部分

（1）一般知识。

①柔力球运动的起源与发展及其锻炼身体的价值；

②柔力球运动常见的身体伤害，以及预防、保护和自救措施；

③柔力球运动基本规则及裁判法；

④欣赏柔力球运动，柔力球运动趣闻。

### 2.柔力球基本功和基本动作

（1）基本技术。

①左右摆动8/2拍（如图6-26-1所示）。

图6-26-1　左右摆动8/2拍

②正面绕环8/4拍（如图6-26-2所示）。

图6-26-2　正面环绕8/4拍

③左右转体；8/4拍（如图6-26-3所示）。

图6-26-3　左右转体8/4拍

④左右小抛；8/4拍（如图6-26-4所示）。

图6-26-4　左右小抛8/4拍

⑤正反抛弃接；8/4拍（如图6-26-5所示）。

图6-26-5　正反抛弃接8/4拍

⑥腿下抛接；8/4拍（如图6-26-6所示）。

图6-26-6　腿下抛接8/4拍

⑦身后抛接；8/4拍（如图6-26-7所示）。

图6-26-7　身后抛接8/4拍

⑧整理运动；8/2拍（如图6-26-8所示）。

图6-26-8　整理运动8/2拍

（2）各种对抛。

（3）身体素质练习。

## 五、教材与参考书

### （一）教材

（1）黄文武、刘善国编，《大学体育与健康》，现代教育出版社，2014年，第1版。

（2）段全伟编，《高等教育体育教材：太极柔力球教程》，北京体育出版社，2010年，第1版。

### （二）参考书

（1）崔允漷编，《校本课程开发》，教育科学出版社，2000年，第1版。

（2）施良方编，《课程理论》，教育科学出版社，1996年，第1版。

（3）田麦久编，《运动训练学》，人民体育出版社，2000年，第1版。

## 六、考核方式

### （一）考核内容

（1）平时成绩：对学生的考勤和学习态度进行评定，分值为10分。

（2）身体素质考核：男生1000米跑和引体向上各10分。女生800米跑和仰卧起坐各10分。

（3）理论成绩：教师对理论试卷进行评定打分，10分。

（4）专项技术考核：柔力球个人技术，四人对抛30分。柔力球操30分。

### （二）评分标准

1. 四人对抛

四人站成间隔2米的正方形，下手；胯下；背后。正面左手对抛，正面右手对抛各2次；转身侧面左手对抛，侧面右手对抛各2次；斜向左手对抛，斜向右手对抛各2次。根据球落地的次数和技术质量评定成绩。

**表6-26-1　投中次数评分12分**

| 落地次数 | 0 | 2 | 3 | 4 | 5 ~ 6 |
|---|---|---|---|---|---|
| 分值（分） | 12 | 10 | 8 | 6 | 4 |

**表6-26-2　技术质量评分18分**

| 技术质量 | 基本完成柔力球抛接技术，但动作过程不规范、不协调；投篮手形不标准 | 完成柔力球抛接技术动作比较协调，动作过程或手形比较规范 | 完成动柔力球抛接技术作质量高，身体用力协调，出手手形标准，出球弧线较好 |
|---|---|---|---|
| 分值（分） | 10 ~ 12 | 13 ~ 15 | 16 ~ 18 |

2.柔力球基本套路动作

学生单独完成，根据失误的多少和技术质量评定成绩。

**表6-26-3　球的熟练程度评分12分**

| 失误的次数 | 1 | 2 | 3 | 4 | 5 | 6 |
|---|---|---|---|---|---|---|
| 分值（分） | 12 | 10 | 8 | 6 | 4 | 2 |

**表6-26-4　技术质量评分18分**

| 技术质量 | 基本完成柔力球全套动作的。整个动作过程不规范、不协调，尤其是跑投篮技术质量较差 | 基本完成柔力球全套技术动作的，动作较准确、较柔和缓慢、圆活连贯、松紧结合、动静相兼动作过程的某些环节有不太规范的地方 | 完成柔力球全套技术动作较协调规范，动作准确、柔和缓慢、圆活连贯、松紧结合、动静相兼动作优美，音乐合拍的表现能力强的能力强 |
|---|---|---|---|
| 分值（分） | 10 ~ 12 | 13 ~ 15 | 16 ~ 18 |

## 七、教学进度

表6-26-5　柔力球初级教学进度

| 周次 | 教学内容 | 教学要求 |
| --- | --- | --- |
| 1 | 1. 编班；开课导言；<br>2. 手腕基本功练习；<br>3. 学习持球基本姿势和手形；<br>4. 学习柔力球准备姿势及基本方法 | 1. 强化臂腕基本功；<br>2. 采用对抛的方式练习接球后的姿势和手形；<br>3. 强调臂腕动作，原地和慢行进练习；<br>4. 熟悉球感，培养左右手的运动能力 |
| 2 | 1. 学习柔力球基本方法及脚步移动；<br>2. 学习原地正手握拍法，反手握拍法；<br>3. 学习原地正手，反手基本站位；<br>4. 培养柔力球球感和带球完整动作；<br>5. 学习练习手指灵活性，左右摆动身体 | 1. 强调正确的移动重心的身体姿势；<br>2. 强化手，臂，腕基本功；<br>3. 强调正确的臂腕手形，原地单个动作练习；<br>4. 强调正确的手形和基本姿势 |
| 3 | 1. 复习柔力球球感和基本技术；<br>2. 学习摆动技术；<br>3. 学习其他位置的摆动 | 1. 各种持球旋绕和摆振；<br>2. 身体前后和水平的左、右摆动；<br>3. 体侧前后摆动，各种动作的连接摆动；<br>4. 动作开始和结束时摆动 |
| 4 | 1. 复习柔力球球感和基本技术；<br>2. 学习柔力球环绕技术；<br>3. 耐力素质练习 | 1. 正绕环：反绕环：正反八字绕环；<br>2. 螺旋盘绕；<br>3. 其他类型的绕环 |
| 5 | 1. 复习柔力球摆动技术、环绕技术；<br>2. 学习柔力球抛接技术左、右小抛；正、反手抛接；身后抛接；腿下抛接；<br>3. 双人对抛 | 1. 左、右小抛。左侧小抛：左侧抛出，左侧迎入；右侧小抛：右侧抛出，右侧迎入；<br>2. 左、右手对抛接；<br>3.1000 米跑、800 米跑计时练习 |
| 6 | 1. 复习柔力球摆动技术、环绕技术、抛接技术；<br>2. 学习学习柔力球翻拍技术；<br>3. 素质练习 | 1. 摆翻技术练习；<br>2. 绕翻，反绕翻的技术练习；<br>3.1000 米跑、800 米跑测验 |
| 7 | 1. 复习柔力球翻拍技术、摆动技术、环绕技术、抛接技术；<br>2. 学习柔力球转体和旋转技术；<br>3. 素质练习 | 1. 原地专门练习；<br>2. 左、右蹬转（180 度以上）；<br>3. 变换多种方式；<br>4.1000 米跑，800 米跑补测 |

续表

| 周次 | 教学内容 | 教学要求 |
| --- | --- | --- |
| 8 | 1. 学习基本套路第一套：第一段、第二段；<br>2. 基本技术综合复习；<br>3. 素质练习 | 1. 第一段：起势左右摆动 2×8；<br>2. 第二段：正面绕环 4×8；<br>3. 往返跑接力比赛 / 蛙跳 |
| 9 | 1. 复习完善基本套路第一套第一段、第二段；<br>2. 学习基本套路第一套第三、第四段；<br>3. 基本技术综合复习；<br>4. 素质练习 | 1. 第三段：左右转体 4×8；<br>2. 第四段：左右小抛 4×8；<br>3. 引体向上练习；<br>4. 仰卧起坐练习 |
| 10 | 1. 复习完善基本套路前四段；<br>2. 学习基本套路第五段、第六段；<br>3. 素质练习 | 1. 第五段：正反抛弃接 4×8；<br>2. 第六段：腿下抛接 4×8；<br>3. 仰卧起坐练习，引体向上练习 |
| 11 | 1. 复习完善基本套路第一套前六段；<br>2. 学习基本套路第一套第七段、第八段；<br>3. 素质练习 | 1. 第七段：身后抛接 4×8；<br>2. 第八段：整理运动 2×8；<br>3. 仰卧起坐测验，引体向上测验 |
| 12 | 1. 综合复习（摆、翻、绕、转、旋）；<br>2. 复习柔力球基本套路第一套动作；<br>3. 复习对抛 | 1. 综合复习基本技术；<br>2. 仰卧起坐练习补测；<br>3. 引体向上补测 |
| 13 | 1. 技术考核；<br>2. 柔力球基本套路第一套；<br>3. 规则理论： | 1. 根据学生技术质量评定成绩，并提出改进要求；<br>2. 考核讲评 |
| 14 | 1. 技术考核；<br>2. 四人对抛进行考试 | 1. 根据学生技术质量评定成绩，并提出改进要求；<br>2. 考核讲评 |
| 15 | 1. 基本技术综合复习；<br>2. 柔力球基本套路第一套 | 1. 讲解主要内容；<br>2. 及时评价学生的技术质量，提出改进方向 |
| 16 | 1. 学期总结；<br>2. 宣布成绩 | 教师认真总结授课情况，听取学生对本课的建议，建立良好的教学秩序 |

# 第二十七节 定向运动

## 一、定向运动的简介

定向运动就是利用地图和指北针依次到达地图上所示的各个地点，以最短时间到达所有地点者为胜。定向运动通常在森林、郊区和城市公园里进行，也可以在大学校园里进行。定向运动起源于瑞典，最初只是一项军事体育活动。"定向"这两个字在1886年首次使用，意思是在地图和指北针的帮助下，越过不被人所知的地带。真正的定向运动比赛于1895年在瑞典首都斯德哥尔摩的军营区、挪威首都奥斯陆的军营区举行，它标志着定向运动作为一种体育比赛项目的诞生。定向运动距今已有百年历史。定向运动是一项融健身性、知识性、趣味性和国防教育于一体的体力与智力并重的体育项目。

## 二、教学目标

本课程的教学目标是通过定向运动的教学与实践过程，使学生能系统地学习和掌握定向运动基本理论知识、技术，并在实践中让学生全身心投入到练习中，激发学生积极参与体育锻炼的兴趣，让学生在不知不觉中锻炼耐力，发展智力，提高意志力，养成良好的锻炼习惯，提高学生自我生存能力，促进学生体力与智力的协调发展。

## 三、教学基本要求

### 1.课程重点

定向运动课程的重点是学习并掌握定向运动基本理论知识和基本技术。

### 2.课程难点

定向运动课程难点是利用地图进行定向实践练习，每一次实践后再进行理论总结，然后再把总结的经验运用到下一次实践。

3.能力培养要求

学习并掌握定向运动基本理论知识和基本技术，能顺利完成校园定向的各项实践练习。

## 四、教学内容与学时

课堂教学。

1.理论部分

定向越野运动概述,定向地图与指北针,定向越野运动的基本规则和基本技术。

2.实践部分

（1）校园定向实践内容。

①百米定向赛；

②短距离赛；

③接力赛；

④积分赛；

⑤团队赛。

（2）身体素质练习。

①800米、1000米计时跑等耐力练习。

②引体向上、仰卧起坐等力量练习。

## 五、教材与参考书

### （一）教材

（1）王翔主编，《定向运动》，高等教育出版社，2009年6月，第2版。

（2）张慧红、陶于高等编，《定向运动与野外生存》，教育出版社，2006年5月，第1版。

### （二）参考书

（1）中国大学生体育协会定向分会审定，《中国学生徒步定向竞赛规则》，北京体育大学出版社，2015年7月。

## 六、考核方式

### （一）考核内容

1.第一学期

（1）平时成绩：学生的考勤和学习态度占总成绩的10%。

（2）身体素质考核：男生1000米跑和引体向上各占总分的10%；女生800米跑和仰卧起坐各占总分的10%。

（3）专项技术考核：短距离赛占总分的30%；积分赛占总分的30%。

（4）理论成绩：体育理论试卷占总成绩的10%。

2.第二学期

（1）平时成绩：学生的考勤和学习态度占总成绩的10%。

（2）身体素质考核：男生1000米跑和引体向上各占总分的15%；女生800米跑和仰卧起坐各占总分的15%。

（3）专项技术考核：短距离赛占总分的30%；积分赛占总分的30%。

## （二）评分标准

表6-27-1　短距离赛成绩评定标准

| 优秀 | 良好 | 中等 | 及格 | 不及格 |
|---|---|---|---|---|
| 熟练掌握定向越野基础知识、技术，并能熟练、准确地运用于实践；地图意识、能力强。时间（成绩）在25分钟以内 | 较熟练掌握定向越野基础知识、技术，并能较熟练、准确地运用于实践；地图意识、能力较强。时间（成绩）25分钟~29分钟之间 | 较熟练掌握定向越野基础知识、技术，运用定向越野基础知识、技术于实践的熟练、准确程度一般；地图意识、能力较强。时间（成绩）在29分钟~40分钟之间 | 掌握定向越野基础知识、技术程度一般，并运用于实践的熟练、准确程度一般；地图意识、能力一般。时间(成绩)不超过40分钟，允许漏打点数≤2个。每漏打一个点总分减5分 | 未能掌握定向越野基础知识、技术，并运用于实践的熟练、准确程度差；地图意识、能力一般。时间（成绩）不超过40分钟，漏打点数≥3个 |
| 27~30分 | 24~26分 | 21~23分 | 18~20分 | 18分以下 |

表6-27-2　积分赛赛成绩评定标准

注：男生规定时间20分钟，女生规定时间23分钟。

| 优秀 | 良好 | 中等 | 及格 | 不及格 |
|---|---|---|---|---|
| 熟练掌握定向越野基础知识、技术，并能熟练、准确地运用于实践；地图意识、能力强。积分在108分以上 | 较熟练掌握定向越野基础知识、技术，并能较熟练、准确地运用于实践；地图意识、能力较强。积分在96~107分之间 | 较熟练掌握定向越野基础知识、技术，运用定向越野基础知识、技术于实践的熟练、准确程度一般；地图意识、能力较强。积分在84~95分之间 | 掌握定向越野基础知识、技术程度一般，并运用于实践的熟练、准确程度一般；地图意识、能力一般。积分在72~83分之间 | 未能掌握定向越野基础知识、技术，并运用于实践的熟练、准确程度差；地图意识、能力一般。积分在72分以下 |
| 27~30分 | 24~26分 | 21~23分 | 18~20分 | 18分以下 |

## 七、教学进度

表6-27-3　定向越野初级班教学进度

| 周次 | 内容 | 教学要求 |
| --- | --- | --- |
| 1 | 1. 教师自我介绍；<br>2. 课堂常规要求；<br>3. 本学期教学内容与进度；<br>4. 本学期考核的项目与标准等 | 明确课堂纪律，了解教学内容 |
| 2 | 1. 定向运动概述；<br>2. 定向地图；<br>3. 耐力跑 | 1. 学习定向运动的特点和价值；<br>2. 学习定向地图的各种元素 |
| 3 | 1. 指北针原理及结构；<br>2. 定向技术流程；<br>3. 定向基础技术；<br>4. 耐力跑 | 1. 学习定向技术流程；<br>2. 学习定向基础技术 |
| 4 | 百米定向赛 | 1. 掌握行进间地图对北技术；<br>2. 学会使用指北针 |
| 5 | 超级百米定向赛 | 1. 了解并体验定向地图中的梅花结构点、菱形结构点；<br>2. 学会拇指辅行法 |
| 6 | 校园定向短距离赛 1 | 1. 学习折叠地图的方法及技巧<br>2. 在实践练习中学习并体验线性导航法（扶手法） |
| 7 | 校园定向短距离赛 2 | 在实践中熟练定向运动各项技术 |
| 8 | 校园定向接力赛 | 1. 掌握定向运动接力赛规则；<br>2. 分组进行定向接力赛 |
| 9 | 1. 素质测试；<br>2. 男生 1000 米跑、引体向上；<br>3. 女生 800 米跑、仰卧起坐； | 按要求进行本学期素质测试 |
| 10 | 校园定向积分赛 1 | 1. 掌握定向运积分赛规则；<br>2. 学习定向运动积分赛战术 |
| 11 | 校园定向积分赛 2 | 1. 进一步熟练定向运动积分赛；<br>2. 学会规划比赛合理路线 |

续表

| 周次 | 教学内容 | 教学要求 |
|---|---|---|
| 12 | 校园定向团队赛 1 | 1. 掌握定向运动团队赛规则；<br>2. 学习定向运动团队赛基本战术 |
| 13 | 校园定向团队赛 2 | 1. 进一步熟练定向运动团队赛；<br>2. 全班分组进行团队赛实践练习 |
| 14 | 校园定向考试 1：短距离赛；<br>2. 素质补测 | 1. 检查学生学习情况；<br>2. 公正排名、客观评价 |
| 15 | 校园定向考试 2：积分赛；<br>2. 素质补测 | 1. 检查学生学习情况；<br>2. 公正排名、客观评价 |
| 16 | 学期总结 | 对本学期的教学情况进行总结 |

# 第二十八节 轮 滑

## 一、项目简介

轮滑（Roller skating），曾经有很多汉化版本叫法，如旱冰、溜冰、滑冰、滚轴溜冰，但是到现在，统一叫轮滑，但并不否定之前的叫法，因为这些都是正确的。

轮滑是很棒的代步工具，如果选对了类型，双排轮滑（quad roller skating）和单排轮滑（inline roller skating）都是可以刷街的，但是双排轮滑轮子直径较小，而且硬度高，对路面的容忍度较差，想要舒服地刷街需要换专门的刷街轮，单排轮滑则不存在这个问题。

## 二、教学目标

轮滑课是一项融健身、竞技、娱乐、趣味、技巧、休闲于一体的新兴体育课程。通过轮滑课的学习与锻炼，使学生喜爱轮滑运动，体验轮滑运动的乐趣，掌握轮滑运动的基本知识、技术和正确的锻炼方法，提高学生身体的速度、力量、耐力、协调和平衡能力，逐步形成自觉锻炼的习惯和终身体育的意识。

续表

## 三、教学基本要求

1.课程重点

轮滑课的重点是使学生掌握轮滑技能和技巧，主要是重心的移动。

2.课程难点

轮滑课的难点是如何培养学生对轮滑的兴趣，掌握好玩轮滑重心移动的技巧。

3.能力培养要求

掌握轮滑的基本知识和基本技术，提高学生身体的力量、耐力、协调、柔韧、平衡能力和智慧，增强学生体质，使每一个学生都能在积极参与活动的过程中获得成功，体验运动带来的喜悦，养成积极锻炼身体的习惯和终身体育意识。

## 四、教学内容与学时

### （一）初级教学内容与学时

课堂教学。

1.理论部分

（1）轮滑运动的起源、发展及锻炼身体的价值。

（2）轮滑运动常见的身体伤害，以及预防、保护和自救措施。

（3）轮滑运动的分类。

（4）轮滑运动规则与裁判法。

（5）轮滑器材的选择。

2.轮滑基本技术的学习

（1）轮滑的基本姿势。

（2）玩轮滑时移动重心。

3.轮滑直道滑行技术学习

（1）轮滑的行走滑行技术。

（2）轮滑单脚蹬地双脚滑行、交替蹬地交替滑行技术。

（3）轮滑直道滑跑技术学习。

4.轮滑制动、压步技术学习

（1）轮滑起跑和冲刺技术学习。

（2）轮滑平行惯性转弯、轮滑制动技术。

（3）轮滑弯道压步技术学习。

5.轮滑直道、弯道滑跑技术学习

（1）弯道滑跑技术学习。

（2）轮滑直道全程滑跑技术学习。

6.结课

总结本学期上课情况。

**（二）中级教学内容与学时**

课堂教学

1.理论部分

（1）轮滑运动的起源、发展及锻炼身体的价值。

（2）轮滑运动常见的身体伤害，以及预防、保护和自救措施。

（3）轮滑运动的分类。

（4）轮滑运动规则与裁判法。

（5）轮滑器材的选择。

2.轮滑技术复习

（1）复习直道滑跑技术。

（2）复习弯道滑跑技术。

（3）复习弯道压步基本技术。

3.进一步学习制动、压步技术

（1）学习向后滑行技术。

（2）“T”字制动技术 。

（3）学习倒压步技术。

4.花式轮滑学习

（1）双脚不同步转体技术学习。

（2）前S绕桩技术学习。

（3）交叉步绕桩技术学习。

5.结课

总结本学期上课情况。

## 五、教材与参考书

### （一）教材

（1）孙显墀、孙一、蒙猛编，《速度轮滑运动技术与训练》，人民体育出版社，2015年，第1版。

（2）谢向阳，潘明亮编，《 轮滑运动》，华南理工大学出版社出版社，2012年，第1版。

### （二）参考书

（1）陈晨编，《自由式轮滑教程 》，高等教育出版社，2017年，第1版。

（2）张智、牛雪彤编，《看图学轮滑》，人民邮电出版社，2017年，第1版。

（3）邓立平编，《轮滑》，厦门大学出版社，2006年，第1版。

## 六、考核方式

### （一）初级进度

（1）平时成绩：对学生的考勤和学习态度进行评定，分值为10分。

（2）身体素质考核：

①男生1000米跑、女生800米跑10分；

②男生引体向上、女生仰卧起坐10分。

（3）理论成绩：教师对理论试卷进行评定打分，满分10分。

（4）专项技术考核：60分。以完成50米速滑时间、弯道压步技评为技术考核部分，各占30分。

### （二）中级进度

（1）平时成绩：对学生的考勤和学习态度进行评定，分值为10分。

（2）身体素质考核：

①男生1000米跑、女生800米跑15分；

②男生引体向上、女生仰卧起坐15分。

（3）专项技术考核： 60分。以完成前S绕桩技术和交叉步绕桩技术为技术考核部分，各占30分。

## 七、教学进度

### （一）轮滑初级教学进度

表6-28-1　轮滑初级教学进度

| 周次 | 教学内容 | 教学要求 |
| --- | --- | --- |
| 1 | 1. 编班；开课导言；<br>2. 轮滑运动介绍；轮滑专项课简介；轮滑运动的装备介绍；<br>3. 轮滑陆地模仿练习；<br>4. 球类活动；<br>5. 素质练习：1200 米匀速跑 | 1. 了解轮滑运动的特点、锻炼价值和发展概况；<br>2. 了解轮滑专项课的目的任务、课程设置、教学、考试内容；<br>3. 恢复体力 |
| 2 | 1. 学习轮滑用具的使用方法；<br>2. 学习轮滑的基本站立、移动重心、侧向；<br>3. 迈步和行走技术、学习轮滑的摔倒和站起方法；<br>4. 学习轮滑行走滑行技术；<br>5. 素质练习：1200 米匀速跑 | 1. 掌握护具的正确使用方法；<br>2. 了解和掌握轮滑摔倒姿势；<br>3. 掌握正确的移动重心和行走姿势；<br>4. 进一步恢复体力 |
| 3 | 1. 轮滑的行走滑行技术练习；<br>2. 学习轮滑单脚蹬地双脚滑行、交替蹬地交替滑行技术；<br>3. 素质练习：1200 米变速跑 | 1. 重心的移动要平稳；<br>2. 滑行练习中掌握正确的蹬轮方法，蹬伸充分；<br>3. 进一步恢复体力 |
| 4 | 1. 轮滑单脚蹬地双脚滑行、轮滑交替蹬地交替滑行技术练习；<br>2. 燕式平衡练习；<br>3. 素质练习：600 米 ×2 反复跑 | 1. 滑行中蹬伸充分、身体重心平稳移动；<br>2. 掌握单脚长时间支撑滑行；<br>3. 提高速度力、耐能力 |
| 5 | 1. 轮滑单脚蹬地双脚滑行、交替蹬地交替滑行技术练习；燕式平衡练习；<br>2. 学习轮滑直道滑跑技术；<br>3. 素质练习：女生 800 米跑、男生 1000 米计时跑 | 1. 了解直道滑跑技术动作周期的构成；<br>2. 了解轮滑直道滑跑技术动作周期的构成，基本掌握弯道滑跑的基本姿势、摆臂、蹬地用力以及全身的协调配合；<br>3. 认真完成全程跑强度练习 |

续表

| 周次 | 教学内容 | 教学要求 |
|---|---|---|
| 6 | 1. 轮滑单脚蹬地双脚滑行、交替蹬地交替滑行技术练习；<br>2. 轮滑直道滑跑技术练习；<br>3. 素质考试：女生 800 米跑、男生 1000 米跑 | 1. 熟练掌握蹬滑基本技术；<br>2. 改进和提高直道滑跑技术；<br>3. 认真完成考试 |
| 7 | 1. 学习轮滑起跑和冲刺技术；<br>2. 学习轮滑平行惯性转弯、轮滑制动技术；<br>3. 素质考试：女生 800 米跑、男生 1000 米跑 | 1. 基本掌握起跑和冲刺技术；<br>2. 基本掌握制动、惯性转弯技术；<br>3. 认真完成考试 |
| 8 | 1. 轮滑惯性转弯、制动、起跑、冲刺技术练习；<br>2. 学习轮滑弯道压步技术；<br>3. 素质练习：引体向上（男）、仰卧起坐（女） | 1. 改进和提高转弯、制动、起跑、冲刺技术；<br>2. 能完成连续 2~3 步的压步动作；<br>3. 加强肌肉力量 |
| 9 | 1. 轮滑弯道压步技术；<br>2. 学习弯道滑跑技术；<br>3. 素质练习：引体向上（男）、仰卧起坐（女） | 1. 降低重心加大幅度完成连续压步动作；<br>2. 了解轮滑弯道滑跑技术动作周期的构成，基本掌握弯道滑跑的基本姿势、摆臂、蹬地用力以及全身的协调配合；<br>3. 加强肌肉力量 |
| 10 | 1. 轮滑弯道压步技术练习；<br>2. 弯道滑跑技术；<br>3. 素质练习：引体向上（男）、仰卧起坐（女） | 1. 改进和提高弯道压步技术；<br>2. 改进和提高弯道滑跑技术；<br>3. 加强肌肉力量 |
| 11 | 1. 轮滑弯道压步技术练习；<br>2. 轮滑弯道滑跑技术练习；<br>3. 引体向上（男）、仰卧起坐（女） | 1. 熟练掌握弯道压步技术；<br>2. 熟练掌握弯道滑跑技术；<br>3. 认真完成素质考试 |
| 12 | 1. 轮滑弯道压步技术练习；<br>2. 轮滑直道全程滑跑技术练习；<br>3. 素质考试：引体向上（男）、仰卧起坐（女） | 1. 加强轮滑直道滑行的稳定性；<br>2. 加强轮滑直道滑行中起跑和疾跑的衔接；<br>3. 认真完成素质考试 |
| 13 | 轮滑直道全程滑跑技术练习：50 米速度轮滑考试 | 1. 准备活动充分；<br>2. 认真完成考试 |

续表

| 周次 | 教学内容 | 教学要求 |
| --- | --- | --- |
| 14 | 轮滑技术考试：50 米速度轮滑 | 完成好轮滑起跑和疾跑的衔接，滑行当中加强摆臂、蹬地以及全身的协调配合 |
| 15 | 轮滑技术考试：弯道压步技评 | 1. 压步动作要求熟练、协调、连贯、流畅；<br>2. 了解轮滑向后滑行的动作方法 |
| 16 | 1. 各项补考、自由轮滑练习；<br>2. 球类、自由轮滑练习；<br>3. 总结本学期上课情况 | 1. 缺考的同学进行考试；<br>2. 教师认真总结授课情况，听取学生对本课的建议 |

## 表6-28-2　轮滑高级教学进度

| 周次 | 教学内容 | 教学要求 |
| --- | --- | --- |
| 1 | 1. 编班；开课导言；<br>2. 轮滑运动简介，轮滑专项课简介，轮滑运动的装备介绍；<br>3. 素质练习：1200 米匀速跑 | 1. 了解轮滑运动的特点、锻炼价值和发展概况；<br>2. 了解轮滑专项课的目的任务、课程；<br>3. 设置、教学内容 |
| 2 | 1. 复习直道滑跑技术；<br>2. 复习弯道滑跑技术；<br>3. 素质练习：1200 米匀速跑 | 强调重心的移动要平稳，蹬伸充分 |
| 3 | 1. 复习弯道压步基本技术；<br>2. 学习向后滑行技术；<br>3. 素质练习：1200 米变速跑 | 能用低重心姿势在固定半径的圆弧下完成轮滑弯道压步技术 |
| 4 | 1. 复习向后滑行技术；<br>2. 复习“T”字制动技术；<br>3. 素质练习：600 米 ×2 反复跑 | 了解轮滑向后滑行的基本动作和方法 |
| 5 | 1. 学习倒压步技术；<br>2. 素质练习：女生 800 米跑、男生 1000 米计时跑 | 要求保持正确的头、手和上体的正确姿势 |
| 6 | 1. 复习倒压步技术；<br>2. 身体素质考试：<br>男生 1000 米跑；女生 800 米跑 | 要求保持正确的头、手和上体的正确姿势，要左右方向平衡交替做左右方向的压步，不可有左右偏重现象 |

续表

| 周次 | 教学内容 | 教学要求 |
|---|---|---|
| 7 | 1. 平地花式轮滑介绍；<br>2. 平地花式基本站立姿势介绍；<br>3. 学习双脚不同步转体技术；<br>4. 身体素质：800 米跑、1000 米跑 | 强调移动中重心的平稳，克服低头看桩 |
| 8 | 1. 复习双脚不同步转体技术；<br>2. 学习前 S 绕桩技术；<br>3. 素质练习：引体向上（男）、仰卧起坐（女） | 强调移动中重心的平稳，克服低头看桩 |
| 9 | 1. 复习前 S 绕桩技术；<br>2. 素质练习：引体向上（男）、仰卧起坐（女） | 强调身体重心的平稳，加大动作的幅度和交叉的角度 |
| 10 | 1. 学习交叉步绕桩技术；<br>2. 素质练习：引体向上（男）、仰卧起坐（女） | 强调身体重心的平稳，加大动作的幅度和交叉的角度 |
| 11 | 1. 复习学习交叉步绕桩技术；<br>2. 引体向上（男）、仰卧起坐（女） | 强调身体重心的平稳，加大动作的幅度和交叉的角度 |
| 12 | 1. 考试内容复习：前 S 绕桩技术；交叉步绕桩技术；<br>2. 引体向上（男）、仰卧起坐（女） | 1. 改进和熟练掌握前 S 绕桩技术；交叉步绕桩技术；<br>2. 加强绕桩技术的稳定性 |
| 13 | 1. 考试内容复习：前 S 绕桩技术；<br>2. 交叉步绕桩技术 | 1. 改进和熟练掌握前 S 绕桩技术；<br>2. 交叉步绕桩技术；<br>3. 加强绕桩技术的稳定性 |
| 14 | 专项考试：前 S 绕桩技术 | 身体姿势正确，能正确、熟练、流畅、连续完成过桩动作 |
| 15 | 专项考试：交叉步绕桩技术 | 身体姿势正确，能正确、熟练、流畅、连续完成过桩动作 |
| 16 | 1. 补考、自由轮滑练习；<br>2. 自由轮滑练习；<br>3. 本学期上课情况 | 1. 缺考的同学进行考试，其他同学可做球类或自由滑练习；<br>2. 教师认真总结授课情况，听取学生对本课的建议 |